W0247505

Nicolas Dierks

Was tue ich hier eigentlich?

Philosophisch denken lernen und
nebenbei das Leben verstehen

Rowohlt Polaris

Originalausgabe
Veröffentlicht im Rowohlt Taschenbuch Verlag,
Reinbek bei Hamburg, September 2014
Copyright © 2014 by Rowohlt Verlag GmbH,
Reinbek bei Hamburg
Umschlaggestaltung ZERO Werbeagentur, München
(Umschlagabbildung: FinePic, München)
Innentypografie Daniel Sauthoff
Satz Andada PostScript (InDesign) bei
Pinkuin Satz und Datentechnik, Berlin
Druck und Bindung CPI books GmbH, Leck
Printed in Germany
ISBN 978 3 499 62861 0

Für Kirstin

Inhalt

Vorwort

«Philosophisch denken lernen und nebenbei das Leben verstehen» – soll das wirklich so einfach sein? Und dann noch *nebenbei*, ohne Anstrengung, quasi *en passant*? Das wäre eine Sensation – oder ist die Formulierung reine Verkaufsmasche? So oder ähnlich haben Sie vielleicht gedacht, als Sie den Untertitel dieses Buches gelesen haben.

Die Formulierung ist jedoch weder philosophischem Größenwahn noch einer Marketingstrategie geschuldet, sondern sie soll die Richtung des Buches andeuten: Ich möchte das «Verstehen des Lebens» aus dem philosophischen Elfenbeinturm holen und mit Hilfe der «großen Denker» zum eigenen Nachdenken und Umdenken im Alltag anregen. Denn wir versuchen alle, uns und unser Leben besser zu verstehen – auch wenn wir natürlich wissen, dass wir es nie ein für alle Mal verstanden haben werden.

Es gibt Momente, in denen wir unser Leben durchschauen, in denen wir den Durchblick haben und deshalb besser entscheiden können; in denen unser Handeln für uns Sinn ergibt und wir die passende Antwort auf die Ansprüche finden, die das Leben an uns stellt. Doch wie in Hollywoodfilmen gilt auch hier: Das Happy End ist erst der Anfang eines neuen Lebensabschnitts. Die Umstände, in denen wir leben, ändern sich, alte Kriterien sind in neuen Phasen plötzlich nicht mehr hilfreich, und wir müssen uns ein neues Verständnis für die Situation erarbeiten. Und wer kann das in der heutigen Zeit, mit Beruf, Familie und Freundeskreis, anders bewerkstelligen als nebenbei?

Ich halte es für außerordentlich nützlich, das «Nebenbei-Philosophieren» zu etablieren, um regelmäßig die konkreten Entscheidungen des Alltags mit Überlegungen über das eigene Leben als Ganzes abzustimmen. Dabei braucht man sich von großen Namen wie Aristoteles, Kant oder Wittgenstein nicht schrecken zu lassen. «Nebenbei das Leben zu verstehen» heißt für mich, zu leben und dabei zu überlegen, was man will, was man tun soll, was man weiß – und was für einen wirklich zählt.

Wir wissen, wie wichtig es ist, sich diese Fragen zu stellen. Und wenn eine Frage gestellt werden kann, dann kann sie prinzipiell auch beantwortet werden. Manchmal stecken wir jedoch so tief in unserer Routine, sind so vom Alltag in Beschlag genommen, dass wir nur noch die ewig selben Fragen stellen und uns mechanisch immer dieselben Antworten darauf geben. Das ist besonders dann kontraproduktiv, wenn eine neue Lebensphase eigentlich ein Aufwachen und Umdenken von uns fordert. So entgehen uns offensichtliche Chancen – dabei kann bereits ein kleiner Impuls unsere ganze Sichtweise auf eine Situation verändern. Machen Sie einmal den folgenden kleinen Test: Wie viele Punkte sehen Sie hier?

.
.

Falls Sie auf zwei kommen, haben Sie einen Punkt nicht gezählt. Richtig ist, dass es *drei* sind. Und dabei spielen optische Täuschungen keine Rolle. Ich meine auch keine Punkte innerhalb der anderen Punkte, vorstellbare weiße Punkte auf dem weißen Papier oder mathematisch mögliche, unendlich kleine Punkte auf der Seite. Ich meine einen dritten Punkt, der eigentlich sehr offensichtlich ist.

Der dritte Punkt ist der *Doppelpunkt*, der aus den beiden Einzelpunkten besteht. Wenn wir Einzelpunkte und Doppelpunkte als Punkte zählen, dann ist die richtige Antwort «drei». Die Antwort «zwei Punkte» ist übrigens auch richtig – wenn Sie nur Einzelpunkte zulassen. Aber immerhin besteht vieles, mit dem wir täglich zu tun haben, aus mehreren Dingen: Autos oder auch Fußballmannschaften. Und wie über die Banalität des Doppelpunktes kann man häufig darüber stöhnen, dass man etwas nicht erkannt hat, obwohl es eigentlich offensichtlich war.

Sie selbst haben sicherlich schon erlebt, wie erbittert Menschen darüber streiten können, wer von ihnen eine Situation *richtig* beurteilt. Manchmal ist das so, als ob man sich darüber stritte, ob oben zwei oder drei Punkte zu sehen sind – und gar nicht bemerkt, dass man einfach verschiedene Auffassungen darüber hat, was gezählt werden soll.

Bisweilen neigen wir auch dazu, unsere eigene Zählweise für die einzig wahre zu halten, und meinen, unsere Annahmen bewegten sich auf dem Boden unerschütterlicher Tatsachen. Aber fragen Sie sich mal, wie bodenständig Sie wirklich sind. Wie gut kennen Sie z.B. Ihre Sinne, die Ihnen immerhin die Wirklichkeit zutragen? Wie viele Sinne haben Sie? Ihre Antwort lautet vermutlich: fünf. Sie haben als Kind den Ausdruck «die fünf Sinne» gelernt, und dass man am besten «alle fünf Sinne beisammenhaben» solle. Aber haben Sie Ihre Sinne schon einmal gezählt? Glauben Sie mir: Es sind *nicht* fünf.

Vielleicht sind Sie nun schon vorsichtiger geworden und wollen erst einmal genau wissen, was gezählt werden soll. Hier meine Definition: Mit «Sinn» meine ich einen Wahrnehmungskanal Ihres Körpers, wie ein Instrument in einem Cockpit, das Ihnen ein Stück Wirklichkeit vermittelt. Fangen wir an: Sehen – eins. Hören – zwei. Riechen – drei. Schmecken – vier. Fühlen – fünf. Gleichgewicht – sechs. Lage Ihrer Gliedmaßen – sieben.

Magenzustand (Übelkeit) – acht. Nötige Blasen-/Darmentleerung – neun. Ob Sie noch Schmerz als «Sinn für Beschädigung» zählen, überlasse ich Ihnen. Wenn Sie genau sein wollen, können Sie «Fühlen» noch differenzieren, denn Ihre Haut besitzt unterschiedliche Rezeptoren: für die Unterscheidung «heiß – kalt» sowie für die Empfindung von Druck (auch «rau – glatt»). Vielleicht wollen Sie nicht alle Kandidaten gelten lassen, aber seien Sie ehrlich: Weniger als sieben zählen Sie nicht, oder? Und das ganz physiologisch konkret, ohne einen «sechsten Sinn», wie manche ihn in diffusen Ahnungen o. Ä. sehen.

Aber das ist erst der Anfang: Wenn wir uns schon bei etwas so Grundlegendem wie der Anzahl unserer Sinne täuschen, wie sieht es dann mit anderen Annahmen aus? Was wurde Ihnen gegenüber noch alles behauptet? Und was behaupten Sie sich selbst gegenüber? Wofür lohnt es sich angeblich zu leben? Wie kommen Sie angeblich im Leben am besten voran? Was ist angeblich eine «glückliche Beziehung»? Welcher Art von Menschen dürfen Sie angeblich vertrauen? *Was für ein Mensch sind Sie selbst angeblich?*

Weil es auf solche Fragen keine einfachen Antworten gibt, werden wir manchmal ungeduldig oder resignieren und geben uns mit gedanklichen Stereotypen zufrieden.

Und doch kommt es vor, dass wir im Handeln innehalten, besonders, wenn wir mit etwas partout nicht weiterkommen. Wir treten einen Schritt zurück und denken: «Was tue ich hier eigentlich? Ich merke doch, dass es so nicht geht.» Dann suchen wir nach einer anderen Vorgehensweise, nach einer *Lösung*. Es ist eine der menschlichen Stärken, immer neue, bessere Lösungen finden zu können. Gerade weil wir darin so brillant sind, fällt es uns schwer zu akzeptieren, dass es Fälle gibt, in denen uns Effizienz und Optimierung nicht weiterhelfen, sondern nur etwas anderes: ein Umdenken, ein neues Verständnis der Situation, ein Wandel unserer Einstellung. Und genau dabei kann die Philosophie helfen: Sie ist kein Antwortregister und kein Lehrgebäude, sondern fördert das Erkunden und Entwickeln des eigenen Denkstils. Philosophie, wie ich sie verstehe, ist eine Einladung zum Denken.

Ich würde mich freuen, wenn Sie diese Einladung annähmen und vieles, was Ihnen im Folgenden begegnet, mit Ihren eigenen Überlegungen verbinden und so vielleicht überraschende Zusammenhänge entdecken oder neue Perspektiven gewinnen.

Vielleicht geht es Ihnen auch wie dem Wurm im Apfel auf dem Umschlag: Sie stecken den Kopf aus der Alltagsroutine und fragen sich, ob es noch ein anderes Leben gibt. Gerade wenn im Leben mal etwas fade wird, lohnt es sich, über den Tellerrand zu schauen.

Nicolas Dierks
Mai 2014

Ach, und übrigens: Die «Würmer» in Äpfeln sind gar keine Würmer. Sondern Raupen eines Schmetterlings – des Apfelwicklers.

1
Selbsterfindung 4.0 –
Wie will ich eigentlich leben?

In einer möglichen Zukunft: Die Erde, wie wir sie heute kennen, wurde weitgehend in *Computronium* umgewandelt – in programmierbare Materie. Die Menschen leben überwiegend als *Uploads* im virtuellen Raum, der auch die gesamte Vergangenheit der Menschheit simuliert. Ohne die Bindung an physiologische Körper existieren Menschen auf eine Weise, die für uns schwer vorstellbar ist: Sie spalten ihre Identität auf, legen Backups von sich an und leben als mehrere Kopien gleichzeitig an beliebigen Orten zu beliebigen Zeiten. Die wenigen älteren Menschen mit nur einer körperlichen Existenz haben Mühe, diese Lebensweise noch zu verstehen. Hier ein Ausschnitt aus einem Gespräch des jungen Sadiq mit seiner Großmutter Pamela:

> «Über welche Kindheiten würdest du denn gern etwas hören?», fragt er.
> «Was meinst du mit Kindhei*t*en?» [...]
> «Ich hatte mehrere. Mutter hat immer wieder auf den Reset-Schalter gedrückt, weil sie hoffte, beim nächsten Mal einen besseren Treffer mit mir zu landen.»
> [...]
> «Aber was ... welche Kindheiten – Plural – hast du denn gehabt?»
> «Oh, recht viele. [...] Neben diesem Leben hatte ich auch andere, ich musste mich ja nur aufspalten und später wieder zusammenfügen, das lief alles parallel.»

«Hattest du nie Probleme damit zu erkennen, wer du
eigentlich bist?» [...]
«Je mehr Personen man darstellt, desto besser weiß man,
wer man selbst ist.» (Stross 2010, S. 365)

Dieses Szenario entstammt dem Science-Fiction-Roman *Accelerando* des schottischen Autors Charles Stross. Stross treibt darin ein kulturell-technologisches Phänomen auf die Spitze, das Soziologen und Medientheoretiker schon heute diagnostizieren und das wir alle aus unserem Alltag kennen: die zunehmende kulturelle Beschleunigung. Was geschieht dabei mit uns?

Durch die moderne Technologie sind wir schneller, effizienter und flexibler geworden. Wir sparen gegenüber früheren Verhältnissen unglaublich viel Zeit. Statt uns beim Wäschewaschen stundenlang die Hände rot zu schrubben, unsere Zeit mit Abwaschen zu verbringen und uns auf den Weg in die Stadt zu machen, um die notwendigen Dinge des Lebens einzukaufen, laufen heute gleichzeitig Waschmaschine und Spülmaschine, während wir gemütlich auf dem Sofa mit dem Tablet online shoppen. Diesen Aspekt nennt der Soziologe Hartmut Rosa «Beschleunigung der Handlungsgeschwindigkeit». Für manche von uns hält diese fast religiöse Verheißungen bereit. Die protestantische Arbeitsethik sah hohe Produktivität als Zeichen eines gottgefälligen Lebens. Der davon zehrende Geist des Kapitalismus treibt mit der steigenden Produktivität die zu erwartenden Renditen in den Himmel.

Sie kennen es sicher aus eigener Erfahrung, und wie Ihnen geht es den meisten: Trotz der höheren Handlungsgeschwindigkeit haben wir nicht den Eindruck, mehr Zeit zu haben. Stattdessen wird Zeit immer knapper. Wir müssten eigentlich viel mehr Freizeit haben – aber wir kommen einfach nicht dazu. Veränderte äußere Anforderungen lassen uns nicht zur Ruhe kommen. Von uns wird heute z.B. erwartet, immer erreichbar zu sein und die ständigen Nachrichten prompt zu beantworten.

Doch haben auch wir selbst uns verändert. Wir geben uns nicht mehr mit einem einzigen Lebensentwurf zufrieden, sondern wägen ständig ab, ob es nicht doch eine bessere Alternative gibt. Philosophen wie auch Sozialwissenschaftler weisen darauf hin, dass diese Entwicklung schwerwiegende Folgen für die menschliche Lebensform haben könnte. Die explodierende Freiheit und Flexibilität hat Schattenseiten: *Veränderungsdruck* und *Verpassensangst*.

Einerseits kommen wir kaum noch zur Ruhe, denn die Anpassung an die neuen Möglichkeiten der Zeitersparnis kostet eine Menge Zeit. Ständig werden Verfahren umgestellt, Updates durchgeführt, Mitarbeiter versetzt, Abteilungen umbenannt und Strukturen umgekrempelt. Daraus entsteht für uns ein kontinuierlicher Anpassungsdruck.

Andererseits leben wir mit der unterschwelligen Angst, etwas zu verpassen. Immer ist uns klar, dass wir etwas anderes machen könnten, unsere kostbare Lebenszeit möglicherweise nicht optimal nutzen oder nicht aus jeder Minute die bestmögliche Erledigungs- oder Erlebnisqualität herauspressen. «Verpassensangst» gehört zum heutigen Lebensgefühl wie selbstverständlich dazu. Stets müssen wir mit einem Auge lauern, ob nicht unversehens die eine große Chance auftaucht. Wenn wir nicht Vollgas geben, wenn wir uns auch nur einen Moment achtlos treiben lassen, dann laufen wir Gefahr, den Anschluss zu verlieren.

Die kulturellen Verhältnisse fordern heute von den Menschen, sich wie Wasser schnell und widerstandslos an rapide Veränderungen anzupassen. Der polnisch-britische Soziologe und Philosoph Zygmund Bauman spricht deshalb von einem «flüssigen Leben»: Wer seine Gewohnheiten nicht schnell genug ablegt, der sei zu schwerfällig. Oberflächlichkeit wird plötzlich ein Wert, denn wer sich zu ernsthaft auf etwas einlässt, der sammelt nur Ballast. Eindrucksvoll hat der amerikanische Soziologe Richard Sennett diese Kehrseite der vielbeschworenen Flexibilität in *Der flexible Mensch* beschrieben: Auch was Gewohnheiten, Jobs, Kompetenzen und menschliche Beziehungen angeht, leben wir in einer Wegwerf-Gesellschaft – getarnt durch Maximen wie «Flexibilität», «Fit im Alter» und «Lebenslanges Lernen».

Wenn Sie bisweilen einfach nicht alles schaffen oder die Orientierung verlieren, dann liegt das nicht an Ihnen – die komplexen Verhältnisse wachsen uns allen über den Kopf. Den Überblick zu behalten ist heute unmöglich geworden. Dies hat Jürgen Habermas – immer noch der international renommierteste lebende deutsche Philosoph – schon in den 1980er Jahren unter dem Schlagwort der «neuen Unübersichtlichkeit» in die Debatte eingebracht. Manchmal scheint diese Unübersichtlichkeit durchaus kalkuliert. Dass gerade eine unüberschaubare Bürokratie ein «Machtmittel allerersten Ranges» darstellt, hatte bereits der Soziologe Max Weber Anfang des 20. Jahrhunderts erkannt. Geradezu verstörend schilderte auch Franz Kafka in *Der Proceß* die Erfahrung der Machtlosigkeit des unbescholtenen Josef K. gegenüber rätselhaften Verwaltungsstrukturen.

Der französische Medientheoretiker Paul Virilio schreibt in *Der große Beschleuniger*, dass die Geschwindigkeit des technischen Fortschritts uns Menschen nicht nur überfordere, sondern eine echte Gefahr darstelle. Die Mehrzahl der globalen Unglücke hätten heute mit unkontrollierbarer Technologie zu tun – wie der Reaktorunfall von Fukushima oder sekundenschnelle elektronische Finanzströme, die ganze Volkswirtschaften in den Ruin treiben können. Aber es verändert sich auch, wie jeder Einzelne von uns sein Leben erfährt.

Für viele ist die permanente Umstrukturierung des Lebens

schon eine eigene Lebensweise geworden: Gestresst und über-arbeitet versuchen wir die Überfülle moderner Möglichkeiten optimal zu nutzen – getrieben von Verpassensangst. Richard Sennett hat in *Handwerk* beschrieben, wie dadurch gerade jene Langsamkeit und Ruhe verhindert wird, die wir z. B. für eine erfüllende Arbeitsweise bräuchten, für einen liebevollen Per-fektionismus. Vor lauter Optimierung wird unser Leben immer leerer und durch ständige Selbsterfindung drohen wir uns selbst zu deformieren.

Stross verleiht dieser Entwicklung in seinem Roman eine Wucht, die schließlich auf die Umwandlung des ganzen Sonnen-systems zusteuert. Gleichzeitig erschüttert seine technologische Utopie stillschweigende Annahmen über uns selbst – dass wir nur einen einzigen Körper haben, dass wir sterblich sind, dass die Entscheidung für die eine Lebensweise gleichzeitig die Ent-scheidung gegen eine andere beinhaltet. Weil Stross' Roman diese Beschränkungen fiktiv aufhebt, werden sie uns umso klarer. Verblüfft sehen wir uns neu vor die großen Fragen des Lebens gestellt: Wie wollen wir leben? Wie gehen wir mit Wider-sprüchen im Leben um? Wie bleiben wir uns selbst treu?

Wer kennt sie nicht, die Situationen, in denen wir die Zeit nur zu gerne zurückdrehen würden? Wenn wir nachts wach liegen und im Geiste immer wieder jenen Moment umkreisen, in dem sich die ganze Spannung zwischen unserer jetzigen Situation und der verlorenen Möglichkeit zusammenzog, die Sekunde, in der es auf der Kippe stand, in der wir noch anders hätten ent-scheiden können? Doch die Dramatik der Kindheit, des Erwach-senwerdens, der Partnerschaft, des Berufslebens, der Erziehung der eigenen Kinder und des Älterwerdens liegt darin, dass der Zeitpfeil niemals rückwärts fliegt. Wir können kein Backup von uns erstellen und haben keinen *Reset*-Schalter.

Die Wege unseres Lebens gehen wir unter unsicheren

Bedingungen – wie durch ein Labyrinth. Wir müssen Wege einschlagen, ohne dass wir vorher wissen, ob sie die richtigen sind oder uns in eine Sackgasse führen. Es bleibt uns nichts anderes übrig, als uns *versuchsweise* auf den nächsten Schritt einzulassen. Von «Lebensexperimenten» sprach der englische Philosoph und Ökonom John Stuart Mill in seiner Schrift *Über die Freiheit* aus dem Jahre 1859. Jeder von uns habe, so Mill, solche Lebensexperimente zu durchlaufen. Welche Lebensweise für uns die richtige ist, wissen wir nicht, bevor wir sie ausprobieren.

Schon der griechische Philosoph Aristoteles verglich in seiner *Nikomachischen Ethik* das Streben nach einem besseren Leben mit dem Lernen eines Handwerks. Um es zu erlernen, müssen wir es *praktizieren*: «Denn was wir erst lernen müssen, um es zu machen *(poiein)*, lernen wir, indem wir es machen. Zum Beispiel wird man Baumeister dadurch, dass man baut [...] So werden wir auch gerecht dadurch, dass wir Gerechtes tun [...].» (Aristoteles, 2013, S. 74)

Ein besseres, erfüllteres, glücklicheres Leben erreichen wir demnach nicht in erster Linie durch Belehrung, neue Informationen, neue Erfahrungen oder Technologien. Wir machen uns nicht erst bereit für ein besseres Leben, um es dann irgendwann zu beginnen. Der Weg beginnt direkt damit, dass wir *eine bessere Lebensweise annehmen*.

Gleichwohl irren wir nicht völlig ahnungslos durchs Labyrinth des Lebens. Wir können die Wege zu antizipieren versuchen. Wenn wir über uns nachdenken – z.B., indem wir mögliche Entwicklungen durchspielen, das bekannte Was-wäre-wenn-Spiel betreiben –, dann ist das der Lebensstruktur von Stross' Romanfiguren nicht unähnlich. Wir haben zwar keinen Reset-Schalter, können aber frühere Erfahrungen auf ähnliche Situationen übertragen. Wir können unsere Identität nicht aufteilen wie eine Festplatte, aber uns parallel in verschiedenen Bereichen entwickeln und zwischen ihnen Ausgleich zu schaffen versuchen. Aber letztlich müssen wir eine Lebensweise *annehmen*, um herauszufinden, was es in einer neuen Konstellation heißt, wir selbst zu sein.

Warum der Wandel unsere zweite Natur ist

Neue Lebensweisen anzunehmen ist anstrengend. Ständig sollen wir reflektieren, uns überprüfen, anpassen und optimieren. Manches Mal sehnen wir uns nach weniger Komplexität – davon künden die zahlreichen Aussteiger-Geschichten und die Popularität von Vereinfachungs-Ratgebern. Gelegentlich beneiden wir sogar Tiere um ihre «einfache Lebensweise» – ohne die Irrungen und Wirrungen von kultureller Existenz und persönlicher Identität. Jedoch: Keine anderen «Meister der Verwandlung» im Tierreich, wie das Chamäleon oder der Kalmar, wären menschlichen Veränderungen gewachsen, denn äußerliche Anpassung ist zu wenig. Wir Menschen vollziehen Wandlungen in unserer gesamten Persönlichkeit und können komplexe Handlungsmuster komplett austauschen. Diese Fähigkeit ist Fluch und Segen zugleich.

Vehikel unserer Verwandlungen ist seit etwa 200 000 Jahren unsere Kultur – «Kultur» im weiten Sinn der ganzen Vielfalt menschlicher Lebensformen: Wie wir sprechen und uns geben, wie wir Nahrung zubereiten und uns kleiden – von Geschichten am Lagerfeuer bis zu den Glasgiganten unserer Millionenstädte, vom Faustkeil bis zum Smartphone.

Je nachdem, wie man Sprache, Kleidung, Werkzeuggebrauch oder Ernährungsgewohnheiten definiert, gehen die Datierungen der Ursprünge menschlicher Kultur auseinander. Doch eine Übereinstimmung herrscht: Als *homo faber*, als menschliche

Hersteller von Dingen, gestalten wir nicht nur unseren Lebensraum um – sondern auch uns selbst.

Wir Menschen haben die besondere Fähigkeit, Gewohnheiten aufzugeben, neue auszubilden und weiterzuentwickeln. Das ist weder ein Kampf gegen die Natur noch eine Befreiung von ihr: Es *ist* unsere Natur. Aristoteles schrieb bereits vor 23 Jahrhunderten von einer «zweiten Natur» des Menschen. Dies erläuterte er am Beispiel der Tugenden – den Gewohnheiten guter Handlungen:

> «Hieraus wird auch deutlich, dass keine der Tugenden des Charakters in uns von Natur aus [physei] entsteht. [...] Vielmehr sind wir von Natur aus fähig, sie aufzunehmen, und durch Gewöhnung werden sie vollständig ausgebildet.» (Aristoteles 2013, S. 74)

Ein wichtiger Teil unserer Natur besteht demnach darin, unsere Gewohnheiten zu beeinflussen. Die neuen Gewohnheiten wachsen gewissermaßen in uns hinein, bis sie ein Teil von uns sind. Auch bei Cicero, dem großen römischen Anreger des Humanismus, hieß es: «Die Gewohnheit ist sozusagen eine zweite Natur.»

Als Sprachwesen haben wir überlegene kognitive Werkzeuge, um uns zu unseren Gewohnheiten zu verhalten. Wir denken über unsere aktuelle Situation hinaus weit in die Zukunft, planen langfristige Strategien und streben sogar das Ideal eines guten Lebens an (was auch immer wir darunter verstehen). Als «selbstinterpretierende Tiere», wie der kanadische Philosoph Charles Taylor uns charakterisiert, bewerten wir, ob unsere Entwicklung zum Besseren oder Schlechteren verläuft. Auf diesen Zusammenhang zwischen Gewohnheiten und der Suche nach einem besseren Leben führt schon die Verbindung des Wortes «Ethik» mit dem griechischen Wort *ethos* für «Gewohnheit».

Aber unsere Verwandlungskunst hat Grenzen. Wir können nicht schadlos das Atmen einstellen oder aufhören, zu essen und zu trinken. Außerdem folgen wir, wie alle Lebewesen, chronobiologischen Rhythmen. Damit ist die Taktung gemeint, mit der die physiologischen Prozesse unseres Organismus auf unsere Umwelt abgestimmt sind – etwa der Wechsel von Schlafen und Wachen mit dem Tag-Nacht-Zyklus. Solche natürlichen Gewohnheiten können wir nicht ohne gesundheitliche Gefährdung verändern. Aber darüber hinaus haben wir Menschen einen Spielraum, der uns von anderen Spezies abhebt. Dieser Spielraum verleiht uns große Kraft – doch, um es in den Worten von Onkel Ben aus der Comicverfilmung *Spiderman* zu sagen: «Aus großer Kraft erwächst große Verantwortung.»

Verantwortung für unsere Gewohnheiten

Zugegeben: Wir Menschen sind nicht immer gleichermaßen in der Lage, uns zu ändern bzw. uns an veränderte Situationen anzupassen. Ein Berufsangebot in einer entfernten Stadt nehmen wir vielleicht nicht an, weil wir zu erschöpft für einen Umzug sind. Möglicherweise ist es auch nicht die Erschöpfung, die uns abhält, sondern die Befürchtung, dem Berufswechsel nicht gewachsen zu sein. Oder wir denken, dieser Beruf würde nicht zu den Plänen passen, die wir momentan für unser Leben haben. Die beiden letzten Gründe haben eines gemeinsam: Sie handeln davon, was wir über uns selbst denken und was wir für uns für möglich halten.

Manchmal meinen wir, uns selbst schon in allen Facetten zu kennen, und halten bestimmte Veränderungen deswegen für unmöglich: «So bin ich nun mal.» Dabei ist es alles andere als ausgemacht, wie unsere zukünftige Lebensform aussehen könnte. Der deutsche Philosoph Friedrich Nietzsche sprach im 19. Jahrhundert, bereits vor dem Hintergrund der Evolutionslehre Charles Darwins, vom Menschen als dem «nicht festgestellten Tier». Wir selbst, wie wir jetzt sind, haben uns Nietzsche zufolge nur als ein Übergangsstadium zu begreifen. Seine Lehre vom Übermenschen in *Also sprach Zarathustra* (1883–1885 geschrieben, leider lange von den Nazis fehlinterpretiert und instrumentalisiert) sollte unseren Blick für die nächste Stufe unserer selbst freimachen. Gerade weil wir nicht die Krone der Schöpfung seien, sei für uns immer wieder aufs Neue Selbsterfindung möglich.

Diesen Gedanken, dass unsere Wandelbarkeit ein evolutionärer Vorteil ist, hat in jüngerer Zeit die *dual inheritance theory* aufgegriffen – die Theorie der zweifachen Vererbung.

Zu ihren Vertretern gehört der amerikanische Experimentalpsychologe und Linguist Michael Tomasello, Leiter des Max-Planck-Instituts für evolutionäre Anthropologie in Leipzig. In *Die kulturelle Entwicklung des menschlichen Denkens* hat er die Sichtweise ausgeführt, dass kulturelle Überlieferung als eine evolutionäre Strategie verstanden werden kann und somit zur Biologie des Menschen gehört. Die evolutionären Vorteile sind gewaltig, insbesondere die gesteigerte Geschwindigkeit der Anpassung: Während die Mechanismen der natürlichen Auslese und der genetischen Anpassung sich über Hunderte von Generationen einer Spezies erstrecken, sind rapide kulturelle Wandlungen innerhalb von wenigen Generationen möglich. Innerhalb von drei bis vier Generationen kann sich (bei entsprechendem Selektionsdruck) die Lebensform einer Gruppe fundamental wandeln.

Die Tatsache, dass Sie selbst existieren und gerade diese Zeilen lesen, haben Sie all den Menschen zu verdanken, die Hunger und Kälte, Seuchen und Katastrophen überlebt haben. Wie konnten wir langsamen Tiere ohne Fell die letzte Eiszeit überstehen?

Durch Änderung unserer Gewohnheiten in Sachen Kleidung, Werkzeuggebrauch und Nahrungszubereitung. Wie konnte sich Europa seit der Neuzeit um 1700 mit einer Geschwindigkeit entwickeln, die andere Weltreiche jener Zeit (wie etwa China) überflügelte? Durch Änderung unserer Gewohnheiten in Politik, Moralität, Wissenschaft und Künsten.

Woher können wir das – diese unglaublichen Wandlungen vollziehen, ohne unsere physiologische Natur groß zu ändern? Und warum sind unsere nächsten Verwandten im Tierreich – Schimpansen und Bonobos – nicht dazu in der Lage? Immerhin unterscheiden sich ihre Gene bekanntlich nur zu 0,3 % von unseren – dieselbe Differenz, die auch zwischen Pferden und Zebras besteht. Warum bleiben der Symbolgebrauch und die Kooperation von Schimpansen selbst nach jahrelangem Training hinter der natürlichen Entwicklung dreijähriger Menschenkinder zurück?

Tomasello macht dafür eine kleine genetische Besonderheit verantwortlich: die Fähigkeit zu gemeinsamer Aufmerksamkeit. Diese Fähigkeit ermögliche überhaupt erst, die kulturelle Überlieferung aufzunehmen und daran mitzuwirken. Außerdem würden so völlig neue Formen der Kooperation möglich. Das äußere sich bereits bei Säuglingen, die schon mit acht Wochen intensiv den Blick der Mutter suchen. Das Alter von etwa neun Monaten nennen Entwicklungspsychologen dann eine kognitive Revolution: Durch das Verstehen der Zeigegeste lernen Kinder, dass andere ihre Aufmerksamkeit auf einen Gegenstand lenken wollen und auch sie selbst die Aufmerksamkeit anderer lenken können.

Dieses Verstehen ermöglicht es, verschiedene Perspektiven miteinander zu koordinieren – eine Fähigkeit, die für uns so wichtig ist wie die Luft zum Atmen. Kein Wunder, dass wir von klein auf darum ringen. Dabei steht nicht nur im Fokus, ob die anderen mir Aufmerksamkeit schenken, sondern wie sie ihre Aufmerksamkeit mit der meinigen abstimmen. Überlegen Sie einmal, welche Perspektiven sich jeweils gemeinsam abstimmen müssen, wenn z. B. beim Fußball ein Spielzug durchgeführt wird. In dieser Fähigkeit sind wir Menschen herausragend – doch nicht nur hier.

Der amerikanische Verhaltensforscher Winthrop Kellogg adoptierte in den 1930er Jahren das Schimpansenjunge Gua. Er wollte studieren, inwieweit es als Teil der Familie mit der Entwicklung des Menschenkindes mithalten konnte. Anfangs lernte die siebenmonatige Gua viel schneller als Winthrops eigener zehn Monate alter Sohn David. Doch nach einem dreiviertel Jahr brach Winthrop das Experiment ab. Gua hatte sich weitgehend normal entwickelt – aber David verhielt sich immer häufiger wie ein Schimpanse!

Menschenkinder können auf unvergleichlich intensive Weise imitieren. Dadurch saugen sie kulturelle Gewohnheiten auf wie ein Schwamm. Eltern sind manchmal verblüfft, ihr eigenes Verhalten im Spiel der Kinder wiederzuerkennen, wenn diese etwa als Zweijährige «telefonieren» oder «am Computer arbeiten». (Vielleicht sollte es statt «nachäffen» besser «nachmenschen» heißen.)

Aristoteles hatte bereits die Wichtigkeit der kindlichen Gewöhnung betont: «Es kommt also nicht wenig darauf an, ob man schon von Kindheit an so oder so gewöhnt wird; es hängt viel davon ab, ja sogar alles.» (Aristoteles 2013, S. 75)

Ein Teil unseres Lebens ist zufälligen Umständen unterworfen, die wir nicht oder nur bedingt beeinflussen können. Wir suchen uns nicht aus, wann wir geboren werden, in welchem Land oder von welchen Eltern. Wir sind in eine Welt «geworfen», wie der deutsche Philosoph Martin Heidegger es nannte, von der wir abhängig sind und die wir nur bedingt beeinflussen können.

Unsere Welt kann bisweilen so starr und unbarmherzig wirken, dass wir daran beinahe verzweifeln. In solchen Momenten fühlen wir uns ohnmächtig und hadern mit unserem Schicksal. Doch niemals verlieren wir ganz unsere Freiheit – auch wenn sie woanders liegt, als wir vielleicht vermuten.

Auch in dieser schicksalhaften Zufälligkeit, die Philosophen unter dem Begriff der *Kontingenz* diskutieren, können wir zwischen unterschiedlichen Reaktionen wählen. Je besser wir schicksalhafte Umstände verstehen, desto genauer erkennen wir unsere Spielräume in ihnen. Gerade aus dem, was wir nicht beeinflussen können, erwachsen unsere *Chancen*. In den Worten Erich Kästners: «Auch aus Steinen, die dir in den Weg gelegt werden, kannst du etwas Schönes bauen.»

Und selbst unter den aussichtslosesten Umständen behalten wir eine grundlegende Freiheit: die Wahl unserer Einstellung – wie der jüdische Psychologe Viktor Frankl eindrucksvoll in seinen Erinnerungen an seine Internierung in Auschwitz zeigt. In *Trotzdem Ja zum Leben sagen* resümiert er, dass die Schrecken der Massenvernichtung auch die Kraft dieser unverlierbaren Freiheit der Wahl der eigenen Einstellung gezeigt habe: «Was also ist der Mensch? Er ist das Wesen, das immer *entscheidet*, was es ist. Er ist das Wesen, das die Gaskammern erfunden hat; aber zugleich ist er auch das Wesen, das in die Gaskammern gegangen ist aufrecht und ein Gebet auf den Lippen.» (Frankl 2013, S. 130 f.)

Der amerikanische Erfolgsautor Stephen Covey hat diesen Spielraum durch die «90/10-Regel» erklärt, nach der 10 % unseres Lebens durch Umstände beeinflusst werden, über die wir keine Kontrolle haben, die restlichen 90 % allerdings von unserer Reaktion abhängen: Wenn uns kurz vor einer wichtigen beruflichen Präsentation jemand Kaffee über das Hemd schüttet, dann liegt das jenseits unserer Einflussmöglichkeiten – wie der Tag jedoch weiter verläuft, hängt direkt von unserer

Reaktion ab. Werden wir wütend und gestresst und tragen dies unbewusst in die Präsentation, oder gehen wir humorvoll und gelassen damit um? Natürlich ist es fraglich, ob sich der «Einfluss im Leben» überhaupt prozentual angeben lässt und wie man Coveys 90/10-Regel überprüfen würde. Aber dennoch hat die Regel Sinn, nämlich uns dafür zu sensibilisieren, dass unser Einfluss in Situationen häufig viel größer ist, als wir meinen – durch die Wahl unserer Einstellung.

Gerade weil wir flexible Wesen sind, die ihre Reaktionen verändern können, sind wir auch *verantwortlich* für unsere Reaktionen. Wir sind nicht nur von Umständen determiniert und von Ursachen getrieben, sondern können unterschiedliche Einstellungen einnehmen, Gründe abwägen und unser Handeln danach richten.

Diesen Spielraum unseres Verhaltens nannte der deutsche Aufklärer Immanuel Kant auch das «Reich der Freiheit» gegenüber dem «Reich der Notwendigkeit» physikalischer Ursachen. Heute sprechen Philosophen im Anschluss an den amerikanischen Philosophen Wilfrid Sellars von einem «Raum der Gründe», in dem wir Menschen uns bewegen. Es ist uns natürlich, gegenseitig Gründe für unser Handeln einzufordern, zu geben und abzuwägen. Deshalb ist die menschliche Sphäre, auch wenn sie bisweilen erheblichen Veränderungsdruck auf den Einzelnen ausübt, kein bloßer Schauplatz evolutionärer Mechanismen, sondern auch einer der Begegnung rationaler Wesen, die ihr Handeln nach Gründen ausrichten und ihre eigene Einstellung beeinflussen können. Und deshalb stehen wir auch in der Verantwortung, unsere Fähigkeit der Selbsterfindung nicht unserer Kontrolle entgleiten zu lassen und zum Spielball der Umstände zu werden.

Als moderne Menschen neigen wir dazu, bei einem solchen Aufruf zur Eigenverantwortung sofort an eine *individuelle*

Lebensführung zu denken:, den *eigenen* Weg, den *eigenen* Sinn. Seine Gewohnheiten weiterzuentwickeln war zwar schon in der antiken Welt ein Thema, wie die obigen Überlegungen im Anschluss an Aristoteles zeigen. Der Gedanke jedoch, dass jeder von uns eine einzigartige Weise des Menschseins hat, die einen eigenen Wert im Leben darstellt, war Aristoteles ebenso fremd wie noch den Europäern des Mittelalters. Werfen Sie mit mir einen kurzen Blick auf die Geschichte der Individualität.

Das unvollendete Buch des Lebens

Durch eine enge Gasse treten Sie hinaus auf den Marktplatz einer mittelalterlichen Stadt, sagen wir Nürnberg. (In der üblichen Art des historischen Genres beachten Sie die gängigen Anachronismen nicht und ignorieren die Sprachbarriere zum mittelalterlichen Deutsch ebenso wie den notorischen Verweis auf die üblen Gerüche). Zwischen den Marktständen mit Gemüse, Stoffen und Federvieh bemerken Sie einen wohlhabend aussehenden Mann. Sie gehen auf ihn zu und sprechen ihn an: «Wären der Herr so freundlich, mir die Stunde zu nennen?» – Der Mann mustert Sie kurz, nimmt dann den Deckel von der runden Messingdose an seiner Halskette ab und blickt auf das Ziffernblatt. «Soeben ölf», entgegnet er.

Manches im mittelalterlichen Leben war genau wie heute. Nicht nur liebten und stritten, gebahren und starben die Leute wie heute – seit der Erfindung der tragbaren Uhr konnten Sie auch auf der Straße jemanden fragen, wie spät es ist. Und doch gab es – natürlich – in vielen Bereichen zentrale Unterschiede. Was wäre geschehen, wenn Sie den Mann danach gefragt hätten, ob er sich vorstellen könnte, sich neu zu erfinden? Ob er in der Lage sei, seine Einzigartigkeit als Mensch zu leben?

Der mittelalterliche Bürger hätte Sie vermutlich ratlos angeschaut – und das nicht aufgrund mangelnder Intelligenz. Vielmehr deswegen, weil Sie ihn nach etwas gefragt hätten, das
nicht zu seinem Selbstverständnis als Mensch gehört.

Zwischen dem Weltbild des Mittelalters und unserem heutigen gibt es einen wichtigen Unterschied. Nicht nur die Erde
stand im Weltbild der Menschen still, sondern die ganze Natur
inklusive der Ordnung im Menschenreich wurde als statisch
aufgefasst. Die Welt war Gottes Schöpfung und als solche *voll-
endet*. Heute verstehen wir die lebendige Natur im Anschluss
an Charles Darwins *Die Entstehung der Arten* als evolutionären
Strom des Werdens und Vergehens von Einzelwesen und Arten.
Damals hingegen sahen die Menschen die Natur als Ausdruck
eines klar bestimmten, unveränderlichen göttlichen Willens.
Das galt ebenso für die Ständegesellschaft, in der sie lebten. Der
Platz des Einzelnen innerhalb dieser Ordnung war im Normal-
fall durch seine Geburt festgelegt und damit auch der grobe
Ablauf seines Lebens. Dass der Einzelne ein unverwechselbares
Individuum sein könnte, das ein Recht auf seine individuelle
Art zu leben habe – dieser Gedanke kam im Weltbild des Mittel-
alters gar nicht vor.

Der Wandel zu unserem modernen Selbstverständnis
brauchte mehrere Jahrhunderte. Langsam bildete sich eine
dynamische Naturauffassung heraus und beeinflusste nach und
nach alle Lebensbereiche. In der Renaissance waren die Vor-
wehen dieses Umbruchs zu verzeichnen, doch erst um 1700
kam der Prozess in seine entscheidende Phase.

Im Zuge der britischen «Glorreichen Revolution» von 1688/89,
später der Amerikanischen und der Französischen Revolution,
veränderten sich die politischen Systeme; die sozialen Ordnun-
gen wurden durchlässiger. Neue Lebensläufe wurden möglich,
und damit stieg die Verantwortung des Einzelnen für seinen per-

sönlichen Lebensweg. Die Menschen mussten sich nicht mehr zwangsläufig mit den geringen Möglichkeiten der Ständegesellschaft abfinden. Sie standen plötzlich einer ungewissen, offenen Zukunft gegenüber, deren Verlauf in viel größerem Ausmaß als bisher von ihrer eigenen Gestaltung abhing.

Über Jahrhunderte war der mittelalterliche Bildungskanon als feststehendes Lehrsystem aufgefasst worden – als *Encyclopaedie* («Kreis des Wissens»). Doch die Philosophen und Wissenschaftler der Neuzeit verstanden die Wissenssysteme als konstruierte Gebilde, die man erfinden und umbauen konnte – zuerst vertrat Francis Bacon diese Ansicht. Der englische Philosoph und Staatsmann wurde 1620 mit dem *Novum Organum* einer der großen Wegbereiter der empirischen Wissenschaften.

In den Künsten wurde der Mensch erstmals als genuiner Schöpfer neuer Phantasiewelten begriffen, der die Natur nicht länger imitierte, sondern persönliche Erfindungen hervorbrachte – nicht nur Exemplare einer Gattung, sondern individuelle *Werke*. Noch Johann Sebastian Bach hatte Ende des 17., Anfang der 18. Jahrhunderts seine Kompositionen als Exemplare verstanden. Erst im späten 18. Jahrhundert wurden musikalische Kompositionen zunehmend als individuelle Werke angesehen, denen der Komponist eine ganz eigene, unverwechselbare Gestalt zu geben hatte. Der amerikanischen Musikwissenschaftlerin Lydia Goehr zufolge hat erst Ludwig van Beethoven diese Idee des individuellen Werks voll entfaltet.

In Wissenschaften und Künsten erwirkte die Vorstellung menschlicher Erfindungskraft und Individualität tiefe Umwälzungen. Doch es war der Genfer Philosoph, Musikkritiker und Schriftsteller Jean-Jacques Rousseau, der erstmals einer ungebremsten Individualität auch bei der eigenen Lebensgestaltung ihr Recht gab.

Mit Romanen wie *Julie oder die neue Héloise* von 1761 und

Émile oder Über die Erziehung von 1762 sorgte Rousseau europaweit für Furore: Die persönliche Individualität wurde als etwas artikuliert, das *anerkannt werden wollte.* Die eigene Innerlichkeit war nicht nur eine Privatsache, die man im Beichtstuhl offenlegte. Sie war ein Teil des Einzelnen, der *gelebt* werden wollte und der durch Regeln des Anstands, der Höflichkeit, der Schicklichkeit, der «gesellschaftlichen Ordnung» begraben zu werden drohte. In seiner preisgekrönten Abhandlung von 1750, *Über die Wissenschaften und Künste* (der tatsächliche Titel ist wesentlich länger), schrieb Rousseau:

> «Die Höflichkeit fordert ohne Unterlass; der Anstand befiehlt; man folgt ständig dem allgemeinen, niemals seinem eigenen Sinne. Man wagt nicht mehr, als derjenige angesehen zu werden, der man wirklich ist.»
> (Rousseau, 2012, S. 13)

In Rousseaus Aufruf zur individuellen Lebensführung erkennen wir bereits das Drama des modernen Individuums, das seine persönliche Vorstellung eines erfüllenden, guten Lebens gegen gesellschaftliche Ansprüche zu verteidigen hat: das Ringen um Authentizität, um Treue zu sich selbst. Damit stehen wir Menschen als Veränderungskünstler vor einer neuen Aufgabe. Es geht nicht mehr darum, vorgegebene Modelle zu verwirklichen: Was früher erstrebenswert erschien, kann uns heute von einem gelingenden Leben abhalten. Vielmehr gilt es, unsere individuelle Persönlichkeit zu entfalten und sie gegen Einflussnahme von außen zu verteidigen.

Auf einer Postkarte habe ich den schönen Satz gelesen: «Wie soll ich wissen, was ich denke, bevor ich gehört habe, was ich sage?» Dieser Scherz enthält mehr als nur ein Körnchen Wahrheit. Es war Johann Gottfried Herder, der im deutschsprachigen

Kulturraum Rousseaus Bekenntnis zur Individualität in der Lebensgestaltung eine wichtige Wendung gab. In seiner Schrift *Vom Erkennen und Empfinden der menschlichen Seele* von 1774 schrieb Herder: «Der tiefste Grund unseres Daseins ist individuell, sowohl in Empfindungen als Gedanken.» Doch Herder gibt dem Individualitätsgedanken eine neue Wendung: Unsere Individualität sei uns nicht primär dadurch zugänglich, dass wir tief in uns lauschen, sondern indem wir sie *ausdrücken*. Erst so machen wir sie uns selbst zugänglich und können sie praktisch verwirklichen. Ganz im Sinne der aristotelischen Tugendethik, nach der wir lernen, was ein gutes Leben ist, indem wir es annehmen, müssen wir hier unsere Individualität leben, um sie uns überhaupt zugänglich zu machen.

Diese Einstellung, die prägend für die Literatur des Sturm und Drangs und die spätere Romantik wurde, hatte auch soziale und politische Implikationen. Seitdem wurden die vielen Möglichkeiten, seine Individualität in der Meinungsäußerung und im Lebensstil auszudrücken, als zentrale Freiheitsrechte von Individuen aufgefasst und schließlich in den demokratischen Verfassungen garantiert.

Dies brachte auch einen umfassenden Wandel im bürgerlichen Selbstverständnis mit sich – und damit in den Künsten, in denen sich dieses Selbstverständnis ausdrückte. Die neue Gattung des Bildungsromans – etwa Johann Wolfgang von Goethes *Wilhelm Meisters Lehrjahre* oder Gottfried Kellers *Der grüne Heinrich* – führten nicht länger Musterexemplare an Tugend vor, denen man nacheifern sollte. Plötzlich wurden individuelle Entwicklungen und Biographien interessant. Parallel dazu kam im Bürgertum die Praxis des Tagebuchschreibens auf, um sich in bisher unbekannter Weise mit den eigenen Erlebnissen, Erinnerungen und Wünschen auseinanderzusetzen. Zunehmend konnten Menschen, insbesondere Künstler, daran leiden, gesellschaftlichen Rollenbildern *zu ähnlich* zu sein. Nicht zufällig entstand in dieser Zeit der Gedanke des «geistigen Eigentums». Mit den neuen Freiheiten, Möglichkeiten und Selbstansprüchen war schließlich an der Schwelle zum 20. Jahrhundert in Europa eine neue Frage ins Zentrum der Aufmerksamkeit gerückt: Wie kann es gelingen, sich selbst zu erfinden, jetzt, da es möglich erscheint?

Selbsterfindung 4.0

Der Fracht-Container von heute bestimmt seinen Weg selbst. Mit Computerchips ausgestattet, nimmt er selbständig Kontakt zu Logistikunternehmen, Hafenbehörde, Reeder und Speditionen auf, um seinen optimalen Weg zum Ziel zu nehmen. Im Projekt *Industrie 4.0* arbeiten Forscher am Konzept einer *Smart Factory*, die ihre gesamte Fertigung und Logistik selbständig regelt. Wie organisieren wir selbst unsere Lebensgestaltung unter solchen veränderten Bedingungen?

Geradezu überbordende Vielfalt und Erneuerung bestimmt heutzutage fast alle Lebensbereiche. Die meisten Menschen in den Industrieländern sehen es als selbstverständlich an, dass es unterschiedliche und dabei grundsätzlich gleichwertige Arten gibt, zu leben. Noch für unsere Urgroßeltern waren Berufs-, Partner- oder Konfessionswechsel und Wechsel der sozialen Schicht eher unwahrscheinlich. Für uns sind dies inzwischen weitestgehend normale Vorgänge.

Die moderne «Erweiterung des Möglichkeitshorizontes», wie es Hartmut Rosa nennt, hat immer mehr Menschen in den Stand – und in die Notwendigkeit – versetzt, innerhalb der Vielzahl der Optionen ihre persönliche Identität zu finden und zu bewahren. Ob wir heiraten oder nicht, Kinder haben wollen oder nicht, religiös sind oder nicht, welchen Beruf wir wählen, ob wir den Beruf wechseln, welche politische Partei wir wählen – alle diese Entscheidungen haben wir selbst zu treffen.

Wie aber behalten wir angesichts dieser Vielzahl an Möglichkeiten den Überblick? Wie gehen wir mit der Angst um, die falsche Entscheidung zu treffen, etwas Zentrales zu verpassen? Und was können wir gegen die atemraubende Zeitnot tun?

Sie kennen die übliche Antwort: besseres Zeitmanagement und effizienteres Handeln. Das Leben besser organisieren. Ein neues System von To-do-Listen anwenden. Und sich nicht perfektionistisch festbeißen, sondern 80 % der Arbeit in 20 % der Zeit erledigen. Im Zeitalter der Effizienz sind wir darauf trainiert, grundsätzlich erst einmal mit dem zu reagieren, was wir am besten können: erledigen, optimieren. Eigentlich liegt eine große menschliche Stärke darin, gute Lösungen auf andere Kontexte übertragen zu können. Leider unterliegen Lösungen einer Halbwertszeit, d. h., sie sind nur eine Zeitlang eine Lösung – dann aber werden sie selbst zum Problem, wie im folgenden Beispiel:

Ein erfolgreicher Ex-Manager geht in den Ruhestand und überträgt wie selbstverständlich seine Vorstellungen von Effizienz und Produktivität auf das häusliche Leben. Das geht eine Weile gut, denn ein neuer Lebensabschnitt will organisiert sein. Der Manager hat tief verinnerlicht, wie Aufgaben erledigt werden und wann er zu sich sagen kann: «Es war ein guter Tag.» Er hat ein klares Bild von sich selbst und steuert jeden Morgen wie selbstverständlich auf seine Betriebstemperatur zu. Die Punkte auf der Liste werden abgehakt, er ist immer noch voll leistungsfähig, gehört noch nicht zum alten Eisen. Er bekommt sein «Gefühl des Daseins», wie Rousseau es nannte, vor allem davon, Aufgaben effizient zu erledigen. Und genauso erledigt er seinen Ruhestand.

Doch schließlich schlägt die Halbwertszeit des richtigen

Handelns zu Buche. Irgendwann – später als seine Angehörigen – muss der Manager die Sinnlosigkeit seiner einstmals erfolgreichen Lebensstrategie anerkennen. Er muss überlegen, welche Richtung er seinem Leben geben will, und dann den Kurswechsel vollziehen. Das ist eine völlig neue.Herausforderung: Er muss nichts optimieren. Er muss nicht in irgendetwas effizienter werden. Er muss keinen zusätzlichen Punkt auf der Liste abhaken. Diese Aufgabe erfordert von ihm etwas viel Schwierigeres: Er muss sein vertrautes Gefühl des Daseins verlassen – andere Wege der Anerkennung finden, andere Gewohnheiten entwickeln, die es ihm ermöglichen, mit sich zufrieden zu sein. Er muss *sich selbst verändern*.

Was Menschen in solchen Fällen brauchen, ist ein Perspektivwechsel. Sie müssen über die alltäglichen Erledigungen hinausdenken und sich vom Diktat des Dringlichen befreien, um ihr Leben als Ganzes zu betrachten. Es gilt, von sich selbst und seinem Alltag einen Schritt zurückzutreten und sich zu fragen: Was tue ich hier eigentlich?

Es sind grundsätzliche Fragen über die eigene Zukunft, über die eigene Vorstellung von einem erfüllten Leben, die beantwortet werden müssen. Wenn wir danach die Lebensperspektive verlassen und uns den Erledigungen zuwenden, erscheint der Alltag häufig in einem neuen Licht.

Beim Philosophieren über Ihr Leben wechseln Sie zwischen diesen Perspektiven hin und her. Wer nur in der Alltagsperspektive lebt, der schafft es nicht, seinem Leben eine langfristige Richtung zu geben, der reagiert nur auf die Anforderungen des Alltags, statt zu agieren, zu gestalten. Wer nur in der Lebensperspektive lebt, der kommt hingegen mit dem Alltag nicht zurecht. Wem es nicht gelingt, regelmäßig zwischen beiden Perspektiven zu wechseln, der verliert sich selbst und wird zum Spielball äußerer Kräfte. Die menschliche Stärke liegt darin, zwischen diesen Perspektiven hin und her wechseln und sich dabei mit anderen Menschen koordinieren zu können. Leider stehen uns unsere heutigen Lebensverhältnisse dabei häufig im Weg.

Der Sinn von «Entschleunigung» ist, wieder die Pendelbewegung zwischen Alltagsperspektive und Lebensperspektive zu ermöglichen. Ich bin davon überzeugt, dass dieses Pendeln nicht besonders anspruchsvoll oder abstrakt ist.

Um das verständlicher zu machen, möchte ich ein Bild durchspielen. Bilder sind in der Philosophie sehr beliebt, weil dadurch komplizierte Überlegungen zusammenfassend begriffen werden können. Berühmte Beispiele sind der Fluss, in den man Heraklit zufolge nicht zweimal steigen kann, oder das Höhlengleichnis aus Platons *Der Staat*. Im Folgenden wähle ich mit dem Leuchtturm bewusst ein Bild, das Ihnen vermutlich geläufig ist.

Das eigene Leben überschauen

Der Weg steigt etwas an und Sie können schon fast über den Deich schauen. Oben ist der Wind etwas frischer. Sie blicken über satte Salzwiesen, zwischen denen schmale Kanäle verlaufen. Kurz hinter dem Deich führt ein asphaltierter Weg in Richtung Meer. Einige hundert Meter weiter links, inmitten der flachen Wiesen, erhebt sich auf einer Hallig ein Leuchtturm – weiß und rot ragt er in den Himmel. Sie folgen dem Weg und schauen sich um.

Der Weg zum Leuchtturm ist weiter als gedacht. Sie denken etwas missmutig an den langen Rückweg. Sollen Sie auf eigene Faust eine Abkürzung über die schlammigen Gräben suchen? Oder eines der am Fuße der Hallig abgestellten Fahrräder «leihen» und es später am Deich für den Besitzer zurücklassen? Oder stiefeln Sie doch den langen Weg zurück?

Während Sie sich diese Fragen stellen, streift Ihr Blick über das flache Gebiet, das vor Ihnen liegt. Sie erkunden Ihre Möglichkeiten, beurteilen Ihre Situation und wägen ab. Diese und ähnliche Überlegungen führen Sie im Alltag ständig durch. Sie wollen etwas erledigen, haben dabei Hindernisse zu überwinden und Tätigkeiten in eine günstige Reihenfolge zu bringen. Schaffe ich es noch, den Rasen zu mähen, bevor nachher die Läden schließen? Kann ich mein Projekt heute mit einer Spätschicht abschließen – oder sollte ich lieber früh ins Bett gehen und mich morgen frisch und ausgeruht weiter daransetzen? Streite ich mich weiter – oder ist es Zeit für eine Pause, um die Sache später in Ruhe zu besprechen?

Téchne nannte Aristoteles unsere dafür notwendige Fähigkeit. «Handlungskompetenz» wäre heute ein positiver Ausdruck dafür, «Zweckrationalität» ein eher pejorativer. Auf diese Art lösen wir die meisten Aufgaben im Alltag – doch manche Probleme können wir mit dieser Einstellung noch nicht einmal richtig verstehen. Es ist wieder einmal die Strategie der effizienten Problemlösung, die uns den Weg verbaut.

Inzwischen sind Sie beim Leuchtturm angekommen und beschließen, die Eingangstür auszuprobieren. Entgegen Ihrer Vermutung lässt sie sich öffnen, und sie schlüpfen hinein.

Sie sind überrascht, wie geräumig der Leuchtturm von innen ist. Während Sie die hölzernen Treppenstufen hinaufsteigen, sehen Sie durch die Bullaugenfenster, wie Sie den Boden langsam unter sich lassen. Nach einiger Zeit führt die Treppe an einer Tür vorbei. Sie öffnen sie vorsichtig und blicken – überrascht – in ein Schlafzimmer. Hölzerne Bauernmöbel, blassrote Läufer auf dem Boden, in der Mitte ein schweres Doppelbett. Auf der Kommode an der Wand eine Waschschüssel aus weißem Porzellan. Der Raum wurde sicherlich später eingerichtet, aber er erinnert doch an die Zeit der Leuchtturmfeuerwärter. Kein

leichter Beruf – man musste sehr widerstandsfähig sein –, sonst
ließen sich Entbehrungen, Einsamkeit, Sturmfluten und Kälte
sicherlich nicht ertragen. Wäre das ein Leben für Sie?

Nachdenklich steigen Sie im Leuchtturm weiter nach oben.
In Ihren Überlegungen haben Sie inzwischen eine andere Perspektive eingenommen. Was erwarten Sie vom Leben? Die konkreten Fragen des Alltags, z. B., wie Sie zurück zum Deich kommen, sind für den Moment vergessen.

Schließlich gelangen Sie nach ganz oben zum Leuchtfeuer
und treten hinaus auf den Aussichtsring an die kühle Seeluft.
Sie können über Watt und Meer bis zu den nördlicheren Inseln
blicken. Das Leben eines Leuchtturmfeuerwärters hatte auch
seine guten Seiten – die Ruhe und die Verbundenheit mit der
Natur. Ist die Entscheidung für ein solches Leben nicht auch
bewundernswert? Für welche Art von Leben würden Sie selbst
ähnlich starke Kompromisse eingehen?

Bei derartigen Überlegungen geht es nicht um einzelne Pro-
blemlösungen im Sinne der *Téchne*. Es geht um Ihren gesamten
Lebenszusammenhang, Ihre persönliche Geschichte, Ihre Erinnerungen und prägenden Erfahrungen, die Höhen und Tiefen
Ihres Lebens, Ihre Ängste und Ihre Träume, Ihre Pläne und Hoffnungen. Es geht darum, welches Leben Sie führen und was für
ein Mensch Sie sein wollen. Aristoteles verwendete dafür den
Ausdruck *Phronesis*, was in etwa «praktische Weisheit» bedeutet.
Im operativen Geschäft des Alltags, unterwegs im flachen Land,
verhalten wir uns notgedrungen so, als ob unsere grundlegenden Fragen beantwortet wären. Nur vergessen wir manchmal,
wie wir zu den Antworten gekommen sind – und dass sie inak-
zeptabel geworden sein könnten.

Zwischen der Alltagsperspektive und der Lebensperspektive
pendeln wir hin und her. Manche in den Alltag einbrechenden
Ereignisse katapultieren uns in die Lebensperspektive. Was wir

dort mit uns ausmachen, ist direkt relevant für unser weiteres Verhalten im Alltag.

Oben auf dem Leuchtturm können Sie Ihre Situation neu überblicken. Sie sehen Ihren Weg als Ganzes – wo Sie über den Deich gekommen sind und wo Sie ihn wieder überqueren werden. Als Sie nach unten schauen, erkennen Sie den weiten Bogen, den der reguläre Weg vom Deich bis zum Leuchtturm beschreibt. Sie sehen jetzt auch, dass jede Abkürzung über die breiten, schlammigen Gräben unmöglich ist. Aber Sie entdecken noch etwas anderes: Am Fuße der Hallig, neben der Auffahrt zum Leuchtturm, beginnt noch ein anderer, schmaler Pfad aus Backsteinen durch die Salzwiesen. Statt im großen Bogen führt er über eine alte Holzbrücke schnurgrade zurück zum Deich.

Vielleicht ist es mir gelungen, klarer zu machen, warum wir unser tiefsitzendes Unbehagen, das Gefühl schleichender Sinnlosigkeit oder Richtungslosigkeit nicht dadurch bewältigen können, dass wir noch mehr schaffen. Es ist vielleicht eines der größten Missverständnisse hinsichtlich einer gelungenen Lebensführung, die grundlegenden Fragen des Lebens durch Effizienz und Optimierung beantworten zu wollen. Stattdessen bedarf es einer neuen Orientierung in der Lebensperspektive, eines Aufstiegs auf den Leuchtturm.

Wir tun gut daran, uns einen solchen Leuchtturm im Leben zu schaffen – eine persönliche Routine, unser Leben als Ganzes in den Blick zu nehmen. Manchmal helfen uns bestimmte Bücher. Manchem gelingt es besonders gut beim Joggen, wenn der Weg gleichmäßig unter einem dahinfließt. Mancher findet die richtige Haltung im Schaumbad mit einem Glas Wein. Haben Sie eine Routine des Nachdenkens?

Veränderungsdruck und Verpassensangst machen es uns häufig schwer, den Weg der «schnellen Lösungen» auch nur vorübergehend zu verlassen. Doch die Sorge ist häufig unbegründet, denn, wie der Dichter und Philosoph Gotthold Ephraim Lessing es einmal ausdrückte: «Der Langsamste, der sein Ziel nicht aus den Augen verliert, geht immer noch geschwinder, als jener, der ohne Ziel umherirrt.»

Wie lange brauchen Sie selbst, um eine Lebensentscheidung reifen zu lassen? Welche Auswirkungen hat es, wenn solche tiefen Prozesse nie richtig zum Abschluss kommen, wenn ihr natürlicher Ablauf immer wieder unterbrochen wird? Was, wenn komplexe Richtungsentscheidungen heute einfach zu langwierig geworden sind für unsere kurzatmige Taktung durch unwichtige Dringlichkeiten?

Doch Zeitmangel ist nicht das einzige Hindernis. Ironischerweise haben wir es uns parallel zur «Erweiterung des Möglichkeitshorizonts» auch enorm aufwendig und vertrackt gemacht, die Lebensperspektive und die Alltagsperspektive sinnvoll zusammenzubringen. Unsere Prioritäten und Grundauffassungen ändern sich auf der einen, unsere Lebensumstände auf der anderen Seite. Mit dem Wandel der Lebensphasen müssen wir häufig erst einmal wieder Einklang mit uns selbst herstellen.

Vielleicht sind vorgefertigte Lifestyle-Modelle (wie der *Business-Man* oder das *It-Girl*) und auch religiöse Lehren deshalb wieder verlockend geworden: Sie versprechen, uns von dieser Aufgabe zu entlasten, sodass wir uns weiterhin auf der Alltagsperspektive beschäftigt halten können. Vielleicht meinen wir, ein fertiges Lebensmodell würde kostbare Zeit sparen – bis wir *irgendwann* Zeit haben, uns tiefer damit auseinanderzusetzen.

Vielleicht haben wir manchmal auch einfach zu viel Respekt vor der vermeintlich *gewaltigen Aufgabe*, unser Leben «gedanklich zu meistern». Diese Ängste wurden von mancher Seite absichtlich geschürt – etwa wenn es beim Kirchenvater Augustinus hieß: «Lasst ab von euch; versucht euch selbst zu erbauen, und ihr erbaut eine Ruine.» Ist das das Schicksal der rastlosen Selbsterfinder? Hat die romantische Idee der Individualität ihr wahres Bild in den einsamen Ruinen auf den Gemälden Caspar David Friedrichs?

Dieses Bild gescheiterter Selbsterfindung ist ebenso irrig wie die Verklärung strahlender Selbstwerdung. Gerade in der Philosophie ist es besonders wichtig, sich von solchen Bildern nicht verführen oder gefangen nehmen zu lassen. Kein Bild ist in allen Details akkurat. Und wenn Sie ein Bild so weit angenommen haben, dass Sie meinen, es *müsse* sich doch in Wirklichkeit so verhalten – dann ist es Zeit, das Bild wieder zu entzaubern.

Statt eines Tages auf dem Sterbebett zu bereuen, unsere eigenen Impulse nicht wichtig genug genommen zu haben, können wir ihnen einen Platz im Alltag geben. Es ist eine kleine Veränderung, die jedoch große Wirkung auf die Art haben kann, wie wir unser Leben gestalten.

Und weil für derartige Belange seit Jahrhunderten religiöse Lehren und Institutionen zuständig waren, möchte ich im nächsten Kapitel betrachten, wie sich religiöse Grundauffassungen mit einer modernen Lebensperspektive vertragen.

2
Mit dem Navi durchs Leben –
Wie viel Religion will ich?

«Es ist der endgültige Beweis für Gottes
Allmacht, dass er nicht zu existieren braucht,
um uns zu retten.»

(REVEREND MACKEREL, IN *MACKEREL PLAZA* VON PETER DE VRIES)

Wie fühlen Sie sich, wenn Sie eine Kathedrale betreten? Gedämpftes Licht, leises Flüstern verliert sich zwischen den Säulen, steinerne Bögen erheben sich über dem Mittelschiff. Ganz vorne die Apsis, zu beiden Seiten das Chorgestühl und als Fluchtpunkt der gesamten Anlage: der Altar. Solche Bauwerke sind beeindruckend. Doch viele Menschen betreten sie nicht, um zu beten, sondern eher um des ästhetischen Erlebnisses willen.

Ich selbst bin weder gläubig, noch bin ich Atheist. Ich bin eine Art verkappter Agnostiker: Ich bin überzeugt, dass wir nicht *wissen* können, ob Gott existiert oder nicht (altgriechisch *a-gnoein* = «nicht wissen») – aber ich streite nicht ab, dass es innerhalb vernünftiger Grenzen gute Gründe für religiösen Glauben geben mag. Dieses Kapitel soll nicht provozieren oder gar verprellen – es soll ermutigen. Deshalb will ich so unvoreingenommen an das Thema herangehen, wie es meine Voreingenommenheit zulässt.

Religion war und ist ein ernsthaftes Thema. Wegen dieser Ernsthaftigkeit sind wir gegenüber den religiösen Gefühlen anderer respektvoll, die sich vielleicht in einer Situation existenzieller Not befinden. Weil uns diese Ernsthaftigkeit manchmal überzogen vorkommt, haben wir solche Lust an Parodie und Polemik gegen die Religion. Manche schätzen Religion gerade dafür, dass sie inmitten pluralistischer Ironie ernsthaft bleibt. Dabei ist Religion nicht das einzige Refugium aufrichtiger Lebensführung. Die Tradition der humanistischen Moralphilosophie im Anschluss an Cicero und Seneca kommt ohne religiöse Grundannahmen aus und sieht dennoch in Mitgefühl und Menschenfreundlichkeit wesentliche Elemente eines guten Lebens.

Wir alle suchen Orientierung. Dabei sind wir zwiegespalten, wie wir mit unserer religiösen Überlieferung umgehen sollen. Einerseits verstehen wir uns als aufgeklärt. Wir wollen uns eigene Urteile bilden und unser Leben selbstbestimmt gestalten. Andererseits schätzen viele wieder zunehmend den Wert unserer (religiösen) Traditionen, nachdem sie ihre Selbständigkeit im Leben bewiesen haben.

Die erfolgreichste Variante der Religion, der Monotheismus, wurde (nach Vorformen im alten Ägypten) im 6. Jahrhundert v. Chr. von einem kleinen Wüstenvolk in Mesopotamien erfunden – als Judentum. Von dort aus entwickelte er sich zu Christentum, Islam sowie – in Europa weniger bekannt – dem Bahaitum. Nach einem beeindruckenden Missionsfeldzug gehört heute etwa die Hälfte der Weltbevölkerung einer monotheistischen Religion an, ca. 3,8 Mrd. Menschen. Doch seit einiger Zeit zeigt die Wachstumskurve in manchen Erdteilen nach unten – z. B. in Europa. Der *European Value Study* zufolge, einer empirischen Langzeitstudie zu den Werten und Einstellungen in 33 europäischen Ländern, bezeichnen sich inzwischen etwa ein Drittel der Europäer als unreligiös. Wird Religion unzeitgemäß?

Um das Verhältnis von Religion und modernem Leben besser

zu verstehen, möchte ich im Folgenden erst etwas zur aktuellen Lage sagen, dann einen kurzen Ausflug in die Geschichte unternehmen und schließlich ausgehend von der Religionskritik Immanuel Kants einige Schwierigkeiten beschreiben, vor denen moderne Menschen im Hinblick auf religiöse Fragen stehen.

Zumindest das Vertrauen in die Kirchen scheint abzunehmen. Früher waren sie die manifestierte Religion – heute driften Religion und Kirche auseinander. Was die Zahlen angeht, ist die «Renaissance der Religion», die anlässlich kirchlicher Großveranstaltungen wie der Papstwahl oder gut besuchter Kirchentage regelmäßig verkündet wird, ein Mythos. Hier einige Fakten: Noch 1970 waren in der BRD nur knapp 4 % der Bevölkerung konfessionsfrei. Seitdem stieg deren Anteil stetig: 2011 waren es bereits an die 37 % (und nur noch 58,8 % waren Mitglied einer der beiden großen Kirchen). Bei einer vergleichbaren Entwicklung wären die Grünen heute stärkste Partei in Deutschland.

Im traditionell katholischen Österreich stieg der Anteil der Konfessionsfreien von ebenfalls etwa 4 % (1970) auf etwa 12 % (2011) – in Wien auf über 25 %. In der Schweiz kletterten die Konfessionsfreien von ehemals 1 % auf 20 % – in Zürich auf über 25 %.

Sollte diese Entwicklung anhalten, wird in fünfzehn Jahren die Mehrheit der Bevölkerung im deutschsprachigen Kulturraum keiner Kirche mehr angehören. In Frankreich, Großbritannien oder auch den skandinavischen Ländern ist die Entwicklung schon weiter fortgeschritten. Sollte es das gewesen sein mit dem «christlichen Abendland»?

Fest steht: Ähnlich wie die beruflichen, partnerschaftlichen und politischen sind auch die religiösen Biographien heutzutage uneinheitlicher und wechselvoller geworden. Empirische Studien belegen zum Beispiel, dass religiöse Fragen vor allem für junge Erwachsene eine größere Rolle spielen, um dann im Lauf der Zeit vermehrt in den Hintergrund zu treten. Erst im fortgeschrittenen Alter gewinnen sie wieder an Bedeutung. Die jeweilige Nähe oder Distanz zur Religion kann sich also in verschiedenen Lebensphasen ändern.

Rechnen Sie damit, dass sich Ihre Haltung zur Religion noch einmal ändert?

Ganz gleich, welche Perspektive wir einnehmen, ob wir Gläubige sind, Atheisten oder Agnostiker (also der Auffassung sind, dass wir nicht wissen können, ob Gott existiert oder nicht): Religion führt tief in unsere Geschichte und in grundlegende Dimensionen unseres Lebens.

Die eingespielten Schaukämpfe um Gottesglauben vs. Atheismus oder Religion vs. Wissenschaft sind, solange sie keine Aufrufe zu Unterdrückung und Gewalt enthalten, bisweilen sogar unterhaltsam. Gelegentlich mögen sie auch ihren Sinn darin haben, gefahrlosen Streit in einer freien Gesellschaft zu demonstrieren. Aber aus der Lebensperspektive des Einzelnen gehen solche Wortgefechte an den zentralen Fragen vorbei. Gibt es gute Gründe dafür, heute als kritischer Mensch zum Glauben bereit zu sein? Wie kommen wir zu eigenständigen religiösen Antworten? Dürfen wir die privaten religiösen Überzeugungen anderer argumentativ herausfordern? Und dürfen wir uns unsere Gottesvorstellung selber basteln – wo wir doch vor der Herausforderung stehen, religiöse Überzeugungen und Rituale mit unserer modernen Lebensform zu vereinbaren?

Mit dem Navi durchs Leben?

«Nach 500 Metern links abbiegen», rät uns die weibliche Computerstimme des Navigationssystems. Es ist Nacht, und ich bin mit meiner Familie unterwegs zu einem Urlaubsort im Nirgendwo.

Die Kinder schlafen auf der Rückbank in ihren Sitzen. Vor uns, im Licht der Scheinwerfer, schlängelt sich die Straße zwischen dicken Bäumen hindurch. Wir haben keine Ahnung, wo wir sind – aber wir zweifeln auch nicht daran, dass wir in Kürze ein warmes Essen werden genießen können. Das Navi weist uns den Weg.

Wir alle schätzen die Sorglosigkeit, mit der wir in unbekannte Gegenden aufbrechen können, weil ein Navigationssystem uns zum Ziel leitet. Navigationssysteme, die uns durchs Leben selbst leiten sollen, sind in der Geschichte der Menschheit weit verbreitet gewesen: Weisheitslehren, Mythen, Ideologien und Religionen. Seit Anbeginn menschlicher Kultur und Sprache – also seit etwa 200 000 Jahren – nehmen wir auf diese Weise die Erfahrungen und das Wissen vorheriger Generationen auf. Die Suche nach Anleitung und Orientierung im Leben ist für uns ein natürliches Bedürfnis. Im Wandel der Lebensphasen müssen wir stets aufs Neue die Frage zu beantworten versuchen: «Was tue ich hier eigentlich?» Es ist die grundlegende Frage nach dem Sinn unserer Existenz auf diesem Planeten. Jahrhundertelang wurde sie in Europa durch verschiedene Varianten des Christentums beantwortet, teilweise auch durch die Lehren des Judentums und des Islams. Die Antwort der Religionen lautete: Wir spielen eine Rolle im Plan Gottes – selbst, wenn sich uns dieser Plan nicht erschließt. Demnach wurden wir auf diese Erde gesetzt, um nach Gottes Willen zu leben und sein Reich zu verwirklichen – oder dorthin zu gelangen.

Immer noch steuere ich unser Auto durch den Wald. «In 50 m links abbiegen», rät uns das Navi. Nach kurzer Zeit sehen wir tatsächlich linker Hand eine kleine Straße, an der ein Schild steht: Sackgasse. Meine Frau und ich blicken uns fragend an. Sollen wir hier wirklich abbiegen? Wir entdecken ein weiteres Schild, das auf einen See in der Nähe hinweist. Unser Hotel soll an einem See liegen – also biegen wir ab. Die Straße ist abschüssig und wird etwas holperig, später sandig. Wir müssen falsch sein. Als wir uns dem Navi zufolge bereits *im* See befinden, taucht vor uns eine Absperrung auf. Also umkehren. Über Baumwurzeln rumpeln wir hoch zur Straße und erreichen wieder glatten Asphalt. Wo ist jetzt das Hotel? «Bitte wenden», säuselt das Navi.

Kein Navi ist unfehlbar.

Ich beratschlage mich mit meiner Frau und fahre dann in der ursprünglichen Richtung weiter. Meine Frau telefoniert kurz mit dem Rest der Familie im Hotel. Irgendwann soll ein Wegweiser auftauchen – «Hier!», ruft meine Frau plötzlich, ich trete auf die Bremse, und wir landen in den Gurten. Fast wären wir vorbeigefahren. Ein Blick nach hinten – ja, die Kinder schlafen noch. «Bis gleich», sagt meine Frau erleichtert ins Handy und beendet das Gespräch. «Bitte wenden», rät uns das Navi. Wir ignorieren es, folgen dem Wegweiser am See entlang, und bald empfangen uns die Lichter des Hotels.

Trotz der Gewöhnung an unser Auto-Navi kommen wir auch gut ohne zurecht. Es gab mal ein Leben ohne diese Orientierungshilfe – und es gibt auch ein Leben ohne das Navigationssystem Religion. Und selbst, wenn Sie sie als ein solches nutzen – der Navigator bleibt stets Sie selbst.

Wenn der angezeigte Weg eine Sackgasse ist, die Lebenspraxis, der Alltag, die momentane Situation nicht mehr mit ihm in Einklang zu bringen sind, dann übernimmt die Religion für Sie keine Verantwortung. Sie müssen es selbst tun – und dürfen auf Ihre eigene Orientierungsfähigkeit vertrauen.

Trotzdem meinen viele, ohne die «christlichen Werte des Abendlandes» würden wir etwas Wichtiges verlieren. Warum fühlen sich viele so an das Christentum gebunden?

Das Erbe einer Verpflichtung?

Gefühle der Verpflichtung haben wir nicht immer selbst gebildet. Manche haben wir stillschweigend geerbt. Wie viele andere Gewohnheiten haben wir sie von früheren Generationen übernommen. Von harmlosen Marotten, wie z. B. nicht App-fähige Geräte am Handgelenk zu tragen, die lediglich die Zeit anzeigen können, bis hin zu «inneren Gewohnheiten», etwa, bestimmte Wünsche, Ziele, Werte für erstrebenswert zu halten. Solche Gewohnheiten bewegen sich auf einer «Ebene zweiter Ordnung», wie der amerikanische Philosoph Harry Frankfurt es in *Freiheit und Selbstbestimmung* genannt hat. Frankfurt erläutert unsere Willensfreiheit dadurch, dass wir nicht nur Dinge oder Zustände wünschen (Ebene erster Ordnung), sondern auch wünschen, bestimmte Wünsche zu haben – oder nicht zu haben (Ebene zweiter Ordnung).

Wir empfinden z. B. Emotionen wie Wut oder Freude, Scham oder Neid. Zusätzlich können wir uns zu unseren Emotionen verhalten – wir können z. B. über unsere Wut traurig sein oder uns über unseren Neid ärgern. Auf der Ebene der zweiten Ordnung regeln wir den Umgang mit unseren inneren Impulsen. Wir können z. B. von jemandem erwarten, dass er sich seiner Protzsucht schämt. Wir erwarten *Selbstkontrolle*. Es ist für unsere aktive Lebensgestaltung enorm wichtig, solche höherstufigen Einstellungen zu unserer Innerlichkeit einzunehmen.

Doch manchmal haben wir den Umgang mit unseren inneren Impulsen nicht selbst entwickelt. Wenn wir uns z. B. unserer Sexualität schämen, nur weil es seit Generationen so war – unter wessen Kontrolle stehen wir dann? Auch wie wir mit Religion umgehen, liegt oftmals in unserer Biographie begründet – und zuweilen sogar noch davor.

Ursprünglich verstanden sich die Völker Europas bis ins

frühe Mittelalter als Teil einer Welt von Göttern und Natur-kräften. Erst durch Karl den Großen wurde Europa Ende des 8. Jahrhunderts *per Gesetz* flächendeckend christlich. Diese Zwangschristianisierung wurde teilweise blutig durchgesetzt. Durch die Zerstörung des Hauptheiligtums der heidnischen Germanen, der *Irminsul* («allumfassenden Säule»), entfachten die christlichen Franken im Jahr 772 einen blutigen Krieg gegen die Sachsen und Friesen. Er sollte erst dreißig Jahre später enden. Heute ist dieses dunkle Kapitel der europäischen Geschichte weitgehend in Vergessenheit geraten.

Mit diesem Überstülpen eines lebensumfassenden Glaubens wurden alle Überlegungen in der Lebensperspektive neu kanalisiert: Es stand fest, wo wir herkommen (Paradies, Sündenfall), es stand fest, wo wir hingehen (ewiges Leben), und es stand fest, was wir zu tun haben (gehorsam sein gegen Gott und die Kirche). Wer außerhalb des christlichen Glaubens stand, galt als verloren.

Natürlich drückte die christliche Lebensperspektive ursprünglich tiefe religiöse Erfahrungen ihrer Gründerfiguren aus. Doch diese Erfahrungen traten zunehmend in den Hintergrund, als das Christentum zu einem allumfassenden Verwaltungs-system des gesellschaftlichen Lebens wurde. Unter Androhung schlimmer Strafen hatten sich unsere Vorfahren in dieses System einzufügen.

Das ging einige Jahrhunderte gut. Dann jedoch verordneten die Kirchenvertreter im hohen Mittelalter größeres religiöses Engagement. Bloße Teilnahme am Ritual reichte nicht mehr aus. Stattdessen wurde von den Gläubigen persönliche Verpflichtung gefordert. Um die Innerlichkeit der Gläubigen stärker binden zu können, wurde im 13. Jahrhundert die Beichte eingeführt und ein neues Ideal propagiert: die Frömmigkeit.

Dieses Drängen zur persönlichen Religiosität kulminierte schließlich in der Reformation. Martin Luthers angeblicher

Ausspruch vor seinen Anklägern 1521 im Reichstag zu Worms – «Hier stehe ich, ich kann nicht anders» – hatte seinen Anker in der Auffassung, allein die persönliche Beziehung des Einzelnen zu Gott sei von Bedeutung, nicht die des Gläubigen zur Kirche. Verbürgt ist zumindest, dass Luther sich auf sein Gewissen berief und sich deshalb trotz Androhung der Todesstrafe weigerte, den Standpunkt seiner Schrift *Von der Freiheit eines Christenmenschen* zu widerrufen. Das einst von den kirchlichen Autoritäten lancierte neue Verständnis persönlicher Religiosität war so stark geworden, dass sich das religiöse Gewissen der Gläubigen dem äußeren Einfluss entzog. Ironischerweise begünstigte die Verinnerlichung des Sakralen später die Säkularisierung und die Abkehr von Kirchenritualen.

Heute ist Religion in westlichen Demokratien – auch für religiöse Menschen – nur eine von vielen möglichen Lebensweisen. Tatsächlich haben Gottesglaube oder religiöse Rituale heute einen eher (siehe auch die Eingangsseiten dieses Kapitels) geringen Stellenwert im gesellschaftlichen Leben (die USA sind ein Sonderfall). Weniger als 5 % der Deutschen gehen sonntags in die Kirche. Es sind zwar noch viele Menschen religiös – aber selbst die ernsthaft Gläubigen unter ihnen verbinden dies selten mit kirchlichen Ritualen oder mit der öffentlichen Präsenz der Kirchen.

Diese Tendenz hat der amerikanische Psychologe William James bereits 1902 in *Die Vielfalt religiöser Erfahrung* beschrieben: Religiöse Menschen verstünden nicht mehr die Kirchen als eigentlichen Ort der Religion, sondern ihre individuelle Erfahrung.

Tatsächlich sind wir heute mehrheitlich der Auffassung, dass niemand von uns verlangen kann, im Hinblick auf unser Selbstverständnis und unsere Weltsicht unsere eigenen inneren Impulse zu ignorieren.

Symptomatisch dafür ist die Reaktion der katholischen Politikerin Andrea Fischer in einer Talkshow gegenüber dem Religionskritiker Michael Schmidt-Salomon. Schmidt-Salomon fragte Fischer, wie sie ihre liberalen Ansichten mit den Glaubensvorgaben der katholischen Kirche vereinbaren könne – die ja im *Katechismus der Katholischen Kirche* verbindlich festgelegt sind. Fischer erwiderte wie auf eine Missachtung ihrer persönlichen Freiheitsrechte: «Erzählen *Sie* mir nicht, was ein guter Katholik ist!»

Selbst aus der Indifferenz gegenüber religiösen Dingen spricht häufig noch das Ideal, nur solchen Sinnangeboten zuzustimmen, die von den eigenen Impulsen getragen werden. Und doch möchten wir manchmal gerne die Kraft des religiösen Rahmens wieder in Anspruch nehmen, etwa, um uns gegen existenzielle Ängste zu wappnen. Wir wollen uns an etwas klammern können, wenn wir in die Untiefen des Lebens geraten. Wir wollen Erlösung erfahren, wenn uns Schuld und Verzweiflung zu verschlingen drohen. Vielleicht genießen wir aber auch einfach nur das Gemeinschaftsgefühl in der Gemeinde, das Aufgehobensein im Ritual, das vor allem auch bei Feiern wie Hochzeit oder Taufe zum Tragen kommt. Doch passen die Wege der Religion, jenseits von diesen Anlässen, überhaupt noch zu unserer modernen Lebensform?

Wie viel Religion passt ins moderne Leben?

Die Frage müsste eigentlich etwas anders gestellt werden: Welchen Ort können und wollen wir der Religion im modernen Leben zuweisen? Die geschichtliche Entfaltung politischer, rechtlicher, religiöser und expressiver Freiheit hat den Zuständigkeitsbereich der Religion immer weiter eingegrenzt. Bis in die Neuzeit beherrschten die Kirchen unsere Sicht des Lebens. Heute gibt es für alle Wissensgebiete weltliche Spezialisten. Beantworten Sie einmal die folgenden Fragen (wenn Sie bei einer von ihnen unentschieden sind, ignorieren Sie sie einfach):

- Würden Sie mit einer Entzündung der Nasennebenhöhlen zu einem Mönch gehen – oder zum HNO-Arzt?
- Würden Sie Ihre Kinder eher von Nonnen schulen lassen – oder von ausgebildeten Pädagogen?
- Würden Sie sich bei einer Depression eher von einem Gemeindepfarrer beraten lassen – oder von einem Diplom-Psychologen?
- Wenn Eltern sich um das Sorgerecht für ihre Kinder streiten, sollte dann ein religiöser Würdenträger entscheiden – oder ein Familienrichter?
- Wer hat fundiertere Untersuchungsmöglichkeiten über den Ursprung des Universums: Theologen oder Astrophysiker?
- Welche Erklärung für unser menschliches Aussehen hält eher einer kritischen Prüfung stand: die religiösen Schöpfungsgeschichten oder die Theorien heutiger Evolutionsbiologen?
- Wenn es um die Herkunft der heiligen Texte geht: Glauben Sie dem, was in den Texten selbst steht, oder eher einem Literaturhistoriker?
- Wenn Sie an die Zukunft der Menschheit denken: Erwarten Sie den Endkampf zwischen Gut und Böse – oder eher das Ringen mit dem Klimawandel und der Bevölkerungsproblematik?
- Was sollten Kinder eher fürs Leben lernen: Gehorsam gegen Gott oder eigenständiges Denken?

Wenn Sie nun zusammenzählen, wie oft Sie sich für die erste bzw. die zweite Antwort entschieden haben, können Sie erkennen, ob Sie im Leben eher religiösen oder eher weltlichen Autoritäten vertrauen. Das sagt übrigens nicht zwingend etwas über Ihre Religiosität aus. Die meisten Kirchenvertreter in Europa erkennen heute die uneinholbare Expertise der Wissenschaftler auf den angesprochenen Gebieten an. Waren Theologen früher in fast allen Lebensbereichen weisungsbefugt, werden heute ihre Verlautbarungen zu konkreten Themen des Lebens häufig eher als Anmaßung empfunden.

Dieser Gegensatz zwischen einer offiziellen Glaubensdoktrin einerseits und dem Gefühl einer Verpflichtung zur persönlichen Religion andererseits ist entscheidend dafür, ob Religion mit unserem Leben kompatibel ist oder nicht. Welche Folgen aber sollte jeder Einzelne aus den humanistischen Idealen der Aufklärung (Freiheit, Emanzipation, Menschenrechte, Religionsfreiheit, Pressefreiheit, Fortschritt zum Wohle aller) für sich ziehen. Manche schrecken mitunter vor der großen Verantwortung zurück, die eine aufgeklärte Haltung mit sich bringt. Denn die Verantwortung für das eigene Leben zu übernehmen heißt auch, möglicherweise Schuld am Misslingen des eigenen Lebens zu haben. Das ist für viele ein erschreckender Gedanke. Deshalb mischt sich in die Euphorie über die überschäumenden Möglichkeiten des modernen Lebens auch eine unterschwellige Angst. Es ist die Angst vor falschen Entscheidungen, vor den unrettbar verlorenen Möglichkeiten, vor der vertanen Lebenszeit und zuletzt vor dem unglücklichen Sterben. Ist es da nicht verständlich, dass wir uns gegen solche Ängste abschirmen? Dass viele sich mit Hilfe eines Lebens-Navis wie der Religion in Sicherheit wiegen möchten? Aber stellen Sie sich einmal vor, Sie sind im Auto unterwegs, und plötzlich wird Ihr Navi religiös: «Du sollst *rechts* abbiegen – geradeaus zu fahren ist *Sünde*!»

Unser Weg der Selbstverantwortung birgt neben der Verheißung eines erfüllteren, aufrichtigeren Lebens zwar auch große Ängste. Aber wenn wir diese Verantwortung einfach abgeben, dann verlieren wir einen wichtigen Teil unserer selbst – und dieser Selbstverlust sollte uns nicht weniger schrecken.

Aber heißt das, dass wir als eigenständig denkende Erwachsene *niemals* ein Lebens-Navi benutzen dürfen? Und bedeutet das wiederum, dass religiöse Menschen Angst davor haben, Verantwortung für ihr Leben zu übernehmen?

Das mag in Einzelfällen zutreffen. Aber die Mehrheit der religiösen Menschen wird durch eine solche Unterstellung eklatant unterschätzt. Ob die Bibel wörtlich zu verstehen ist, ob Maria wirklich Jungfrau war, ob Jesus kommen wird, um uns zu richten – dazu haben die meisten religiösen Menschen in unseren Gefilden eine ziemlich aufgeklärte Meinung. Das lässt sich daran zeigen, welche Antworten auf religiöse Fragen heute akzeptiert werden und welche nicht. Fragen wir also: Wie kommen wir zu religiösen Antworten?

Was sagen uns heilige Texte?

Es ist nicht lange her, da fragte ich meinen damals fünfjährigen Sohn: «Es gibt Leute, die haben ein Buch. Sie behaupten, dass alles, was in dem Buch steht, wahr ist. Und sie behaupten, dass alles, was in anderen Büchern steht, nicht stimmt. Was würdest du zu diesen Leuten sagen?» – «Doofmann», antwortete er. «Wieso würdest du das sagen?», fragte ich weiter. «Na, wissen die denn nicht – manche von den anderen Büchern sind vielleicht falsch, aber manche sind eben auch wahr.»

Ich finde es faszinierend, dass einige Erwachsene anscheinend nicht wahrhaben wollen, was bereits für einen Fünfjährigen offensichtlich ist: Was in Büchern steht, stimmt manchmal – und manchmal nicht. Die Auffassung, alles in einer spezifischen «heiligen Schrift» sei im wörtlichen Sinne wahr, während alle anderen Ansichten unwahr oder unmoralisch sind, vertreten heute glücklicherweise nur noch religiöse Sekten. In diesen werden die Lesegewohnheiten der Mitglieder extrem kontrolliert, damit sie nicht mit Meinungen in Berührung kommen, die «ihren Glauben schwächen» könnten. In Wahrheit wird dadurch die Entfaltung eines persönlichen Glaubens gerade verhindert.

Was denken wir heute über den Ursprung der Bibel? Der historische Ursprung heiliger Texte ist unglaublich schwer zu rekonstruieren. Bibelwissenschaftler konnten inzwischen zeigen, dass die biblischen Texte nicht von einzelnen Autoren verfasst wurden. Sie sind teilweise über Jahrhunderte gewachsen – häufig «von innen nach außen». Die Geschichte vom Auszug aus Ägypten ist ein Beispiel dafür, wie neue Passagen sich nach und nach um einen älteren Kern herumlagern. Dieses 2. Buch Mose, *Exodus*, hat als ältesten Kern das «Mirjamlied» aus der Zeit um 1000 v. Chr. (Exodus 15,20 f.). Dort besingt die Prophetin Mirjam Israels Erfahrung von der Teilung des Meeres. Erst im Verlauf weiterer 400 Jahre erreichte *Exodus* seine endgültige Fassung (in der Mirjam weniger wichtig als Moses und Aaron geworden war).

Auch das Neue Testament in seiner heutigen Form wurde bekanntlich erst im 4. Jahrhundert n. Chr. mit dem Ziel zusammengestellt, mit ihm den Grundstein für die römische Staatsreligion zu legen. Dabei wurden viele frühchristliche Schriften ausgeschlossen – z. B. drei weitere Evangelien und mehrere Apokalypsen. Insofern gehört einige Naivität dazu, den heutigen Bibeltext als das «reine Wort Gottes» anzusehen – und dennoch streiten manche sich um Kleinigkeiten.

Lassen Sie mich das an einem Beispiel verdeutlichen: Als Jesus am Kreuz hing (das vielleicht ein Pfahl war), bat ihn einer der neben ihm Gekreuzigten, bei Gott ein gutes Wort für ihn einzulegen (Lukas 23,42 f.). Was Jesus genau geantwortet hat, kann große Unterschiede im Glaubenssystem nach sich ziehen. Nach der Luther-Übersetzung hat Jesus geantwortet: «Wahrlich ich sage Dir: *Heute* wirst Du mit mir im Paradies sein.» Das klingt so, als kämen wir nach unserem Tod «in den Himmel». Einige religiöse Gruppierungen glauben aber, dass wir nicht nach dem Tod in den Himmel kommen, sondern erst am Tag des Jüngsten Gerichts auferweckt werden und dann das Paradies auf Erden entsteht. Deshalb hat Jesus z. B. nach der *Neue-Welt-Übersetzung* der Zeugen Jehovas geantwortet: «Wahrlich ich sage Dir *heute:* Du wirst mit mir im Paradies sein.» Ob wir direkt nach dem Tod in den Himmel kommen oder erst nach dem Jüngsten Gericht ins Paradies auf Erden, hängt ab von einem Doppelpunkt.

Was genau jemand glaubt, ist also in erheblichem Maße davon abhängig, wie die alten hebräischen, aramäischen, griechischen oder altarabischen Texte in seine Sprache übersetzt worden sind. Leider wurde keine der Versionen oder Übersetzungen von Gott persönlich autorisiert.

Aber selbst die bestmögliche Übersetzung müssen wir immer noch *deuten*. Und spätestens da sollte es offensichtlich werden: Nicht nur gibt es viele verschiedene «heilige Schriften», die alle behaupten, das Wort Gottes zu sein (Thora, Bibel, Koran, das Buch Mormon, die Bhagavadgita, das «Heiligste Buch» des Bahai usw.). Es gibt auch viele unterschiedliche Deutungen jedes dieser Texte und keinen unabhängigen Blickwinkel, von dem aus man sagen könnte, welche die richtigen sind. Wir können religiöse Antworten auf unsere Lebensfragen nicht einfach in heiligen Schriften nachschlagen – wir müssen sie uns *erschließen*.

Doch selbst wenn jemand das getan hat, würde die Mehrzahl

der religiösen Menschen das heute nicht als allein hinreichenden Grund akzeptieren. Wenn eine Person Krankheit ernsthaft
als Strafe Gottes auffasst, weil im Alten Testament etwas davon
steht, dann zweifeln wir an ihrem gesunden Menschenverstand.
Ebenso sorgt es inzwischen für allgemeine Empörung, wenn
Homosexualität als «sündhaft» bezeichnet wird, weil jemand
vor 2500 Jahren im Nahen Osten geschrieben hat, «ein Mann
soll nicht bei einem anderen Mann wie bei einer Frau liegen».
(3. Buch Mose 18,22)

Wir erwarten von aufgeklärten Erwachsenen heute, dass sie
die Prinzipien moralischen Handelns aus sich selbst schöpfen –
oder zumindest gesunden Menschenverstand bewahren (wenn
auch nicht immer klar sein mag, was genau das ist). Wir müssen
selbst fragen und vor allem *einsehen*, warum eine Handlung in
einer bestimmten Situation moralisch richtig ist. Dann können
wir auch in der Bibel Passagen finden, die uns inspirieren oder
eine wichtige moralische Einsicht ausdrücken.

Ein Pionier dieser Art des Denkens war der Königsberger
Philosoph Immanuel Kant. Auf einem völlig neuartigen Niveau
hat er Ende des 18. Jahrhunderts in der *Kritik der reinen Vernunft*
die Grenzen menschlichen Wissens zu bestimmen versucht. Das
hatte epochale Auswirkungen auf die religiöse Grundfrage, wie
wir überhaupt von der Existenz eines höheren Wesens wissen
können.

Die Grenzen unseres Wissens in religiösen Dingen

Dass es ein einziges höchstes Wesen gibt, ist eine mensch-
heitsgeschichtlich junge Idee. Zwischen 800 und 200 v. Chr.
entwickelten sich «plötzlich» an vielen Orten neuartige philosophische und religiöse Lehren. Der deutsche Psychiater und

Philosoph Karl Jaspers führte für diesen Zeitraum den Begriff der *Achsenzeit* ein. In seinem geschichtsphilosophischen Werk *Vom Ursprung und Ziel der Geschichte* von 1949 legte er dar, dass damals im mesopotamischen Raum in unabhängigen Kulturen eine Welle geistiger Entwicklungen aufgetreten sei. In Israel entstand das talmudische Judentum, im Iran lehrte Zarathustra, in Indien entstanden die Upanishaden und wirkte Buddha, in China lehrten Konfuzius und Laotse, in Griechenland entstanden die Epen Homers, wirkten die Vorsokratiker und gründeten schließlich Platon und Aristoteles ihre Schulen.

Diese Sammlung von Namen liest sich wie ein *who is who* der Antike. Anscheinend hat die Menschheit in der Achsenzeit einen wichtigen Schritt in ihren Welterklärungen vollzogen – gipfelnd im Glauben an ein höchstes Prinzip oder ein höchstes Wesen. Aber wie können wir von so etwas überhaupt wissen?

Achten Sie einmal auf Ihre unmittelbare Umgebung, den Ort, an dem Sie sich jetzt befinden. Überall können Sie erkennen, wie Dinge einander beeinflussen – nach dem Prinzip von Ursache und Wirkung. Gegenstände werfen einen Schatten, eine Bewegung verursacht die andere. Und jede Ursache ist selbst bereits die Wirkung einer anderen Ursache, die selbst wiederum bereits die Wirkung einer anderen Usache ist – und immer so weiter. Diesen uns geläufigen Gedanken hat Immanuel Kant in der *Kritik der reinen Vernunft* von 1781 folgendermaßen beschrieben: «Man sieht Dinge sich verändern, entstehen und vergehen; sie müssen also, oder wenigstens ihr Zustand, eine Ursache haben. Von jeder Ursache aber, die jemals in der Erfahrung gegeben werden mag, lässt sich eben dieses wiederum fragen.»

Wir sehen deutlich, so Kant, die Ursachen dessen, was um uns herum passiert. Dass Sie diese Zeilen hier lesen, hat z.B. eine Ursache darin, dass sie gedruckt wurden. Dies konnte geschehen, weil ich Tag für Tag an meinem MacBook geschrieben habe.

Dass es dieses MacBook gibt, ist auf die Existenz eines höheren Wesens zurückzuführen – eines namens Steve Jobs. Aber woher hatte er seine Ideen?

Die Frage nach der Ursache können wir immer noch ein weiteres Mal stellen. Immer weiter können wir die Ursachenkette gedanklich zurückverfolgen – was waren die Ursachen des Aufstiegs Europas, der Auswanderung des Menschen aus Afrika, des Aussterbens der Dinosaurier, der Entstehung unseres Planeten, des Sonnensystems, der Galaxien, überhaupt – allem? Genau diese Macht des Kausalitätsdenkens treibt Physiker an, wenn sie fragen, was *vor* dem Urknall war. Aber haben diese Fragen nicht irgendwo ein Ende? Gab es eine *erste Ursache*?

Wir neigen dazu, gedanklich ein Ende zu *setzen*. Kant beschreibt, wie es uns gerade recht kommt, uns an erster Stelle dieser Ursachenkette ein höchstes Schöpferwesen zu denken. Es stelle uns zufrieden, im Hinblick auf den Ursprung von allem nicht sagen zu müssen: «Wir wissen es einfach nicht.» Erleichtert können wir mit dem Finger irgendwo ins Metaphysische zeigen und sagen: «ER war's.»

In dieser Vorstellung findet unser Denken eine eigentümliche Verankerung. Kant schreibt: «Diese höchste Ursache halten wir denn für schlechthin notwendig, weil wir es schlechterdings notwendig finden, bis zu ihr hinaufzusteigen, und keinen Grund [sehen], über sie noch weiter hinauszugehen.»

Wir agieren ähnlich wie vor Gericht: Wir zeigen auf den Schuldigen, sagen «Er ist es gewesen» und behandeln den Fall als erledigt. Was die Erschaffung des Universums angeht, gibt es mit diesem Verfahren allerdings einige Probleme.

Erstens können wir nicht auf den Delinquenten zeigen, weil er nie vor Gericht erscheint. Zweitens bewegen wir uns hier auf einem Gebiet, auf dem Verfahren grundsätzlich aus Mangel an Beweisen eingestellt werden müssen. Drittens – und das mag etwas überraschend klingen – könnten wir selbst bei erdrücken-der Beweislage den allmächtigen Verdächtigen allenfalls wegen Beihilfe zur Schöpfung anklagen (vielleicht noch wegen Vorent-haltung wichtiger Beweismittel für seine Existenz).

Also einerseits, so Kant, meinen wir den Ursprung des Universums durch ein höchstes Wesen erklären zu *müssen*. Wir meinen, irgendeine Erklärung *müsse* es doch dafür geben, dass es «etwas gibt, und nicht nichts». Diese Annahme hält Kant für den ersten Fehler (es ist nicht selbstverständlich, dass es für alles Erklärungen gibt). Andererseits sind wir mit der angenom-menen Existenz eines höchsten Wesens zu schnell zufrieden – das ist Kant zufolge der zweite Fehler (denn: Wer erschuf dann Gott?). Kants Beitrag liegt darin, beide Fehler ans Licht geholt zu haben. Ganz gleich, welchen Weg wir nehmen: Wir können nie zu dem gültigen Schluss kommen, dass es Gott geben *muss*. Und selbst wenn wir es könnten, hätten wir nicht die Ursache von allem gefunden.

Bis Mitte des 18. Jahrhunderts waren Gottesbeweise ein beliebtes Genre der Metaphysik. Dass es Gott geben *müsse*, woll-ten mittelalterliche Philosophen durch begriffliche Analyse beweisen. Dahinter steckte immerhin großer Optimismus: Wir kleine, endliche Menschen, wir Ameisen auf diesem Körnchen im Universum, können die Existenz eines allmächtigen Gottes einsehen. Immerhin bräuchten wir dann nicht nur zu *glauben*, sondern wir *wüssten*.

Eines der populärsten Argumente der Philosophiegeschichte ist der ontologische Gottesbeweis des Frühscholastikers Anselm von Canterbury. Sein Gedankengang im *Proslogion* von 1078 war (vereinfacht): Gott ist ein vollkommenes Wesen. Ein Wesen, das nicht existiert, ist aber unvollkommen – also *muss* Gott (als vollkommenes Wesen) existieren.

Übertragen wir diese Argumentation einmal auf ein anderes

Sujet: Stellen Sie sich Ihr *perfektes* Haus vor – wo es liegen und wie groß es sein müsste, seinen Baustil, seine Aufteilung, die Einrichtung, den Garten etc. Anselms Beweis würde nun besagen: Genau dieses Haus *gibt es*. Wenn dem nicht so wäre, dann wäre es nicht *perfekt*. Es wäre sogar weit davon entfernt, perfekt zu sein, denn in einem Haus, das es nicht gibt, könnten Sie ja noch nicht einmal wohnen!

Könnte Anselm Sie überzeugen, dass es Ihr perfektes Haus geben muss? Wenn nicht, dann sind Sie derselben Auffassung wie Kant. Aber wo genau liegt der Denkfehler?

Ob es etwas gibt oder nicht, gehört Kant zufolge nicht zu den *Eigenschaften* eines Dings. Welche Eigenschaften Ihr perfektes Haus auch immer haben soll – dass es wirklich existiert, ist keine davon. «Existenz» hat nichts damit zu tun, *wie* etwas ist, sondern *wann* es sich *wo* befindet (oder nicht). Das kann man sich an einem Bedeutungsunterschied klarmachen: In dem Satz «Das Haus *ist* grün» meint das Wörtchen «ist» etwas anderes als in dem Satz «Das Haus *ist* vorhanden». Dieser scheinbar geringfügige Unterschied hat in der Philosophie seither eine wichtige Rolle gespielt.

Das hat Folgen für Anselms Beweis: Gott ist nicht weniger vollkommen, nur weil es ihn nicht gibt. Ironisch schreibt Kant: «Hundert wirkliche Taler enthalten nicht das mindeste mehr als hundert mögliche Taler.» Übersetzt: Hundert Euro sind hundert Euro – ob ich sie nun im Portemonnaie habe oder nicht. Egal, wie wir uns Gott vorstellen – vollkommen, allmächtig, barmherzig, unendlich –, daraus folgt niemals, dass es ihn gibt.

Woher kommt das alles?

Aber wenn wir die Welt in all ihrer Vielfalt und Schönheit betrachten, deutet das nicht auf einen göttlichen Urheber hin – oder zumindest irgendeine höhere Intelligenz? Sie kennen die üblichen Beispiele: Das menschliche Auge sei so kompliziert und doch so funktional aufgebaut, das könne sich doch nicht zufällig entwickelt haben. Dinge wie Autos und Computer wurden immer von jemandem erdacht und hergestellt – also müsste das bei komplexen Dingen wie dem menschlichen Auge oder der europäischen Rotbauchunke ebenso der Fall sein. Doch auch diese Art, mit Analogien zu argumentieren, hat Kant ausgehebelt.

Es ist ganz gleich, ob wir von den Dingen der Welt ausgehen, von ihrer Zusammensetzung oder vom Universum als Ganzem: Die Verhältnisse von Ursache und Wirkung gelten nur im «Feld der Erfahrungen», also dort, wo wir Ursache und Wirkung zumindest prinzipiell beobachten können. Außerhalb des «Feldes der Erfahrungen» gilt das Kausalitätsprinzip nicht: Wir können die Gesetze der Optik schließlich auch nicht einfach auf etwas Unsichtbares anwenden.

Das Verhältnis von Ursache und Wirkung ist immer ein *notwendiges* – für eine Wirkung *muss* es eine Ursache geben. Das Verhältnis von etwas Erfahrbarem zu etwas nicht Erfahrbarem ist aber immer spekulativ. Wir können, wenn wir Ursachenketten rückwärts durchlaufen, niemals bei etwas ankommen, das nicht *möglicherweise* erfahren werden könnte. Da Gott *per definitionem* nicht erfahren werden kann, kann er durch das Denken von Ursachenketten *niemals* erreicht werden. Alle Schlüsse nach dem Schema «Die Welt ist soundso, und deshalb gibt es einen Gott» sind ungültig.

Aber was folgt daraus, wenn man Kants Kritik akzeptiert?

Zunächst einmal eine entscheidende Veränderung unserer Einstellung zu religiösen Antworten. Jemand, der meint, sein Glaube an ein höheres Wesen sei durch Argumente dieser Art abgesichert, der täuscht sich. Insofern jemand dem Grundsatz folgt, nur das zu glauben, was er selbst rational *einsehen* kann, mag das eine Verunsicherung beinhalten. Aber Kant machte auch deutlich, dass Atheisten ebenso wenige Beweise auf ihrer Seite haben.

Meine Großmutter hatte gegen Ende des Zweiten Weltkrieges ihren Glauben verloren. Wie könnte ein gütiger und allmächtiger Gott die Gräuel des Nationalsozialismus und des Krieges zulassen? Dass der Glauben durch das viele Leid in der Welt erschüttert wird, ist ein uraltes Phänomen – viel älter als das berühmte Erdbeben von Lissabon im Jahre 1755. Mit einer Stärke (nach heutiger Schätzung) von 8,5 auf der Richterskala und mindestens 30 000 Todesopfern brachte es auch den Gottesglauben zahlreicher Gelehrter jener Zeit ins Wanken. Wahrscheinlich ist das sogenannte Problem der Theodizee, der Gerechtigkeit Gottes (altgriech. *theós* «Gott», *díke* «Gerechtigkeit»), schon der Hintergrund des Buches *Hiob* im *Alten Testament*. Es thematisiert, weshalb Gott trotz seiner angenommenen Allmacht und Güte zulässt, dass auch gute oder unschuldige Menschen leiden.

Tatsächlich verlieren Menschen manchmal den Glauben an Gott aufgrund eines erlebten Unheils. Aber nach Kants Argumentation folgt auch aus diesem Problem nichts hinsichtlich der Existenz Gottes. Wenn ich sehe, wie viel Leid und Grausamkeit es in der Welt gibt, dann folgt daraus vielleicht, dass Gott nicht gleichzeitig barmherzig *und* allmächtig sein kann. Es folgt aber nicht, dass es *keinen* Gott gibt.

Eine der einflussreichsten Religionskritiken überhaupt stammt von dem deutschen Philosophen Ludwig Feuerbach. In *Das Wesen des Christentums* von 1841 hat er die These vertreten,

Religionen seien Erfindungen der Menschen. Demnach statten Menschen ihre Götter immer mit Eigenschaften aus, die sie selbst auch besitzen. So gesehen war es der Mensch, der Gott nach seinem Bilde schuf – nicht umgekehrt. Für viele Zeitgenossen war es pure Blasphemie, als Feuerbach schrieb: «Würde ein Vogel sich Gott vorstellen, so hätte sein Gott Flügel.»

Interessanterweise wurde Ähnliches schon in der Zeit des Frühchristentums diskutiert. Der antike Philosoph Kelsos warf schon im 2. Jahrhundert n. Chr. den Christen vor, Gott menschliche Eigenschaften wie Zorn zuzuschreiben und sich dabei eklektisch an älteren Weisheitslehren zu bedienen. Tatsächlich finden sich christliche Motive schon in älteren Kulturen – etwa die Jungfrauengeburt in der ägyptischen Mythologie oder die Sintflut im Gilgamesch-Epos und in der babylonischen Mythologie. In den Worten des 20. Jahrhunderts: Handelt es sich bei Gott also nur um eine «soziale Konstruktion»?

Auch diese sehr aktuelle Argumentation verliert durch das kantische Manöver ihre Spitze. Ja, die Entwicklung der Religionen ist menschlichen Faktoren unterworfen. Aber noch mal: Irgendwelche Tatsachen der Welt führen zu keinen gültigen Schlüssen über die Existenz oder Nichtexistenz Gottes. Auch wenn die Gottesvorstellungen deutlich anthropomorphe Züge aufweisen, dann kann das nicht als Beleg gewertet werden, dass es Gott nicht gibt.

Angesichts der widersprüchlichen Gottesvorstellungen halten sich heute viele – vor allem der religiöse Mainstream – mit der Konkretisierung zurück. Aber stehen wir besser da, wenn wir statt an einen persönlichen Gott an eine unbestimmte höhere Kraft glauben? Eine diffuse Gottesvorstellung hat zumindest den Vorteil, sich keiner konkreten Kritik stellen zu müssen – aber die Existenzannahme ist ebenso schwach begründet.

Was aber, wenn wir Kants Argument partout nicht folgen

wollen? Wenn wir einfach strikt behaupten, dass die Ursachenketten *eben doch* bis zu Gott reichen? Nun – dann sind wir nicht besser dran als vorher, weil die Ursachenkette auch «nach» Gott weiterginge. Wenn wir den Schritt zu nicht erfahrbaren Ursachen zulassen, dann müssen wir auch die Frage nach der Ursache Gottes akzeptieren. Und so könnte man immer weiterfragen, ohne die Frage nach einer letzten Ursache zu beantworten.

Gibt es also einen Gott? Die klare Antwort lautet: Wir wissen es nicht. Jeder, der behauptet, um Gottes Existenz oder Nichtexistenz zu *wissen*, begibt sich in eine dubiose Ecke. Dagegen hilft auch nicht der Deckmantel der Wissenschaft durch Ausdrücke wie «höchst unwahrscheinlich». Die meisten Philosophen und Wissenschaftler bekennen sich inzwischen zur Unwissenheit, dem Agnostizismus. Erstaunlicherweise soll dieser heute sogar unter Pfarrern und Pastoren weit verbreitet sein. Könnte das ein Faktor für den Rückgang der Kirchenbesucher sein? Weil man eben nur dann überzeugen kann, wenn man selbst überzeugt ist?

Kants Erklärung ist keine Absage an die Religion. Er selbst war gläubig und wollte sie auf eine neue Ebene heben. Dabei hat er das ganze Genre der Gottesbeweise praktisch abgeschafft. Gott lässt sich nicht auf dem Wege der Logik oder Beobachtung der Welt beweisen. Aber auch nicht widerlegen – und gerade dieser Umstand ist ein Refugium des Glaubens, denn in dieser Unwiderlegbarkeit liegt auch eine Stärke. Der amerikanische Philosoph Daniel Dennett sieht darin einen maßgeblichen Grund für die Ausdauer der Religionen in der modernen Welt: Wenn ich faktisch glaube, brauche ich mich keinen Gegenargumenten zu beugen. Wenn sich Gläubige und Glaubenskritiker streiten, dann gibt es immer ein Patt, weil jeder die Beweislast seinem Gegenüber zuschiebt.

Ob Sie selbst also religiös sind oder nicht – in der Frage der Existenz Gottes gibt uns unsere Vernunft nur Waffen gegen

naive Beweisversuche in die Hand. Vernunft ist keine Bedrohung des Glaubens – insofern darf man gleichzeitig vernünftig
und gläubig sein. Gegenüber gegenteiligen Behauptungen sollte
man misstrauisch werden. Vernünftig kann man einsehen, welches falsche Gründe sind, um zu glauben. Aber innerhalb vernünftiger Grenzen stehen uns die Quellen des Glaubens – wie
etwa persönliche religiöse Erfahrungen – offen.

Die Frage der Vereinbarkeit von Religiosität mit unserer
modernen Lebensform fällt also grundsätzlich positiv aus. Ja,
als aufgeklärter, kritischer Mensch darf ich religiös sein – aber
in diesen Fragen bin ich auf mich selbst angewiesen, genau wie
in anderen Bereichen. Das ist der eigentliche Kerngedanke einer
kritischen Religionsphilosophie. Auch als religiöser Mensch
kann ich die Verantwortung für meine Überzeugungen nicht
abgeben – und hier schließt sich der Kreis zur Navi-Analogie am
Anfang des Kapitels.

Kant hat einen möglichen Weg gewiesen: Wenn Religion
ernsthaft und sinnvoll sein soll, dann muss sie für Menschen
grundlegend annehmbar sein, für Menschen, die den Mut
haben, sich ihres eigenen Verstandes ohne Leitung eines anderen zu bedienen (*Sapere aude!*).

Sind wir also aufgefordert, selbständig eine Art konstruktive
Religionsphilosophie zu betreiben? Sollen wir entgegen aller
kirchlichen Warnungen vor den Übeln der Patchwork-Religion
selbst die Religion entwickeln, mit der wir leben wollen? Können wir religiöse Wechselwähler sein, indem wir verschiedene
Standpunkte ausprobieren und modifizieren?

Dürfen wir uns unsere eigene Religion basteln?

Das Taufbecken glänzte in einem warmen Gold. Die Gemeinde schaute zu, wie drei Babys angewärmtes Wasser über die Köpfchen gegossen wurde. Dann strich ihnen die Pastorin symbolisch ein Kreuz auf die Stirn und verkündete, sie gehörten jetzt zu «unserem gekreuzigten Herrn». Die Kinder schauten sie mit großen Augen an. Nach einigen Liedern rief die Pastorin uns dazu auf, uns zu erheben und das Glaubensbekenntnis zu sprechen. Ich stand wie alle anderen auf und war überrascht, dass ich mir unsicher war, ob ich mitsprechen sollte oder nicht. Hände falten oder nicht? Auch akademische Grade retten einen nicht vor Ratlosigkeit.

Als konfessionsfreier Agnostiker widerstrebt es mir, das Glaubensbekenntnis in der Kirche *als Bekenntnis* zu sprechen. Denn das hieße genau genommen, ich müsste lügen. Das kann keiner von mir verlangen – schon gar nicht in einer Kirche. Soll ich hier also mit lutherischem Trotz einfach schweigen?

Auf der anderen Seite habe ich die Trotzphasen der Jugend lange hinter mir gelassen. Ich habe es selten nötig, meine Eigenständigkeit durch Nonkonformität zu demonstrieren. Will ich es riskieren, eine so feierliche Atmosphäre durch meinen zur Schau gestellten Unglauben zu stören – zumal ich in der ersten Reihe stehe? Sollte ich nicht doch einfach um der schönen Feier willen mitsprechen? Nehme ich Religion noch so ernst, dass ich mich so deutlich von ihr und ihren Ritualen abgrenzen muss? Wenn ich mich wirklich frei von religiösen Autoritäten fühle, könnte ich doch einfach bei dem Spiel mitmachen, oder?

Ich habe nicht mitgesprochen. Vielleicht war es der Ort oder die vermeintliche Ernsthaftigkeit der Situation, die mich davon abgehalten haben. Während ich schwieg, habe ich auf das dumpfe Gemurmel gehorcht – im Gegensatz zu Besuchern von

Freikirchengottesdiensten wurde hier recht zurückhaltend mitgesprochen. Wie viele von den Menschen, die sich an den hohen
Feiertagen oder zu Familienfesten in einer Kirche wiederfinden,
glauben tatsächlich das, was sie da bekennen? Studien zufolge
nicht allzu viele. Mein Eindruck ist: Das Gros der religiösen
Menschen glaubt in wesentlichen Punkten das Gleiche wie die
Nicht-Religiösen – einzig die vage Vorstellung von einem höheren Wesen unterscheidet sie.

Für viele Menschen ist es kein Widerspruch, dass sie sich für
gute Christen halten und dabei in Umfragen angeben, sie wüssten nicht genau, was sie eigentlich glauben. Viele Menschen
gehen in die Defensive, wenn man sie nach ihren konkreten
Glaubensinhalten fragt. Manchen ist es unangenehm, sich recht-
fertigen zu müssen, dass sie eigentlich nicht recht wissen, was
sie glauben. Ich habe schon erlebt, dass Menschen regelrecht
ungehalten wurden, als ich sie auf bestimmte Glaubensinhalte
festlegen wollte. Das könnte tiefer liegende Gründe haben.

Je konkreter unser Glaube wird, desto deutlicher erhebt er
Anspruch darauf, unser Geschichtsbild zu stellen. Wenn wir
traditionell glauben, gehen wir davon aus, eine Rolle in Gottes
Plan zu spielen. Das bedeutet konkret, dass die Zukunft nicht in
unserer Hand liegt – allenfalls können wir zwischen vorgege-
benen Alternativen wählen. Dieses Bild einer vorbestimmten
Zukunft gerät mit unserem modernen Selbstverständnis in
Konflikt. Demnach sind wir für unsere Zukunft verantwortlich – weil sie unbestimmt ist. Die Zukunft wird sein, was wir
daraus machen.

Ein schwammiges Gottesbild mag mit diesem Selbstverständnis vereinbar sein. Wir glauben diffus an einen Gott, ohne
genau festzulegen, welche Eigenschaften oder welchen Plan er
hat. So können wir uns als religiös verstehen und trotzdem am
modernen Selbstverständnis als selbstverantwortliche Men-

schen festhalten. Vielleicht ist das ein Grund dafür, dass viele Menschen heute vermeiden, ihre Glaubensinhalte konkret zu formulieren.

An dieser Stelle könnte man fragen, ob nicht die Entwicklung zur Religion als Privatsache heute zu einer Verarmung der religiösen Erfahrungen führt – und ultimativ vielleicht zu ihrem Verschwinden. Es ist eine moderne Errungenschaft, dass es nach unserem Rechtswesen niemandem zum Nachteil gereichen darf, wenn er nicht öffentlich das opportune religiöse Bekenntnis ablegt. Keiner *muss* verkünden, was er glaubt oder welche Erfahrung er mit dem Göttlichen in seinem Leben macht – und hinter diesen Schutz persönlicher Religiosität wollen wir sicherlich nicht zurück. Aber wenn die Religiösen das dauerhaft nicht mehr tun, können sie dann, was immer sie dort erfahren, überhaupt noch sinnvoll kanalisieren?

Der kanadische Philosoph Charles Taylor weist auf die Verarmung starker gemeinschaftlicher Erfahrungen hin, wenn sie von den Individuen nicht mehr gemeinsam, sondern nur noch isoliert gemacht werden:

> «Denn alle Erfahrungen benötigen irgendein Vokabular, und diese Vokabulare werden uns zwangsläufig in erster Linie von unserer Gesellschaft vermittelt [...]. Das, was wir religiöse Erfahrung nennen können, erhält seine Gestalt unmittelbar von den Ideen oder dem Verständnis, mit dem wir unser Leben leben. Und diese Sprache, diese Vokabulare sind niemals lediglich die eines Individuums.» (Taylor 2002, S. 30 f.)

Es ist also richtig und vielleicht unumkehrbar, dass Religion heute maßgeblich auf individuellen Erfahrungen beruht. Die Beschränkung auf religiöse Gefühle im stillen Kämmerlein könnte die Erfahrung selbst jedoch verkümmern lassen. Allerdings: Wenn die intensive Gemeinschaftserfahrung der Religion bewahrt werden soll, dann kann es nach meinem Dafürhalten nur über die Bejahung individueller Religiosität geschehen.

Ein selbstbestimmtes, eigenverantwortliches Leben zu führen heißt, die richtige Entscheidung für sich selbst zu treffen – ob ich heirate, wen ich heirate, welchen Beruf ich wähle, ob ich den Beruf wechsle, wie ich meine Kinder erziehe –, also alles Dinge, die von den meisten heute wichtiger genommen werden als der Glaube. Nun ist jeder gut beraten, bei solchen Fragen hin und wieder mit anderen zu sprechen, sich bei Menschen, denen man vertraut, einen Rat einzuholen. Wir reichern unser Denken mit Argumenten und Sichtweisen an und erwägen diese, bis wir letztlich nach dem bestmöglichen Ergebnis zu handeln versuchen. Warum soll das bei der Religion anders sein?

Ich hoffe, dass sich nun das Bild einer Religiosität abzeichnet, die mit unserem modernen Leben vereinbar sein kann. Ob wir aufgeklärt sind, selbstbestimmt oder fortschrittlich, zeigt sich nicht an unseren Glaubenssätzen – sondern an unserer Einstellung zu unseren Glaubenssätzen. Deshalb ermutige ich mit Kant jeden zur Religion in Eigenregie.

Das gilt privat wie auch in öffentlicher Diskussion. Ich bin guten Mutes, dass wir heute auf friedliche und respektvolle Art besprechen können, was gute und was schlechte Gründe für den Glauben an Gott oder für eine religiöse Einstellung im Leben sind. Die Annahme, ohne Glauben ein moralisch schlechter Mensch zu sein, ist *kein* guter Grund – denn Alternativen wie die humanistische Moralität sind vorhanden. An Gott zu glauben oder nicht zu glauben, weil die Welt in einer bestimmten Art und Weise konfiguriert ist, wäre ebenfalls kein guter Grund. Ein guter Grund zu glauben könnte sein, dass man dadurch an einer gemeinschaftlichen Erfahrung teilnimmt, die in einer konkreten Situation der Not Halt gibt oder freudige Ereignisse intensiviert.

Aber stets bleiben wir unseren konkreten Glaubensinhalten gegenüber verantwortlich. Falls wir ein religiöses Navigationssystem in Anspruch nehmen, dann sollten wir als Navigator unsere persönlichen Gründe erforschen. Und angesichts dieser Gründe haben wir abzuwägen, ob die Zustimmung zu diesen Gründen unserer Selbstachtung würdig ist.

3

Im Labyrinth der Lebenswelten – Wessen Traum lebe ich?

Kennen Sie das, wenn Ihnen Menschen auf der Straße entgegenkommen, dann urplötzlich auf der Stelle kehrtmachen und in die entgegengesetzte Richtung davoneilen? Während sie noch gedankenverloren vor sich hin hetzen, trifft sie plötzlich die Einsicht: «Ich wollte ja ganz woanders längs!» Wenn mir selbst das früher passierte, war es mir peinlich. Dann schaute ich im Stehenbleiben auf die Uhr oder in ein Schaufenster, um zumindest nach außen nicht allzu planlos zu wirken. Heute weiß ich: Planlos sind wir dann, wenn die Einsicht, auch mal umkehren zu müssen, ausbleibt.

«Was tue ich hier eigentlich?» ist eine Frage, die uns wachrütteln kann, wenn wir planlos dem Trott des Alltags folgen. Oder wenn wir gedankenlos den Attraktionen des Lebens nachjagen. Oder wenn wir so froh sind, dass der Zug nicht ohne uns abgefahren ist, dass wir nicht merken, dass er in die falsche Richtung fährt.

Gerade weil der erweiterte Möglichkeitshorizont uns zu tausenderlei Umwegen und Abwegen verführen kann, müssen wir uns heute häufiger neu in der Lebensperspektive orientieren. Das Bedürfnis nach gelungener Orientierung hat sich zu einem Motto kristallisiert: «Lebe deinen Traum!» Aber was genau bedeutet es, «seinen Traum zu leben»? Wie findet man heraus, welches der eigene Traum ist? Können wir überhaupt wirklich individuelle Träume entwickeln? Und können wir ein erfülltes Leben führen, selbst wenn unser Traum unerfüllt bleibt?

Der eine träumt von einem *Jetset*-Leben – international zu reisen, in hochklassigen Hotels zu übernachten, die schönsten Orte der Welt zu sehen, Menschen aller Länder kennenzulernen. Der andere träumt von einem modernisierten Resthof auf dem Land, von Ausritten durch den Wald, davon, im Sommer auf einer Blumenwiese Aquarelle zu malen, gemütliche Winterabende am Kamin zu verbringen. Wieder andere träumen von einer eigenen Familie, davon, die Kinder aufwachsen zu sehen, die Großeltern zu besuchen, von Wanderurlauben im Allgäu.

So unterschiedlich die Träume sind – sie haben eines gemeinsam: Ihre Umsetzung bedeutet, eigene Wünsche ernst zu nehmen. Nichtsdestotrotz scheitern viele daran – oder finden gar nicht erst heraus, welches die eigenen Wünsche sind.

Eine kurze Geschichte von Traum und Wirklichkeit

Für uns heute ist es nicht außergewöhnlich, wenn jemand seinen Traum zu leben versucht. Auch nicht, dass wir zumindest vor der Entscheidung stehen, ob wir ein erfülltes Leben nach unserer Vision anstreben oder nicht. Allerdings ist das, rückblickend betrachtet, alles andere als selbstverständlich. Wir vergessen dabei, dass die Menschen bis vor kurzem eine ganz andere Einstellung zu der Verwirklichung von Träumen besaßen.

Nun gut – Sie nehmen vermutlich auch an, dass ein *Cro-Magnon*-Mensch vor 25 000 Jahren mit anderen Dingen beschäftigt war, als seinen «Traum» zu leben. Und Sie gehen möglicherweise auch davon aus, dass «seinen Traum zu leben» im 19. Jahrhundert noch kein besonders erstrebenswertes Lebensmotto gewesen ist (dazu gleich mehr). Aber hätten Sie gedacht, dass der Imperativ «Lebe deinen Traum» noch in den 1970er Jahren, jener Zeit der Emanzipationsbewegungen und des Ideals der

Selbstverwirklichung, allenfalls eine Redensart im studentischen Umfeld war?

Tatsächlich verbreitete sich das heute so beliebte – und zum Teil auch überstrapazierte – Lebensmotto erst in den 1990er Jahren. Erst damals schossen plötzlich Ratgeber aus dem Boden, die im Titel etliche Variationen dieser Formulierung durchspielten.

Das ist übrigens kein rein deutschsprachiges Phänomen: Auch auf dem englischsprachigen Buchmarkt gab es bis Mitte der 1980er *fast keinen* Titel mit diesem Thema. Nur unmerklich früher als bei uns begann dort die Schwemme neuer Ratgebertitel mit der Phrase «Live Your Dream». Zufall?

Träume sind natürlich ein uraltes Thema der Menschheit. Seit Biologen nachgewiesen haben, dass auch Tiere – z. B. Katzen, Hunde und Menschenaffen – träumen, dürfen wir vermuten, dass Menschen seit Millionen Jahren träumen. Anthropologen und Ethnologen beschäftigen sich mindestens seit dem 18. Jahrhundert mit der Rolle von Träumen in der Geschichte der Menschheit und verschiedenen Kulturen. So hat etwa der Dichter und Philosoph Johann Gottfried Herder in *Vom Erkennen und Empfinden der menschlichen Seele* von 1778 dem Traum eine Doppelfunktion zugesprochen: Einerseits sei er ein Fundus der Erinnerung, andererseits werfe er ein Licht auf das zukünftige Leben. Tatsächlich haben Träume in allen menschlichen Überlieferungen ihre Spuren hinterlassen.

Bereits im *Gilgamesch-Epos* werden Träume als Botschaften des Sonnengottes Samas gedeutet. Im *Alten Testament* spielen Träume ebenso eine wichtige Rolle: Jakob träumt von der berühmten Leiter zum Himmel, Joseph deutet in Ägypten die Träume des Pharao, Daniel wird die Absicht Gottes im Traum offenbart. Im antiken Griechenland konnten Pilger ihre Träume durch das Orakel von Delphi deuten lassen. Im *Koran* ist davon die Rede, dass Allah dem Propheten Mohammed Botschaften im Traum schickte. Im Buddhismus gibt es das Thema der luziden Träume, in denen sich der Träumer bewusst ist, dass er träumt. Und in der hinduistischen *Bhagavadgita* heißt es sogar, die Welt sei Gottes Traumgegenstand.

Eines der populärsten Bücher zum Thema ist Sigmund Freuds *Traumdeutung* aus dem Jahr 1900. Ein epochebildendes, Widerspruch herausforderndes, brillant geschriebenes Buch. Die Grundauffassung des Begründers der Psychoanalyse bestand darin, dass Träume die Funktion haben, den Schlaf zu sichern und gleichzeitig unbewusste Wünsche auszudrücken. Ob Freuds Vorgehensweise dabei überhaupt wissenschaftlich war und von wessen Träumen das Buch eigentlich handelt, ist bis heute umstritten.

Ich habe das Thema der Schlafträume angerissen, um es zur Seite legen zu können. Denn das Sprichwort «Lebe deinen Traum» handelt ja nur in Ausnahmefällen von solchen Träumen. Üblicherweise sind damit Träume im Wachzustand gemeint – allerdings keine «Tagträume», sondern eine persönliche Vision, ein Bild oder eine Vorstellung von einem erfüllten Leben. Da wir unser *wirkliches* Leben an diesem idealen Zustand *messen*, ist das Verhältnis von Traum und Wirklichkeit von herausragender Bedeutung.

Die romantische Bewegung seit etwa 1800 ist berühmt dafür, die Kräfte der subjektiven Phantasie neu entfesselt zu haben. Ausgehend von den Künsten – vor allem der Literatur und der Musik – griff das romantische Lebensgefühl, der Enthusiasmus der Individualität und der Poetisierung der Wirklichkeit – auf eine ganze Generation über. In der Literatur waren es vor allem Novalis und Jean Paul, dann etwas später E. T. A. Hoffmann. In der Musik zunächst Beethoven, dann Wagner und Liszt auf der einen, Brahms und Schumann auf der anderen Seite. In der

Malerei denken wir heute vor allem an die Berglandschaften Caspar David Friedrichs.

Die *Verklärung*, heute das typische Merkmal der Romantik, wurde schon von den Romantikern selbst kritisch gesehen. Hoffmanns bekannte Erzählung *Der Sandmann* von 1816 thematisiert gerade die schlimmen Folgen der Vermischung von subjektiver, traumartiger Erfahrung mit der Wirklichkeit. Der Protagonist der Erzählung wird zum Spielball seiner eigenen Phantasie. Er verfällt dem Wahnsinn und stürzt sich schließlich in den Tod. Insofern hätten selbst die Romantiker das Motto «Lebe deinen Traum» wohl nicht als besonders gesunde Lebensweise aufgefasst.

Dass wir unsere Wirklichkeit, wie man heute sagen würde, «individuell konstruieren», war seit der kritischen Philosophie Kants und Fichtes ein verbreiteter Gedanke. Dass mit der Hingabe an die eigenen Phantasiegebilde jedoch auch der Realitätsverlust droht, war ebenfalls durchschaut. In der Folge kam eine Gegenströmung auf – der literarische Naturalismus. In Gustave Flauberts *Madame Bovary* oder Gottfried Kellers *Der grüne Heinrich* wurden phantastische Träume vom besseren Leben als irreführende Abwege dargestellt. Statt sich in Kunst und Dichtung zu ergehen, so die Botschaft, sei es nötig, eine nüchterne Betrachtung des Lebens zu entwickeln. «Lebe deinen Traum»? Auf keinen Fall – das hätte hier als Übel gegolten, von dem es sich zu heilen galt.

Dennoch war der literarische Naturalismus keine Anpassungsliteratur, die ihren Lesern die eigene Individualität austreiben wollte. Es waren nur verstiegene, überzeichnete Träumereien, die für lebensschädlich gehalten wurden. Diese kritische Perspektive machen wir uns noch heute zu eigen, wenn wir sagen, dass jemand sich übersteigerten Hoffnungen hingebe (mehr dazu im Kapitel über die Illusionen).

Dabei hat der literarische Naturalismus den Finger auf eine folgenreiche Verwechslung gelegt: Die Überzeugung, der Einzelne müsse die Verwirklichung von alternativen Lebensmöglichkeiten aus einer Art Parallelrealität schöpfen – mit der Gefahr des Realitätsverlusts. Die vermeintliche Lösung führt nämlich in ein Dilemma: Wenn das «wahre Leben» nicht in dieser Welt vorhanden ist, dann muss es *woanders* stattfinden. Wenn wir dieses «Woanders» als eine Art *Ort* verstehen, haben wir uns prompt auf ein dualistisches Bild der Wirklichkeit eingelassen. Das Problem: Wir bekommen diese andere Wirklichkeit und unsere hiesige nicht mehr auf einen Nenner.

Eine jenseitige Welt hinter unserer?

Als die Formel «Lebe deinen Traum» in den 1990er Jahren ihren Siegeszug antrat, kam es zu einer Renaissance dieser dualistischen Weltsicht. In jener Zeit wurden sich die Menschen eines umfassenden Wandels bewusst, der technisch induziert war: die Möglichkeiten, die neu entwickelte Software mit sich brachte, und die Verbreitung des Internets.

Damals konnte kaum jemand vorhersehen, in welcher Weise das Internet unsere Welt verändern würde. *Dass* allerdings ein revolutionärer Wandel bevorstand, dessen waren sich die meisten sicher. Allerdings hatten wir damals aus heutiger Sicht teilweise abstruse Vorstellungen davon, was die Zukunft bringen würde. Das große Faszinosum jener Zeit war die «virtuelle Realität» – der sagenumwobene *Cyberspace*. Heute checken wir E-Mails, googeln etwas, bekommen eine WhatsApp – aber kaum jemand «geht in den Cyberspace». Damals jedoch war die virtuelle Realität das vorherrschende Thema aller Debatten über dieses Sujet. Analog zu den Traumthemen der Romantik wurde auch hier ein Dualismus gebildet: zwischen unserer alltäglichen Wirklichkeit einerseits und einer Parallelrealität der digitalen Welt andererseits.

Damals gab es begeisterte Beschreibungen davon, wie wir z. B. als Avatare durch virtuelle Shopping-Malls gehen würden: In einem rein virtuellen Klamottenladen stöbern und mit dem Avatar Klamotten anprobieren – wow! Den Gedanken der Machbarkeit einer solchen Verdopplung der Welt fanden viele aufregend. Das war naiv. Kaum einer hätte heute Lust, durch eine virtuelle Mall zu flanieren. Statt eine Parallelrealität zu simulieren, benutzen wir das Internet zur Unterstützung unserer alltäglichen Abläufe. Und *das* hat unser Verhalten und die Marktstrukturen viel stärker verändert als eine virtuelle Verdopplung der Welt. Heute sind wir in vielen Bereichen des Lebens von digital gesteuerten Strukturen abhängig – und das ist tatsächlich eine neue *Wirklichkeit*.

Woher aber kam damals diese Besessenheit von der virtuellen Realität, von einer digitalen Traumwelt?

Die 1990er waren tatsächlich in vieler Hinsicht eine neue Welle der Romantik; die junge Generation feierte die Individualität. «Lebe deinen Traum» drückte genau dieses Lebensgefühl aus. Und wieder kam es zu jenem Dualismus zwischen alltäglicher Wirklichkeit und einer Parallelrealität der neuen Möglichkeiten. Das damals noch junge Genre des literarischen Cyberpunk spielte solche Persönlichkeitsveränderungen auf technischer Grundlage durch – so etwa in William Gibsons *Neuromancer*. Populär wurden solche Gedankenspiele 1999 durch den Film *Die Matrix*. Der Dualismus ist hier ebenso deutlich wie das Ziel: der Ausstieg aus dieser Welt.

Das dualistische Schema, das die Individualisierungswellen jedes Mal neu bestätigen, berührt ein uraltes Menschheitsthema: das Verhältnis von Diesseits und Jenseits, von *Immanenz* und *Transzendenz*. Wenn wir die jetzige Wirklichkeit nicht für die bestmögliche halten, wenn wir uns nach einer besseren sehnen – wo finden wir sie? In einer anderen Realität? Da wir im Traum andere Realitäten generieren – finden wir sie im Traum? Wenn wir sie digital simulieren können – finden wir sie als Simulation? Oder ist *diese* Welt die Simulation, aus der wir aussteigen müssen? Oder der Traum, aus dem wir erwachen sollten? Oder das Jammertal, aus dem wir ins Reich Gottes oder ins Nirwana eingehen?

Jahrtausendelang hat die Menschheit Antworten auf diese Fragen gegeben, indem sie mit Hilfe der Religionen ein besseres Leben in ein Jenseits verlegte. Die dualistische Weltsicht hat die Not der einen Seite immer wieder neu durch die Hoffnung auf die andere Seite zu stillen gesucht. Wenn das Leben in dieser Welt uns nicht erfüllt, uns plagt und zur Verzweiflung treibt, und wir als Menschen teilweise «nicht von dieser Welt sind» – wie unsere Träume, unsere Gedanken und Geschichten doch zeigen –, müsste dann das erfüllte Leben nicht dort möglich sein, wo wir uns schließlich ganz von dieser Welt befreit haben?

Nach der Auffassung des deutschen Philosophen Arthur Schopenhauer lässt uns auch die Kunst vorübergehend an der jenseitigen Sphäre teilhaben und gibt uns somit einen Vorgeschmack auf die Erlösung. Der Soziologe Max Weber stellte Anfang des 20. Jahrhunderts die These auf, die Kunst habe überhaupt die Rolle der Religion übernommen. In den 1990er Jahren projizierten nun viele diesen uralten Traum der Menschheit, einen Übergang zum erlösenden Jenseits gefunden zu haben, auf die technische Herstellung einer digitalen Sphäre, die uns helfen würde, den hiesigen Beschränkungen zu entfliehen.

Natürlich hat es auch andere Antworten auf die Frage nach dem besseren Leben gegeben. Der Politikwissenschaftler und Philosoph Charles Taylor hat 1989 in *Quellen des Selbst* beschrieben, wie seit der Renaissance in Europa eine Bejahung des «gewöhnlichen» Lebens einsetzte. Die Menschen waren zunehmend der Auffassung, nach einem besseren Leben *vor* dem Tod streben zu dürfen und sich nicht ausschließlich auf später vertrösten lassen zu müssen. Die Anstrengungen wurden weniger auf die Erreichung des Jenseits, sondern stärker auf die Verbesserung des Diesseits gerichtet – mit weitreichenden individuellen, sozialen und politischen Folgen.

Die Bejahung des Diesseits ist für uns heute untrennbar mit Aufklärung und Emanzipation verbunden – und sie drückt sich auch in dem Aufruf aus, seinen Traum zu leben.

Mit dieser Formel wird allerdings ein hohes Ideal ausgedrückt, das durch eine dualistische Wirklichkeitsauffassung leicht auf Abwege geraten kann. Diesen Dualismus zwischen alltäglicher Wirklichkeit und einer Parallelrealität brauchen wir nicht zu bewahren. Stattdessen sollten wir einer *monistischen* Auffassung der Wirklichkeit folgen: Wir alle leben in *einer* Welt. Wenn wir uns dafür entscheiden, unseren Traum zu leben, dann müssen wir es *hier* tun.

Für wen lohnt sich die Traumjagd?

Gelingt es jemandem, seine Träume zu verwirklichen, verheißt das nicht zwingend ein «glücklicheres» Leben (zumindest nicht Glück in Gestalt einer anhaltenden Euphorie). So wie selbst bei einer großen Liebe die Verliebtheitsgefühle des Anfangs mit der Zeit nachlassen, so erleben wir auch in einem erfüllten Leben nicht durchgängig Hochgefühle.

Bei humanitären Katastrophen zu helfen kann einen erfüllen – aber keiner strahlt dabei vor Freude. Vielmehr ist es die Überzeugung, dass wir genau auf diese Art leben wollen, dass wir im Einklang mit uns selbst sind. Wenn wir dagegen den Eindruck haben, unseren Lebenstraum zu verpassen, empfinden wir unser Leben als schal.

Vor einiger Zeit besuchten meine Frau und ich einen alten Schulfreund. Unweit vom Haus seiner Eltern hatten er und seine Frau ein Haus bezogen und waren inzwischen selbst Eltern geworden. Für viele Anfang Dreißigjährige klingt das nach der Erfüllung eines Lebenstraums: Haus, Garten, Familienleben, die Großeltern in der Nähe – auch ich wurde etwas neidisch. Doch im Laufe des Abends kamen wir auf Berufliches zu sprechen, was meinen Blick auf die Situation veränderte.

Ich erzählte mit großer Leidenschaft von einem interdisziplinären Kursprogramm am Hanse-Wissenschaftskolleg Delmenhorst, an dem ich damals teilnahm: Die Forschung an den Schnittstellen von Philosophie, Linguistik, Neurowissenschaften und künstlicher Intelligenz war für mich unglaublich bereichernd. Bei meinem Freund erntete ich für meine Begeisterung nur Kopfschütteln: Wie man sich nur solchen Träumereien hingeben könne, die mit dem wahren Leben nichts zu tun hätten? Seine Unverblümtheit verblüffte mich. Aber dann konnte er angesichts meines Enthusiasmus doch einen Rest Wehmut über seinen eigenen, nicht gelebten Lebenstraum nicht unterdrücken: «Ja, wenn ich in Rente gehe, würde ich gerne noch mal Architektur studieren.»

Mein Freund lebte in dem Bewusstsein, dass dieses Leben – zumindest in beruflicher Hinsicht – nicht das war, was er sich erträumt hatte. Andererseits war er nicht unzufrieden. Vielen geht es vermutlich ebenso: Sie haben sich nicht im Kampf um ein erfüllteres Leben aufgerieben, sondern haben ihn eingestellt – oder gar nicht erst aufgenommen.

Charles Taylor beschreibt in seinem Buch *Ein säkulares Zeitalter* zwei Grundeinstellungen der Lebensführung: Leben wir nach der ersten Einstellung, dann streben wir unseren Traum wirklich an. Vielleicht legen wir gleich nach Beendigung der Schule alles daran, ihn zu erfüllen. Vielleicht brauchen wir auch einige Jahre, um den Ernst unserer Träume richtig einzuschätzen. Mitunter merken wir erst spät, dass wir unsere tiefste Befriedigung in etwas finden, was wir bisher nur als Spielerei angesehen haben. Wir leben dann oft bereits in einer Konstellation, für die wir hart gearbeitet haben, bei der wir auch etwas Glück hatten und die ihr Gutes hat. Es fällt uns mitunter schwer, uns aus einem solchen «goldenen Käfig» zu befreien – aber wenn uns die Erfüllung unseres Lebenstraums wirklich antreibt, dann lassen wir uns von Risiken oder Hindernissen weder abschrecken noch entmutigen.

Je näher wir unserem Ziel kommen, desto stärker haben wir den Eindruck, im Einklang mit uns zu sein, und erleben eine Welle der Euphorie – auch wenn sie vielleicht mit der Zeit abnimmt. Wenn wir allerdings scheitern, fallen wir in ein tiefes Loch und sind in unseren Grundfesten erschüttert: Es ist schwer, sich selbst zu verzeihen, wenn man meint, das eigene Leben ruiniert zu haben.

Die zweite Grundeinstellung besteht nach Taylor darin, den eigenen Traum aufzugeben. Dann sind wir nicht mehr den Höhen und Tiefen der Traumjagd ausgeliefert, fallen nicht in emotionale Löcher – erleben aber auch nicht die intensiven Momente der Lebensfülle. Wir akzeptieren einfach, dass das Leben eben nicht so ist, wie wir es uns in jüngeren Jahren ausgemalt haben. Wie sagt man? «Das Leben ist kein Wunschkonzert.» Das waren ja nur die Flausen der Jugend. Und wenn ein alter Traum an die Ränder unseres Bewusstseins klopft, belächeln wir ihn wie eine naive Kinderphantasie.

Wie ist es bei Ihnen selbst? Streben Sie mit vollem Einsatz danach, Ihren Traum zu leben? Oder haben Sie die Traumjagd ad acta gelegt? Möglicherweise haben Sie auch eine Weile versucht, Ihren Traum zu verwirklichen, empfanden den Weg dahin aber als zu anstrengend, emotional zu belastend. Das Leben, denken Sie vielleicht, muss nicht immer aufregend sein.

Die Gefahr eines solchen ruhigen Lebens ist die Langeweile, das schleichende Gefühl der Trostlosigkeit. Es gibt weniger Risiken, aber auch keine große Abwechslung, keine tiefere Erfüllung. Dann und wann schauen Sie sich selbst etwas enttäuscht bei der Routine zu. Die Jahre fliegen vorbei – das soll es gewesen sein? Manchmal überkommt Sie die Sehnsucht nach dem aufregenden Leben als Traumjäger. Aber sollen Sie alles aufgeben, nur um einem Traum nachzujagen? Die Antwort kennen nur Sie selbst.

Wenn ich in Rente gehe – und das von einem Dreißigjährigen! Damals war ich sprachlos und habe später noch lange darüber nachgedacht. Wie kann sich jemand mit Anfang dreißig aufs Rentenalter vertrösten? Erst in 35 Jahren wollte sich mein Freund etwas gestatten, dem er sich eigentlich schon immer widmen wollte. Und hier dreht es sich nicht um ein Hobby, sondern um nichts Geringeres als die Art und Weise, wie er sein Leben eigentlich führen wollte – wer er eigentlich *sein* wollte.

Tatsächlich erinnere ich noch aus der Gymnasialzeit, wie begeistert mein Kumpel früher davon sprach, Architekt zu werden. Er kaufte sich Millimeterpapier und übte mit professionellen Bleistiften Konstruktions-Zeichnen. Doch nach dem Abitur machte er eine Banklehre, studierte BWL, war Finanzmanager bei einem internationalen Unternehmen, um schließlich im Technologie-Unternehmen seines Vaters einzusteigen. Als der Vater nach einigen Jahren die Firma verkaufte, wurde mein Freund Geschäftsführer.

Zweifellos ein «super Job» und eine «sichere Sache» – aber

meilenweit entfernt von dem Traum, der ihn einst begeistert hatte. Seinem Traum gab er zwischen Kindheit und Rente keinen Platz.

Selbstverständlich könnte er sich auch im Rentenalter noch für Architektur einschreiben – aber er würde nicht mehr herausfinden können, wie es gewesen wäre, ein Leben als Architekt zu führen.

Ab wann ist es eigentlich zu spät, seinen Traum zu leben? Ich bin der Überzeugung: In vielen Fällen ist es das nie. Man kann die Weichen auch als Erwachsener immer noch anders stellen. Vielleicht haben wir uns bewusst für einen bestimmten Weg entschieden. Mitunter scheint unser bisheriger Lebenslauf direkt dorthin zu führen, wo wir jetzt sind. Aber das ist nur ein Effekt der Art, wie wir uns unsere eigene Geschichte erzählen. In der Rückschau stellen wir Verbindungen zwischen den Ereignissen her, und alles scheint miteinander zusammenzuhängen, eins führte zum anderen. Doch an zahllosen Stellen hätten wir uns anders entscheiden können – und selbst im Nachhinein können wir unsere Vergangenheit sehr unterschiedlich betrachten (das weiß jeder, der schon einmal einen Lebenslauf geschrieben hat). Geben wir uns also nicht der Illusion hin, wir hätten durch unsere Entscheidungen der Vergangenheit gleichzeitig die Entscheidungen für unsere Zukunft getroffen – und deshalb müssten wir jetzt immer so leben, wie wir es gerade tun. Die Zukunft ist nach wie vor offen – und eine andere Zukunft kann ein ganz neues Licht auf unsere Vergangenheit werfen.

Lebe ich meinen Traum – oder den eines anderen?

Es gibt unzählige, häufig auch sehr individuelle Gründe, die uns daran hindern, unsere Träume zu leben: Der Status quo, aus dem man meint, nicht ausbrechen zu können. Die Angst, mit seinem Traum nicht den Lebensunterhalt verdienen zu können oder dafür nicht intelligent, begabt oder belastbar genug zu sein. Die Befürchtung, keine Unterstützung von nahestehenden Menschen zu erfahren. Und auch ganz «profane» Dinge wie fehlende finanzielle Mittel oder Krankheit können einen hindern, die Angst vor Statusverlust, was «die anderen» denken. Dies ist ein wichtiger Punkt: die konkreten Vorstellungen, die andere für unser Leben haben, sei es allgemeine Konventionen oder Erwartungen und Wünsche von Eltern, Freunden oder Kollegen, wie wir ihrer Ansicht nach zu sein haben.

Die meisten Eltern wollen aus tiefstem Herzen das Beste für ihr Kind. Umgekehrt vertrauen wir unseren Eltern und wollen, dass sie stolz auf uns sind. Dennoch wollen wir in unserer Eigenständigkeit anerkannt werden, was in der Folge meist bedeutet, Konflikte auszutragen, um unsere Freiheit, unseren eigenen Weg finden zu können.

Der eine oder andere mag sich erinnern, dabei vor allem in der Pubertät zuweilen übers Ziel hinausgeschossen zu sein. Später kommen wir häufig zu der Einsicht: Nur weil es unsere Eltern sind, die etwas sagen, muss es nicht falsch sein. Aber wir mussten erst unseren eigenen Willen entdecken und die Erfahrung der Freiheit machen. Danach können wir die Wichtigkeit und Lebenserfahrung der Eltern für uns selbst neu anerkennen.

Und doch kann Elternliebe auch in eine «fürsorgliche Belagerung» ausarten (nach einem Buchtitel Heinrich Bölls). Dann ist unser eigener Weg wie zugemauert durch die Angst, die Erwartung unserer Eltern zu enttäuschen. Sie haben doch so viel für uns getan, uns die besten Ratschläge gegeben, all ihre Energie darauf verwendet, uns zu unterstützen – und so leben wir aus Pflichtgefühl ihre Träume statt unsere eigenen. Glücklich macht das auf Dauer niemanden.

Deshalb mein Appell, in unserer Vorstellung vom Leben immer genügend Platz für die Träume anderer zu lassen. Wir dürfen ihnen nie die Rolle von Statisten in unseren Träumen zuweisen oder ihnen unsere Träumen oktroyieren, aus welchen guten Absichten auch immer – wir müssen sie als Menschen behandeln, die eigene Lebenswünsche verfolgen.

Dieses moralische Gebot der Achtung vor der Würde des anderen hat ihre paradigmatische Formulierung durch Kant im kategorischen Imperativ gefunden: «Handle so, dass du die Menschheit sowohl in deiner Person, als in der Person eines jeden anderen jederzeit zugleich als Zweck [heißt: Selbstzweck, N. D.], niemals bloß als Mittel brauchst.»

Den eigenen Traum gegenüber anderen – sei es gegenüber den eigenen Kindern, dem Partner, den Geschwistern – durchzusetzen, würde letztlich nur mit Kontrolle und Gehorsam oder emotionaler Erpressung funktionieren. Umgangsformen, die wir heute nicht mehr schätzen.

Im Gegenteil würdigen wir heute Menschen, die eigenverantwortlich ihr Leben in die Hand nehmen und den Mut haben, «sich ihres eigenen Verstandes ohne die Leitung eines anderen zu bedienen», wie Kant es ausgedrückt hat. Keinesfalls sollte man sich ein Urteil darüber anmaßen, ob jemand seinen Traum leben will oder nicht, darüber, ob er nach Momenten der Lebensfülle strebt oder nicht (was immer das für ihn heißen mag).

Es würde uns allen guttun, hin und wieder unser Leben vom Blickwinkel eines erfüllteren Lebens aus zu betrachten. Darin steckt die Aufgabe, die vorgefertigten Brillen abzulegen und neu mit eigenen Augen sehen zu lernen. Noch einmal: *Sapere aude!*

Mir fällt dazu die Geschichte eines Bekannten ein, von Rudolph aus Hamburg. Er war ein erfolgreicher Geschäftsmann und bis in die Führungsebene eines großen Unternehmens aufgestiegen. Doch dann merkte er, dass etwas Wesentliches fehlte, seine Arbeit ihn nach und nach aushöhlte, ihn über die Maßen beanspruchte. Er hängte den Job an den Nagel und erfüllte sich seinen langjährigen Traum, eine italienische Espressobar zu eröffnen. Heute führt er eines der besten Cafés von Hamburg und belegt bei den deutschen *Barista*-Meisterschaften vordere Plätze. Stressig ist sein jetziger Beruf auch – aber er erfüllt ihn mit Zufriedenheit.

Diese Erfahrung kennen Sie ganz konkret aus dem Alltag: Einige Stunden einer sinnlosen Tätigkeit können uns in die Erschöpfung treiben. Aber wenn wir von etwas begeistert sind, dann konzentrieren wir uns ohne Müdigkeit bis tief in die Nacht. Was für ein Widerspruch: Wir sind oft so unzufrieden mit unserer Leistung und verhindern gleichzeitig, dass wir unser Potenzial in einer erfüllenden Tätigkeit entfalten können.

Eingepflanzte Träume

Und wenn wir uns täuschen? Wenn wir meinen, unseren Traum zu leben, aber in Wahrheit ist es nicht der *unsrige*? Wenn wir uns hinters Licht führen lassen?

Tatsächlich kommt es vor, dass uns der Wunsch nach einem erfüllteren Leben seltsame Streiche spielt. Wie so häufig erkennen wir dieses bei anderen leichter als bei uns selbst. Doch wenn wir uns dann verwundert fragen, wie jemand sich so täuschen kann, sollten wir uns selbst zur Bescheidenheit mahnen. Wir alle laufen Gefahr, *fremdgeträumt* zu werden. Wie schätzen Sie folgenden Fall ein?

Lässig lenkt Larry den Porsche Cayenne in die Einfahrt. Er bringt den Wagen vor dem elektrischen Garagentor zum Stehen, klappt die mit Alcantara bezogene Sonnenblende herunter und beobachtet sich im Spiegel, wie er gekonnt seine *Ray-Ban* aufsetzt. Er steigt aus, blickt flüchtig auf seine *Rolex Sky-Dweller*, holt die Einkaufstaschen mit den *Versace*-Kleidern für seine Freundin aus dem Kofferraum und nimmt den Fahrstuhl hoch zu seinem Penthouse.

Falls jemand einen solchen «individuellen» Traum hat, ist seine Herkunft leicht zu durchschauen (die des Traumes). Larry ist überzeugt davon, dass er jede seiner Entscheidungen, mit der er im Grunde Mal für Mal ein Klischee bedient, eigenständig getroffen hat. Er wählt ganz nach seinem Geschmack – und kauft letztlich genau die gängigen Statussymbole. Sein Traum sind der Porsche, die Rolex, das Penthouse und irgendwann die Villa und die Yacht. Jeden Morgen wacht er auf mit dem Gedanken, diesem Traum ein Stück nähergekommen zu sein. Aber ist es überhaupt sein eigener? Nun, im gewissen Sinne schon, denn schließlich ist er derjenige, der ihn *hat*. Aber reicht das aus? Ist es nicht vielleicht eher der Traum, der *ihn* hat?

Angeblich lässt sich über Geschmack nicht streiten. Doch hinter den Geschmacksurteilen, die wir meinen, völlig eigenständig zu fällen, liegen soziale Kräfte, die wir leicht übersehen. Der französische Soziologe Pierre Bourdieu hat in *Die feinen Unterschiede* von 1979 die komplizierten Zuschreibungen analysiert, mit denen soziale Gruppen ihre Zugehörigkeit ausdrücken. Schon früher hat Karl Marx im ersten Band von *Das Kapital* aus dem Jahr 1867 diesen sozialen Mechanismus beschrieben. Er nannte ihn «Fetischismus». Demnach erscheinen uns die sozialen Verhältnisse der Dinge als ihre Natureigenschaften – beispielsweise hat die Automarke Mercedes ein eher konservatives Image, Ferrari hingegen ein draufgängerisches. Dabei handelt es sich bei Autos um physikalische Gegenstände, die sich weder konservativ noch draufgängerisch verhalten. Doch wir nehmen die Eigenschaften der sozialen Gruppe (der Mercedesfahrer, der Ferrarifahrer) als Eigenschaften der Fahrzeuge selbst wahr. Ein Mercedes *sieht konservativ aus*, ein Ferrari dagegen draufgängerisch. Es ist dieses soziale Spiel zwischen Zugehörigkeit und Abgrenzung, das wir auf die Dinge selbst übertragen.

Nach der klassischen Theorie imitieren die unteren sozialen Schichten die oberen. Das ist nicht ohne weiteres auf heute übertragbar. Es funktioniert auch umgekehrt: Kinder der oberen Mittelschicht etwa wollen keinesfalls die Rolle des *reichen Bubis* übernehmen und imitieren, oft zum Ärger ihrer Eltern, Mode mit «geringerem» sozialen Status (z. B. verwaschene Jeans mit Löchern oder Baggy Pants).

Aber auch Erwachsene sind vor der Fetischisierung nicht gefeit. Etwa, wenn Menschen sich für eine Schönheitsoperation entscheiden, so wie die junge Nachbarin, nennen wir sie Babsi, die behauptet, sie habe sich «nur für sich» den Busen vergrößern lassen. Natürlich muss und kann jeder selbst entscheiden, ob er oder sie sich einer Schönheits-OP unterzieht. Dennoch entzünden sich regelmäßig die Gemüter über Eingriffe, die medizinisch nicht notwendig sind. Was mich hieran allerdings mehr interessiert, ist die Überzeugung der Betroffenen, das «nur für sich selbst und seinen Traum zu tun».

Das ist zwar keine Lüge. Und doch kann man sagen, hier lebe jemand den Traum anderer. Zwar erfüllt Babsis Verhalten alles, was ein Leben für den eigenen Traum auszeichnet: dass der Traum selbst «gehabt» wird, dass seine Umsetzung betrieben und er trotz Widerständen und Kritik weiterverfolgt wird. Und doch scheint etwas schiefzulaufen.

Das Schönheitsideal, dem sich Babsi mehr und mehr annähern möchte, entstammt ziemlich eindeutig ihrem gesellschaftlichen Umfeld. Bei aller Offenheit ist nach landläufiger Meinung das Problem, dass Frauen durch Werbung und Hochglanzmagazine als Objekte dargestellt werden. Ihren Körpern wird keine menschliche Achtung entgegengebracht, sie werden als *Produkte* angesehen. Und als Produkte werden sie der Nachfrage entsprechend *designt* – am Bildschirm oder in realiter. Sich diesem Design aus nichtberuflichen Gründen zu unterwerfen und dabei ernsthaft behaupten zu wollen, man tue das «nur für sich», erscheint naiv.

Ich möchte versuchen, die Mechanismen, die diesem Verhalten zugrunde liegen, mit dem Marx'schen Fetischkonzept zu erklären. Die Attribute des «Babes» erfahren von den Konsumenten Aufmerksamkeit – sie gaffen sie an. Dieses Angaffen wird auf die Körper übertragen, als ob sie ihre Eigenschaft wäre – sie sind «heiß». Die Fetischisierung läuft aber hinter dem Rücken der Beteiligten ab: Für Babsi sehen die Attribute einfach «gut aus». Da sie gut aussehen will, erscheinen sie ihr «erstrebenswert». Sie kann aufrichtig behaupten, niemand habe sie gedrängt oder gezwungen, sie habe sich keinem fremden Willen gebeugt. Sie hat sich selbst dafür entschieden, weil sie es gut findet – sie tut es für sich.

Das Konzept des Fetischismus erlaubt nun die Rückübersetzung: Babsi behandelt ihren Körper als angaffenswertes Produkt nach den Regeln einer sozialen Gruppe. Ihre Bewertungskriterien für körperliche Attraktivität sind eindimensional auf vermeintliche Attraktivitätswerte (= großer Busen) verengt. Ihr selbst ist gar nicht bewusst, dass ihr Körper dabei zum Produkt wird. Für Außenstehende erscheint es indes geradezu absurd, wenn jemand ein so eindeutig herabsetzendes Selbstbild übernimmt und gleichzeitig behauptet, frei zu sein von jedweder Beeinflussung.

Die Einsicht, dass dieser Irrtum auftreten kann, ist eigentlich ein Erbe der Romantikkritik, die formulierte: Einerseits ist es fundamental für unser Leben, Zugang zu unseren inneren Impulsen zu finden. Andererseits ist nicht alles, was wir da an inneren Impulsen, Gedanken, Gefühlen etc. finden, voraussetzungslos das Unsrige.

Tatsächlich *sind* wir nicht unsere Gedanken, Gefühle etc. Nur weil wir sie haben, sind sie noch nicht «authentisch», «richtig» oder «echt». Wir sind Kinder unserer Zeit, Kultur und unseres Elternhauses, wodurch unsere emotionalen und rationalen Verhaltensweisen mitgeprägt werden. Keinesfalls sind wir dadurch festgelegt – wir müssen aber einen selbstbestimmten Umgang mit unseren Prägungen finden.

Wie einzigartig wollen wir sein?

Aber was heißt es, mit den gesellschaftlichen Prägungen selbstbestimmt umzugehen? Es mag Fälle von offensichtlicher Fehlleitung geben, bei denen Menschen nicht merken, dass sie die Träume anderer leben. Doch ist es überhaupt möglich, den ureigenen Traum zu finden? Sind wir Menschen nicht immer soziale Wesen? Sind unsere Träume nicht immer durch unsere Kultur und Erziehung mitbestimmt? Und wenn meinen Traum auch andere haben, ist es dann überhaupt noch *mein* Traum? Falls nicht, bedeutet das im Umkehrschluss, dass ich erst *meinen* persönlichen Traum gefunden habe, wenn er absolut einzigartig ist? Werfen Sie mit mir einen Blick in die Zeit, als diese Fragen mit einer Relevanz auftraten wie nie zuvor.

Anfang des 20. Jahrhunderts kam die industrielle Massenproduktion in Schwung, was die Warenwelt enorm veränderte – und mit ihr das Verhalten der Konsumenten. Weil plötzlich vorgegebene Produktlinien in alle Lebensbereiche eindrangen, sahen Philosophen und Soziologen die individuellen Lebensformen in Gefahr – nicht zuletzt deshalb, weil die Konsumenten gerade durch ihr Bedürfnis nach Individualität geködert wurden.

Die Philosophen und Soziologen Max Horkheimer und Theodor W. Adorno unterschieden in ihrem gesellschaftskritischen Kultbuch *Dialektik der Aufklärung* zwischen Individualität und Pseudo-Individualität: Nur weil etwas *unsere Entscheidung* war, haben wir uns noch nicht individuell verhalten. Das ist zunächst nicht ganz einfach zu verstehen, weil das Wort «individuell» heute so viele Konnotationen besitzt. Ich möchte den Unterschied metaphorisch an einem politischen System verdeutlichen: der repräsentativen Demokratie.

Von Bürgern einer repräsentativen Demokratie wie der unsrigen wird nicht verlangt, sich ständig aktiv an politischen Entscheidungen zu beteiligen. Wir geben stattdessen für begrenzte Zeit einigen Volksvertretern unsere Zustimmung, die an ihren Leistungen gemessen werden (oder an der Darstellung ihrer Leistungen).

Nun übertragen Sie dieses Bild auf Ihre eigene Lebensführung. Würden Sie Ihr Leben nach dem Modell einer «repräsentativen Individualität» führen wollen?

Nach diesem Modell würden Sie die Entscheidungen in wesentlichen Fragen Ihres Lebens zeitweise in die Hände von «Selbstvertretern» legen. Analog zu den politischen Parteien gäbe es also eine bestimmte Auswahl von Selbst-Modellen. So, wie jede Partei ein Parteiprogramm hat, verfügte auch jedes Selbst-Modell über ein Programm. Die Selbst-Programme unterschieden sich in den Lebenszielen, darin, was ihnen wichtig ist, woher sie Anerkennung und Selbstwertschätzung beziehen, welche Art von zwischenmenschlichen Beziehungen sie pflegen, welches Verhältnis sie zu ihrem Körper haben – und vieles mehr.

Beim nächsten Wahlgang entschieden Sie darüber, ob Sie diese Art von Leben weiterführen wollen oder nicht. Zwischenzeitlich haben Sie Ihre Individualität *outgesourct*. Kommt Ihnen an diesem Konzept der «repräsentativen Individualität» etwas seltsam vor?

Für die meisten von uns wäre ein solches Vorgehen undenkbar, da unsere Vorstellung von Individualität und persönlicher Identität tief mit dem Ideal der Einzigartigkeit verknüpft ist. Wir wollen keine Kopie sein, sondern unverwechselbare Individuen. Bevor wir auch dieses für eine Selbstverständlichkeit halten, erinnern wir uns daran, dass das Ideal der Einzigartigkeit des Individuums im deutschsprachigen Kulturraum eigentlich erst im 18. Jahrhundert zunehmend Verbreitung fand. Davor wäre es (außer einigen Privilegierten) niemandem in den Sinn gekommen, dass man selbst wesentlich mehr als das Exemplar einer Gattung sei oder dass dieses Faktum für die eigene Lebensführung bedeutsam sein könnte.

Verwechseln wir Einzigartigkeit nicht mit Eigenständigkeit. Eigenständigkeit bedeutet, verantwortliche Entscheidungen für sich selbst zu treffen – und diese kann auch die Entscheidung *gegen* Einzigartigkeit beinhalten.

Folgt man dem Modell der repräsentativen Individualität, gehen wir wie folgt vor: Wir schauen uns die vorhandenen Selbst-Modelle in unserem Umkreis an und suchen uns – mehr oder weniger bewusst – das Passende aus: Wie leben Personen in unserer Umgebung? Welche Lebenskonzepte kennen wir aus den Medien? Die Entscheidung für oder gegen ein bestimmtes Konzept treffen wir eigenständig – auch wenn das Ergebnis nicht einzigartig, sondern «von der Stange» ist.

Es fängt ja schon damit an, dass ich an vielen Dingen überhaupt nur *teilnehmen kann*, wenn ich mich geltenden Regeln unterwerfe. Wenn ich in einer Mannschaft Fußball spiele, muss ich mich den Regeln füge. Stellen Sie sich vor, jemand würde den Ball plötzlich krabbelnd mit dem Kopf vor sich herschieben, dabei «Im Märzen der Bauer» singen und auf die irritierte Nachfrage, was er denn da tue, antworten: «Ich spiele Fußball auf eine einzigartige Weise.»

Derartigen originellen Unsinn können wir uns leicht einfallen lassen (und dabei viel Spaß haben). Aber von größerer Bedeutung sind die Formen von Kreativität oder Innovation, die innerhalb eines bestehenden Handlungsrahmens einen entscheidenden Beitrag leisten. Gelegentlich halten wir es für einen Widerspruch, sich geltenden Regeln zu beugen und gleichzeitig kreativ zu sein. Manchmal stilisieren wir den vermeintlichen Widerspruch sogar zu einem grundlegenden Konflikt zwischen unseren kulturellen Prägungen und unserer persönlichen Individualität.

Doch dieser Widerspruch löst sich auf, wenn wir die geltenden Regeln eher wie die Regeln eines Spiels auffassen – z.B. wie beim Fußball. Vieles ist geregelt, aber vieles ist nicht vorgegeben – z.B. wer wie schnell wohin läuft, wer wohin schießen soll und wie stark. Haben wir die Regeln gelernt, dann haben wir auch gelernt, welche Spielräume uns zur Verfügung stehen.

Nichts bewahrt Sie allerdings davor, Träume zu verfolgen, die am Ende gar nicht die Ihren sind. Vielleicht wollten Sie jemandem nacheifern, den Sie als außerordentlich glücklich wahrgenommen haben, und erkennen dann, dass dies ein Fehlschluss war: Nur weil jemand glücklich ist mit dem, was er tut und wie er lebt, bedeutet das nicht, dass auch Sie glücklich werden, wenn Sie das Gleiche tun.

Wenn ich aber der Einzige bin, der genau *diesen* Traum hat, dann ist es doch mein eigener, oder? Wenn unser Traum *einzigartig* ist, dann ist doch ausgeschlossen, dass wir fremdgesteuert sind, oder?

Seit Mitte des 18. Jahrhunderts waren die Künste die Modell-Tätigkeit für die Erschaffung ganz eigener, einzigartiger Kunstwerke, symbolisch für die Selbstwerdung des Menschen: Sie lassen uns erfahren, dass die Welt unfertig ist und wir kreative Kräfte haben, Neues zu erschaffen und zu erfinden. Doch ähnlich wie manche radikale Kunstauffassungen haben wir die Bejahung unserer Individualität auf die Spitze getrieben – bis zur Annahme, ein Traum sei nur *wirklich* mein eigener, wenn er sich auf niemanden als mich selbst als Urheber zurückführen lässt. Doch genau diese Voraussetzung können wir als kulturelle Wesen nie erfüllen. Das ist kein Mangel, sondern ein Hinweis darauf, dass die Frage nach der Einzigartigkeit unserer Träume falsch gestellt war.

Als biologische und kulturelle Wesen sind wir grundsätzlich in physikalische und kulturelle Verhältnisse eingebettet. Nichts, was wir tun, was wir erfinden oder uns ausdenken, ist ohne Ursprung außerhalb unseres Selbst. Ja – wir können an der Formung entscheidenden Anteil nehmen. Aber wie kreativ oder innovativ wir auch immer sind: Wir sind es nie im luftleeren Raum. Wenn wir etwa die Geschichte der Malerei betrachten, dann gibt es größere und kleine Strömungen und viele Einflüsse. Und bisweilen gibt es geniale Sprünge – aber keine Sprünge aus dem Nichts.

Aber was bedeutet das für die Frage, ob ein Traum wirklich mein eigener ist?

Es bedeutet, nicht unbedingt am Traum erkennen zu können, ob er ein eigenständiger ist. Ausschlaggebend ist die Art, wie Sie sich für ihn entschieden haben, das emotionale, rationale und praktische Verhältnis, das Sie selbst zu diesem Traum haben. Erfüllt Sie Vorfreude und Euphorie, wenn Sie sich seine Umsetzung vorstellen? Halten Sie es für eine besonders vernünftige Entscheidung, weil Sie merken, dass dort Erfahrungen auf Sie warten, die Sie um keinen Preis missen wollen? Hat der Traum auch dann noch die Anziehungskraft, wenn Sie Einwände ehrlich zur Kenntnis nehmen? Wenn ja, dann spricht einiges dafür, dass es Ihr Lebenstraum ist.

Seinen Traum mit Bedacht leben

Wer seinen Traum lebt, der schläft nicht, sondern ist wach. Wer seinen Traum lebt, der flüchtet nicht in eine subjektive Realität, sondern setzt sich sehr konkret mit seinen realen Möglichkeiten auseinander. Und wer seinen Traum lebt, der befindet sich in keinem Zustand verblendeter Verirrung, sondern – ganz im Gegenteil – geht mir klarem Kopf zu Werke. Er nimmt seine eigenen Wünsche ernst und ordnet dementsprechend seine Prioritäten im Leben. Wer seinen Traum lebt, der ist bemüht, seinen Einflussbereich in der Wirklichkeit zu gestalten, und fügt sich nicht dem Status quo.

Wenn jemand seinen Traum leben will, dann *muss* er dabei Mut und Selbstvertrauen genug haben, seinen Impulsen vernünftig zu folgen, dabei innere und äußere Widerstände zu überwinden und vielleicht gegen Regeln zu verstoßen. Er kann sich fast sicher sein, dass er Kritik auf sich ziehen wird – manchmal weil er dabei gegen die Interessen anderer handelt, manchmal weil andere sein Handeln anders bewerten als er selbst. Die praktische Herausforderung liegt darin, einerseits auf sich selbst zu hören, manchmal gegen Normen zu verstoßen und sich gegen Miesmacherei unempfindlich machen zu müssen – aber andererseits manche Regeln zu akzeptieren, selbstkritisch zu bleiben und offen für ernstgemeinten Rat.

Denn manchmal erfahren wir zwar kulturelle Vorgaben als Beschränkung – aber andererseits sind sie auch das Vehikel unserer Bemühungen. Wir können nicht aus unserer Kultur oder unserer Welt *aussteigen*. Gerade innerhalb des gemeinsamen kulturellen Rahmens und innerhalb dieser Welt erwächst unsere Fähigkeit, unsere Träume zu verwirklichen. Wir dürfen uns nicht gegenüber den berechtigten Stimmen derer verschließen, die uns wichtig sind. Sie dürfen uns nicht unbefugt einschränken, aber gerade, weil sie uns als eigenständige Erwachsene anerkennen, sollten wir von ihnen aufrichtige Kritik erwarten. Und manchmal sind es ja auch die anderen, die Teil unseres eigenen Lebenstraums werden. Nur müssen wir sicherstellen, dass wir ihnen Platz lassen für *ihre* Träume. Doch nichts spricht dagegen, dass wir *gemeinsame Träume* leben.

4

Im Strudel des Zweifels – Was weiß ich wirklich?

«Hüten Sie sich vor einem Autofahrer namens Martin.» Das ist die deutlichste Botschaft, die ich jemals in einem Glückskeks gefunden habe. Ich muss noch heute darüber schmunzeln. Vielleicht nehme ich die Warnung nicht ernst genug? Vielleicht sollte ich mich auf die Suche nach diesem Martin begeben, damit ich mich endlich vor ihm hüten kann? Oder hüte ich mich bereits unbewusst vor ihm und begegne ihm deshalb nicht? Und wie könnte ich überhaupt wissen, welcher von allen Martins der gefährliche ist? Vielleicht ist es keiner von ihnen. Vielleicht habe ich mich vom Glückskeks zu sehr beeinflussen lassen. Es tut mir leid, liebe Martins, natürlich glaube ich an eure Unschuld. Hätte ich vorher gewusst, was dieser Glückskeks anrichtet – tja, was hätte ich dann tun können? Ihn nicht öffnen? Der Fall scheint klar: Solange ich die Warnung im Glückskeks nicht gelesen hatte, ahnte ich nicht, dass ich Opfer eines Martins werden könnte. Erst im Nachhinein kam die Einsicht: Wenn ich vorher gewusst *hätte*, was die Warnung anrichtet, dann hätte ich anders gehandelt, dann wäre es anders gekommen, dann bräuchte es mir jetzt nicht leidzutun.

Jeder von uns hätte gelegentlich gerne die Konsequenzen seines Handelns vorher gekannt, weil sich seine Entscheidung im Nachhinein als falsch herausstellte. Glück für uns, wenn es sich um unbedeutende Anlässe handelte. Leider werden aus falschen Entscheidungen oft die Wackersteine des Lebens, die uns schwer im Magen liegen. Das sind die Momente, in denen wir «es» gerne vorher gewusst hätten. Aber hätte uns das wirklich genützt?

Die Frage ist schwieriger, als man meinen könnte. Tatsächlich enthält sie ein philosophisches Rätsel, das Aristoteles schon vor über zweitausend Jahren beschäftigt hat: Was können wir wissen? Der amerikanische Philosoph Arthur Danto, vor allem bekannt für seine kunstphilosophischen Schriften, hat es in seinem Werk *Analytische Philosophie der Geschichte* ebenfalls aufgegriffen. Um das Rätsel zu verdeutlichen, versetze ich mich zurück zu jenem Moment, bevor die Warnung im Glückskeks alle Martins in düstere Unheilsbringer verwandelt.

Ich sitze also im chinesischen Restaurant und habe die Stäbchen zufrieden zur Seite gelegt, da bringt die lächelnde Kellnerin einen Teller mit Glückskeksen. Als ich nach einem von ihnen greife, *weiß* ich plötzlich schon, welche Warnung der Keks enthält, weiß, wie alle Martins dadurch gebrandmarkt werden, ich will das nicht, möchte den Glückskeks einfach zurücklegen – doch das Rätsel ist unbarmherzig: Da ich *weiß*, was passieren wird, *muss* ich den Glückskeks jetzt öffnen – es gibt keinen anderen Weg. Warum ist das so?

Um diesen Impuls nachvollziehen zu können, müssen wir verstehen, was es heißt, etwas zu wissen. Die klassische Definition von «Wissen» geht zurück auf Platons Dialog *Theaetet* aus dem 4. Jahrhundert v. Chr.: «Wissen» sei «begründeter, *wahrer* Glaube». Platon formuliert in diesem Dialog zwar noch zwei weitere Auffassungen von Wissen (ohne dabei eine klar zu bevorzugen), aber diese ist die einflussreichste gewesen.

Heutige Philosophen haben unterschiedliche Meinungen dazu. In der Nachfolge Karl Poppers halten Wissenschaftstheoretiker etwa Wahrheit für unerreichbar; wir können uns demnach lediglich auf Theorien stützen, solange sie noch nicht widerlegt wurden. Manche radikalere Philosophen, wie etwa

Paul Feyerabend, meinen, dass Wissen gar nichts mit Wahrheit zu tun habe, sondern nur mit der Akzeptanz bestimmter Auffassungen in einer Gemeinschaft. Aber Danto baut seine Argumentation auf der klassischen, platonischen Definition von Wissen auf. Was passiert nun, wenn ich die Situation mit dem Glückskeks mit Hilfe dieser Wissensdefinition schildere?

Im chinesischen Restaurant sitzend, den Glückskeks in der Hand, weiß ich, «dass ich den Zettel im Glückskeks lesen und infolgedessen die Martins ungerechtfertigt verdächtigen werde». Der Einfachheit halber ersetze ich mein Wissen im Folgenden durch die Variable «x», die für irgendein Wissen stehen könnte. Sie können das Beispiel gerne auf sich selbst zuschneiden, indem Sie für x ein Ereignis Ihrer eigenen Biographie einsetzen. Dann versetzen Sie sich gedanklich zurück an den Zeitpunkt unmittelbar vor dem Ereignis und nehmen an, Sie wüssten zu diesem Zeitpunkt bereits, dass x passieren wird.

Wenn ich also *weiß*, das x passieren wird, dann heißt das: Der Satz «x wird passieren» ist wahr. Wenn der Satz «x wird passieren» wahr ist, dann *muss* x passieren. Gegenprobe: Wenn x aus irgendeinem Grund nicht passiert, dann war «x wird passieren» nicht wahr. Aber nur, wenn etwas wahr ist, weiß ich es – und glaube es nicht nur zu wissen. Das heißt: Wenn es nicht wahr war, dass x passieren wird, dann habe ich es nicht gewusst. Ich *weiß* also nur, dass x passieren wird, *wenn x dann auch passiert*. Daraus folgt: Wenn ich *weiß*, dass ich im Glückskeks etwas lesen werde, dass mir alle Martins unheimlich werden lässt, dann *werde* ich den Glückskeks öffnen und die Warnung lesen.

Wir sagen zwar oft «Hätte ich vorher gewusst, was passieren würde, dann hätte ich anders gehandelt». Folgt man Dantos Argumentation, ist das allerdings ein Fehlschluss: Wenn wir den unerwünschten Ausgang hätten verhindern können, dann haben wir nicht *gewusst*, was passieren würde, sondern es allenfalls vermutet. Hätten wir *gewusst*, was passieren würde, dann hätten wir es nicht verhindern können. In Dantos Worten: «Wenn ich die Zukunft beeinflussen kann, dann kann ich sie nicht kennen; ist die Zukunft bekannt, dann können wir sie nicht beeinflussen.»

Das ist mehr als nur ein Spiel mit Worten. Es sagt uns etwas Wichtiges über die Bedingungen unserer eigenen Freiheit: Wir möchten so viel wie möglich wissen, um die bestmöglichen Entscheidungen zu treffen. Deshalb sind wir dazu aufgerufen, möglichst viel über unsere Situation und die Welt in Erfahrung zu bringen, damit wir unter Einbeziehung dieses Wissens gute und richtige Entscheidungen treffen können.

Gerade Wissen über die Zukunft zu erlangen ist von gesellschaftlichem und wissenschaftlichem, aber auch individuellem Interesse. Stellen wir uns aber vor, wir könnten wirklich *wissen*, was in Zukunft geschieht – dann haben wir unsere eigene Handlungs- und Entscheidungsfreiheit herausgekürzt. Und damit wäre der Grund verschwunden, aus dem wir es wissen wollten.

Warum *sagen* wir dann: «Hätte ich es doch nur gewusst, dass x passieren würde, dann hätte ich anders gehandelt»? Schauen wir uns den Satz genauer an und gucken nach möglichen Interpretationen – schließlich drücken wir uns auch im Alltag oft genug so aus, dass der Sinn einer Äußerung ein anderer ist als ihr Inhalt nahelegt. Wenn meine Frau mich fragt: «Wollen wir lüften?», will sie nicht meine Meinung zum Sauerstoffgehalt im Wohnzimmer hören, sondern bittet mich implizit, das Fenster zu öffnen.

Der Satz «Hätte ich gewusst, dass x passieren würde ...» klingt zunächst so, als hätten wir mehr Freiheit, wenn wir die Zukunft kennten. Vielleicht träumen wir deshalb von Zeitreisen. Tatsächlich ist der Satz aber ein Ausdruck der *Reue*. Wir drücken damit aus, dass wir lieber anders gehandelt hätten (so sieht es auch Danto). Allerdings: Unsere jetzige Einsicht über den Ablauf der Ereignisse können wir nicht sinnvoll in die Vergangenheit schicken.

Dieser Zusammenhang von Freiheit und Nicht-Wissen betrifft nicht nur die Fehler der Vergangenheit, sondern auch unsere Zukunft. Nehmen Sie z. B. das Gefühl, etwas im Leben zu verpassen. Dann fragen wir uns, ob wir unser Leben ändern sollen. Doch wie sollen wir die richtigen Entscheidungen für ein besseres Leben treffen? Dazu wünschen wir uns mehr Wissen – denn dann vermeinen wir, eine sicherere Entscheidung treffen und alle Eventualitäten berücksichtigen zu können. Dann *wüssten* wir doch, was das Beste wäre, weil wir ganz genau wüssten, was nach unserer Entscheidung passiert. Wenn ich meinen Job kündige, finde ich dann einen besseren? Wird meine Angebetete meinen Antrag annehmen? Doch hier greift dasselbe Phänomen: Wenn wir wirklich *wüssten*, welche Auswirkungen unser Handeln hat, dann könnten wir gar nicht mehr anders handeln.

Also gut: Selbst vollständiges Wissen hätte uns weder vor den Fehlentscheidungen der Vergangenheit bewahren können, noch könnte es uns bei freien Entscheidungen in der Zukunft nützlich sein. Da wir uns als freie Wesen begreifen, gehen wir sogar stillschweigend davon aus, dass vollständiges Wissen unmöglich ist. Aber was ist mit dem, was wir *hier und jetzt* wissen? Und wohin treibt es uns, wenn wir davon ausgehen, dass wir vielleicht gar nichts mit Sicherheit wissen können, ja, alles in Frage stellen *müssen*?

Die Weisheit des Skeptizismus

«Ich weiß, dass ich nichts weiß», soll Sokrates gesagt haben. Was wir nicht wissen, ist, ob es wirklich so war. Sokrates' Aussprüche sind uns nur durch andere Autoren überliefert – wie Platon und Xenophon. In deren Schriften kommt dieser Satz nicht vor. In Platons *Apologie des Sokrates* heißt es: «Ich scheine also um dieses wenige doch weiser zu sein als er, dass ich, was ich nicht weiß, auch nicht glaube zu wissen.»

Fällt Ihnen der Unterschied auf? Hier ist von einer selbstkritischen Einstellung die Rede. Sokrates ist sich der Grenzen des eigenen Wissens bewusst. Er ist überzeugt davon, *einiges* zu wissen, aber er glaubt nicht, *alles* zu wissen. Stattdessen lautet die heute populäre Form: Ich weiß, dass ich *nichts* weiß. Das ist, als ob jemand sagen würde: «Es ist *nichts* Gold, was glänzt.»

Können wir denn tatsächlich *nichts* mit Sicherheit wissen? Wir sind nicht von ungefähr für diesen Gedanken empfänglich: Unsere modernen Lebensverhältnisse konfrontieren uns mit vielen Unsicherheiten: Kulturelle Normen wandeln sich rapide, und selbst Naturwissenschaftler widerlegen heute ihre Thesen von gestern – warum also sollte überhaupt irgendetwas sicher sein? Manchmal verbinden wir mit dem Zweifel ein ohnmächtiges Versinken im Strudel der Unsicherheit. Wenn wir keine sicheren Entscheidungsgrundlagen haben, droht uns Handlungsunfähigkeit. Auf der anderen Seite – brauchen wir denn überhaupt Sicherheit in allen Lebenslagen?

Die Skepsis, das Hinterfragen des Selbstverständlichen und das Offenhalten der eigenen Urteile, ist ja zunächst eine positive Errungenschaft und zieht sich durch die gesamte Philosophiegeschichte – von Sokrates, Pyrrhon, Platon über Sextus Empiricus und Cicero zu Montaigne, Hume, Descartes, Kant bis ins 20. Jahrhundert zu Edmund Husserl, G. E. Moore, Wittgenstein und Jacques Derrida. Diese Tradition war teilweise Auslöser, teilweise Ausdruck einer wichtigen Denkströmung in Europa.

Ohne die skeptische Haltung wäre es vermutlich nicht zu jener rasanten Entwicklung von Kultur, Politik, Wissenschaft und Technologie gekommen. Die Zielscheiben der Skepsis sind historisch gesehen vor allem Dogmatismus und Borniertheit. Wenn wir immer das, was wir erfahren, zum Maß *aller* Dinge machen und derart von unserer eigenen Auffassung überzeugt sind, dass wir andere Standpunkte gar nicht mehr zulassen können, dann werden wir *borniert*. Sehr unangenehm kann es z. B. sein, wenn jemand nicht nur all jene für ungebildet hält, die zufällig nicht mit seinem eigenen Interessengebiet vertraut sind, sondern auch noch meint, seine Expertise auf *einem* Gebiet berechtige ihn dazu, auch auf *anderen* Gebieten als Fachmann aufzutreten.

Aufgeweckte Zweifler hingegen können ungewöhnliche Möglichkeiten sehen. Ein Zweifler hat die Route nach Indien statt südöstlich eben westlich gesucht – und dadurch Amerika entdeckt. Ein mutiger Zweifel ist bisweilen besser als einschläfernde Sicherheit.

Eine weltoffene, selbstkritische Haltung spricht aus den *Essais* des französischen Philosophen Michel de Montaigne. Schon in deren erstem Band von 1580 hat er – obwohl frommer Katholik und der Krone treu – gegen die Dogmen der Spätscholastik ebenso gestritten wie gegen bürgerliche Engstirnigkeit. Er ermunterte jeden dazu, seine eigene Urteilsfähigkeit zu üben – ein ähnlicher Aufruf zum persönlichen Engagement wie jener Martin Luthers. Montaigne jedoch bezog diese neue Haltung auf ganz weltliche Belange – vor allem auf die Frage der individuellen Entwicklung.

Das übertriebene Auswendiglernen weiser Sentenzen fand

Montaigne z. B. nicht nur sinnlos, sondern auch schädlich: «Wir verlassen uns so vollständig auf die Hilfe von außen, dass unsere eigenen Geisteskräfte verkümmern. [...] gelehrt können wir vielleicht werden durch von außen bezogenes Wissen, verständig aber nur durch unsere eigene Verständigkeit» Und dieser Weg beginnt für ihn mit der Frage «Was *weiß* ich?» (in Montaignes Worten: «Que sçay-je?»).

Dabei vertrat Montaigne keineswegs die Ansicht, wir könnten nichts sicher wissen oder es gäbe keine gültigen Wahrheiten. Als Mensch des 16. Jahrhunderts standen für ihn viele Wahrheiten fest – dass Menschen soziale Wesen sind, dass wir Gewohnheiten haben, die wir verändern können, dass jeder über eine eigene Urteilskraft verfügt, ja – selbst dass «Wahrheit und Denkrichtigkeit für jeden die gleichen sind». Nur muss, so Montaigne, jeder selbst den Weg dorthin finden und sollte deshalb seine Urteilsfähigkeit trainieren.

Ein weiterer Strang in Montaignes Denken ist der beständige Hinweis auf die Vielfalt menschlicher Lebensformen. Gerade in der Zeit der Kolonialisierung der Welt trat diese Vielfalt immer deutlicher hervor – Montaigne nahm jedoch einen anderen Standpunkt dazu ein als viele seiner Zeitgenossen.

Es war die Zeit, in der europäische Seefahrer die Neue Welt erkundeten, so wie der Portugiese Gaspar Corte-Real, der um 1500 an der Küste Neufundlands segelte. Dort nahm er kurzerhand fünfzig Einwohner vom Stamm der Beothuk gefangen. Sie lebten in Wigwams, benutzten Steinwerkzeuge und kleideten sich in Felle. Außerdem war es bei ihnen üblich, Kleidung, Werkzeuge und sich selbst mit Ocker zu färben. Die Bezeichnung «Rothäute», die man für sie fand, wurde später auf alle amerikanischen Ureinwohner ausgeweitet.

Corte-Real segelte mit den Gefangenen zurück nach Lissabon und zeigte sie am Hofe des portugiesischen Königs Manuel I. vor.

Was dachte wohl die Hofgesellschaft über die «Wilden»? Die Eroberer jedenfalls versklavten sie ohne Skrupel und annektierten Neufundland. Heute gibt es die Beothuk nicht mehr.

Montaigne kritisierte solche Grausamkeit. Vorurteile gegenüber anderen Lebensweisen und die Selbstgerechtigkeit der Europäer hielt er für ein Armutszeugnis. Seine gesunde Skepsis setzte die Axt an aggressives Spießertum und Intoleranz: «Ich verfalle nicht in den üblichen Irrtum, zu glauben, dass die anderen so sein müssten, wie ich bin; es wird mir leicht, Dinge für richtig zu halten, die mir fremd sind. Deshalb, weil etwas für mich Gültigkeit hat, verlange ich doch nicht, wie es oft geschieht, dass die ganze Welt sich danach richten müsse.»

Hier wird deutlich, wie grundlegend eine skeptische Haltung für den Humanismus ist: Erst der Zweifel an Dogmen und die Relativierung des Eurozentrismus setzt die individuelle Urteilsbildung frei. Plötzlich sieht sich jeder vor die Frage gestellt: Habe ich die Situation angemessen beurteilt? Ist mein Urteil über andere *fair*?

Stellen Sie sich Folgendes vor: Ein Freund hat Sie zu einem runden Geburtstag eingeladen. Festliche Garderobe, ausgesuchtes Essen, Reden zwischen den Gängen. Nach dem Hauptgang erhebt sich jemand, den Sie flüchtig als guten Freund Ihres Freundes kennen. Er beginnt seine Ansprache ziemlich formell, geradezu gehemmt. Langsam werden seine Ausführungen persönlicher, dann immer selbstbezogener und schließlich geradezu bizarr. Er gestikuliert wild, wirkt fahrig und überdreht. Sie schauen peinlich berührt auf Ihren Teller und schütteln innerlich den Kopf: Was für eine miserable Rede, welch ein Selbstdarsteller!

Doch dann erfahren Sie von Ihrem Tischnachbarn, dass der Mann gerade mitten in einer schweren Familientragödie steckt. Plötzlich haben Sie Mitleid mit diesem verzweifelten Menschen, der da vorne offensichtlich um Fassung ringt. Trotz aller inneren Not hält er heute seinem Freund eine Rede.

Ähnliche Erfahrungen haben wir alle schon einmal gemacht: Wir bilden uns ein Urteil über jemanden, erhalten dann jedoch neue Informationen, die uns den Betreffenden mit anderen Augen sehen lassen. Manchmal beurteilen wir uns plötzlich *selbst* ganz anders.

Wem geben wir Autorität über unser Wissen?

Montaignes *Essais* sind bis heute eine ansprechende Lektüre. Ihr Bekenntnis zu Toleranz und Pluralismus sowie die selbstkritische Offenheit des Autors treffen auch nach über 400 Jahren den Ton unserer Zeit. Das 20. Jahrhundert hat uns gelehrt, dass wir gerade in hoch medialisierten Gesellschaften kritisch mit Informationen umgehen müssen. Staatliche Propaganda und Zensur gehören in Europa hoffentlich endgültig der Vergangenheit an, wir können heute viele unterschiedliche Quellen zur Information heranziehen: Bücher, Zeitschriften, Radio, Fernsehen und das Internet.

Wie aber entscheiden wir, wem und was wir glauben?

Wir benutzen dabei zwei konzeptuelle Stützen: Auf der zwischenmenschlichen Ebene richten wir uns nach «guten Informanten». Der britische Philosoph Edward Craig hat 1993 in *Was wir wissen können* analysiert, was gute Informanten ausmacht: Craig zufolge ist ein «guter Informant» jemand, der für mich in der entsprechenden Situation erreichbar ist, dessen Kompetenz ich erkennen kann, dessen Kompetenz mir momentan ausreicht und mit dem ich gerade kommunizieren kann. Trifft eines oder mehrere dieser Kriterien nicht zu, habe ich gute Gründe, ihn *in diesem Moment* nicht als guten Informanten anzunehmen, auch wenn er in anderen Situationen diese Kriterien durchaus erfüllen kann.

Gerade, wenn es um die Zuerkennung von Kompetenz geht, spielen akademische Grade oder die Anerkennung durch eine Forschungsgesellschaft eine wichtige, wenn nicht die entscheidende Rolle. Auf dieser gesellschaftlichen Ebene verleihen wir «wissenschaftliche Autorität», unsere zweite konzeptuelle Stütze bei der Entscheidung, welcher Wissensquelle wir glauben: Wir vertrauen z.B. Universitäten, Forschungsinstituten oder der Institution «Wissenschaft» als solcher. «Wissenschaftliche Autorität» ist eine Leitidee, an der viele kollektiv arbeiten: Erfinder und Experimentatoren, Theoretiker und Kritiker, Forscher und Journalisten, Ingenieure und Urheberrechtler, die sich gegenseitig befruchten, beurteilen – und kontrollieren.

Weil diese beiden Formen der Autorität eine derart wichtige Rolle in unseren modernen Gesellschaften spielen, sind sie heiß umkämpft: Aus verschiedenen Feldern drängen ständig neue Anwärter auf die Anerkennung ihrer Autorität, während die etablierten Autoritäten ihre Position zu behaupten suchen. Das führt bisweilen zu Unübersichtlichkeit: Wissenschaftler widerlegen sich gegenseitig, manche Anwärter werden als pseudowissenschaftlich etikettiert (wogegen sie sich wehren), und manche stellen die Überlegenheit von Wissenschaft überhaupt in Frage. Neben den inhaltlichen Fragen geht es dabei außerdem um Forschungsgelder und politische Interessen, was die Orientierung zusätzlich erschwert.

Warum sind heute viele nicht esoterische, aufgeklärte Menschen von der Wirkkraft der Homöopathie überzeugt? Es könnte unter anderem daran liegen, dass auch gegenüber den Meldungen aus der bunten Welt der Pharmakologie einige Skepsis angebracht ist: So kennen Sie wahrscheinlich die von Pharmaunternehmen lancierten Falschdarstellungen wissenschaftlicher Studien, wie jene, das Medikament *Tamiflu könne* den Verlauf der Schweinegrippe abmildern. Tatsächlich gibt es eine Reihe von Tricks in der Vermarktung neuer Medikamente, um deren Wirksamkeit zu propagieren – vor allem durch einseitig positive Berichterstattung und die Unterdrückung negativer Ergebnisse aus Studien.

Aber selbst wenn manche Journalisten und Pharmakonzerne die Ergebnisse verfälschen, können wir doch generell auf die Wissenschaft vertrauen, oder? Tatsächlich sind es gerade ernsthafte Wissenschaftler und Forscher, die hier zu Vorsicht und Selbstkritik mahnen. Die «Wahrheit», so der österreichische Wissenschaftsphilosoph Karl Popper, können wir niemals erreichen. Wir können nur danach streben.

Überhaupt sei das Bild falsch, dass Wissenschaftler ihre Hypothesen durch Belege beweisen. Es sei genau umgekehrt: Wissenschaftler lassen sich eine Hypothese einfallen und versuchen dann, sie mit allen Mitteln zu *widerlegen*. Deshalb ist der vermeintliche Dogmatismus der Schulmedizin von besonderer Art: Ärzte glauben nicht das, *wofür* es Belege gibt. Belege gibt es für alles Mögliche, und sie können sehr unterschiedlich gedeutet werden. Schulmediziner glauben vielmehr nur das, *wogegen* es keine wichtigen Belege gibt. Die schulmedizinische Grundhaltung besteht demnach darin, nur das zu akzeptieren, was sich gegen alle Widerlegungsversuche behaupten konnte.

Aber lässt sich dieser radikale Zweifel der Wissenschaftler auf den Alltag übertragen? Dass eine gesunde Skepsis uns vor Dogmatismus und Borniertheit bewahren kann, können wir leicht akzeptieren. Was aber, wenn wir das Vertrauen in gute Informanten und wissenschaftliche Autorität einmal fahren lassen und unsere persönlichen Überzeugungen, unsere Art, die Welt wahrzunehmen, grundsätzlich in Frage stellen?

Am Fundament des Weltwissens

Unser Zweifel sollte vor nichts in der Welt haltmachen – so die Auffassung des schottischen Philosophen und Historikers David Hume im 18. Jahrhundert. Seine ausgeprägte skeptische Haltung zeigte sich in seinem offenen Atheismus, mit dem er sich seine universitäre Karriere verbaute. In seinen philosophischen Schriften – am bekanntesten seine *Untersuchung über den menschlichen Verstand* von 1748 – ging Humes Skepsis viel weiter als die selbstkritische Urteilsbildung, zu der Montaigne aufrief: Humes Skepsis zielte auf den Kernbestand menschlichen Wissens überhaupt.

Natürlich war Hume nicht so kurzsichtig, *jede* Möglichkeit des Wissens in Frage zu stellen – sonst hätte er selbst keine Untersuchungen anstellen können. Das wäre so naiv wie der Satz «Es gibt keine absolute Wahrheit», der ja beansprucht, wahr zu sein – und sich damit selbst widerlegt.

Hume war z. B. davon überzeugt, dass der menschliche Geist bestimmte Fähigkeiten hat, die wir durch Untersuchung erkennen können (z. B. sinnliche Wahrnehmung, Erinnerung, Verknüpfung von Eindrücken). Insofern können wir bei aller Skepsis durchaus wahre Aussagen über den Geist machen (die Hume in seinem Buch formuliert zu haben meint). Aber die Grundlagen der Naturwissenschaft wie der Physik – die sind Hume zufolge alles andere als sicher.

Wie erwerben wir Wissen über die Welt? Durch Erfahrung – so die Antwort der britischen Empiristen, zu denen neben Hume auch die englischen Philosophen Francis Bacon und John Locke gerechnet werden. Damit entzogen sie der rationalistischen Spätscholastik den Boden, die Wissen über die Welt allein aus unseren Begriffen ableiten wollte. Zwar konnten auch die metaphysischen und theologischen Dogmen aus einem reichen

Fundus an Beobachtungen schöpfen («Die Erde *bewegt* sich doch nicht, oder?»). Doch die Empiristen betonten die Rolle des Experimentierens. Es komme nicht nur darauf an, zu beobachten, sondern man müsse gezielt eingreifen, um der Natur ihre Geheimnisse zu entlocken.

Im Gegensatz zu anderen Empiristen fasste Hume «Erfahrung» ausschließlich psychologisch auf. Ob im alltäglichen Leben oder in wissenschaftlichen Experimenten: Letztlich, so Hume, beruhe all unser Wissen über die Welt auf unserer sinnlichen Wahrnehmung – auf «Eindrücken», im Englischen «impressions». Selbst unsere komplizierteren Vorstellungen, was auch immer wir denken, erinnern, planen etc., seien aus einfachen Eindrücken zusammengesetzt. Hume meinte, die Prinzipien der Zusammensetzung von Eindrücken seien bei allen Menschen dieselben drei: Durch die Ähnlichkeit der Eindrücke, durch ihr gemeinsames Vorkommen in Raum und Zeit und durch den Zusammenhang von Ursache und Wirkung wird unsere Weltwahrnehmung komponiert. Wenn das stimmt, hätte das radikale Folgen für die Grundlagen unseres Weltbildes.

Abrissbagger auf innerstädtischen Baustellen sind eine Attraktion. Es ist faszinierend, wenn sich hoch oben die Abbruchzange durch Stahlbeton frisst. Wie würde man diesen Vorgang beschreiben? Vielleicht würde man sagen: «Die Abbruchzange zerdrückt den Stahlbeton.» Aber was genau *sehen* wir eigentlich? Hume hätte Sie davon überzeugen wollen, dass Sie genau genommen nicht *sehen*, wie die Abbruchzange den Beton zerdrückt. In Ihrem Wahrnehmungsfeld seien die Bewegung der Zange und die Bewegung des Betons zwei verschiedene Ereignisse. Sie finden zwar gleichzeitig statt – aber das eine müsse nicht zwingend die *Ursache* des anderen sein.

«Aber es sieht doch so aus» – diese Begründung würde Hume nicht gelten lassen. Ihm zufolge *unterstellen* wir Kausalität lediglich. Wir halten sie für ein Naturgesetz und meinen, es könnte sich nicht anders verhalten. Aber wir *sehen* die Kausalität nicht – sie sei eine Erklärung, die wir unterschieben, weil unsere Eindrücke sich gewöhnlich so verhalten – ein Gewohnheitseffekt. Ob Kausalität tatsächlich eine Naturkonstante ist, können wir demnach nicht wissen.

Wie aber gehen wir mit Humes Auffassung um, dass wir keinerlei sicheres Wissen über die Welt erlangen können, dass jegliche Gesetzmäßigkeit nur Ausdruck unserer Gewohnheit ist? Es ist heute ja allgemein anerkannt, dass unsere Erkenntnisse kulturell gefärbt sind, dass selbst die härtesten Fakten nicht für sich sprechen, sondern immer interpretiert werden können – und müssen. Aber kreist die Erde nur aus Gewohnheit um die Sonne? Und was sollen wir von Humes Auffassung halten, es gäbe auch kein Ich, keine innere Substanz, die unsere Identität verbürgt? Wenn die Grundlagen allen Wissens, ein «Ich» und die wahrnehmungsunabhängige «Außenwelt» grundlegend bezweifelt werden können, wo finden wir dann überhaupt noch ein Fundament?

Woran wir nicht zweifeln können

Die Unsicherheit über unser Wissen ist wie ein tiefer Brunnen, in dessen Schacht wir blicken – und doch keinen Grund erkennen können. Um herauszufinden, wie tief er ist, heben wir einen Kieselstein auf und lassen ihn hineinfallen. Wir warten und lauschen …

So machte es René Descartes. Der Franzose war 1641 mit seinen damals 44 Jahren ein angesehener Naturwissenschaftler und Philosoph der Aufklärung. Wie vor ihm Montaigne und nach ihm Hume hielt er die Sätze der Mathematik und der deduktiven Logik, die Schlüsse vom Allgemeinen zum Einzelnen zieht, für die reinste Form des Wissens. Die Metaphysik war seit der Renaissance durch die empirischen Wissenschaften stark unter Druck geraten, und Descartes hoffte sie zu stärken, indem er ein neues Fundament des Wissens entdeckte. Dafür ließ er sich in seinen *Meditationen über die Grundlagen der Philosophie* auf ein Wagnis ein: *Alles* sollte dem Zweifel ausgesetzt werden. Was als unanzweifelbar übrig blieb, sollte die neue Grundlage darstellen. Nur darauf könne die Metaphysik, also die Beschäftigung mit den allgemeinsten Gesetzmäßigkeiten und dem Sinn des Seins, neu aufgebaut werden.

Descartes ist ein Beispiel dafür, dass radikaler Skeptizismus keineswegs in Wahnsinn und Verzweiflung münden muss. Vielmehr ist Descartes' Zweifel das Werkzeug eines Denkers, der auf ein Ergebnis aus ist – nicht etwa der existenzielle Zweifel eines Menschen, der an der Unsicherheit allen Wissens leidet. Descartes geht vor wie das neugierige Kind, das einen Kieselstein in den Brunnenschacht fallen lässt, um herauszufinden, wie tief er ist.

Descartes' Text zieht mich jedes Mal wieder in seinen Bann. Wie oft haben wir den Satz gehört: «Das glaube ich erst, wenn ich es mit eigenen Augen sehe.» Genau diese Argumentation hebelt Descartes als Erstes aus. Er bezweifelt das, was wir häufig als das Verlässlichste behandeln: die direkte Wahrnehmung und die empirische Wissenschaft (ähnlich wie etwas später Hume).

Wir alle wurden schon durch unsere Sinne getäuscht. Manchmal sehen wir z. B. auf der Straße von weitem einen guten Bekannten. Wir beginnen zu lächeln und winken ihm zu – aber als wir näher kommen, merken wir: Er ist es gar nicht. Wie peinlich! Wir senken die Hand und entschuldigen uns. Bei einer Zeugenaussage vor Gericht können solche Verwechslungen große Bedeutung haben. Hat der Zeuge den Angeklagten wirklich erkannt? Wie waren die Lichtverhältnisse zur Tatzeit?

Es gibt ganze Berufszweige, die sich auf Sinnestäuschung spezialisiert haben, wie Markenfälscher, Make-up-Artists oder Zauberkünstler. Genau genommen sind Filme und Fotos allesamt Sinnestäuschungen, insofern sie uns drei Dimensionen in zwei Dimensionen darstellen. Manche Täuschungen sind sogar in unsere Wahrnehmung eingebaut.

Versuchen Sie Folgendes: Betrachten Sie Ihr Gesicht im Spiegel. Blicken Sie auf Ihr linkes Auge. Nun auf Ihr rechtes Auge. Fällt Ihnen etwas auf? Sie wissen, dass Ihre Augäpfel beim Wechsel der Blickrichtung hin- und hergleiten. Sie wissen, dass Ihre Augen Zeit brauchen, um die Strecke von einem Auge im Spiegel zum anderen zurückzulegen. Aber Sie *sehen* dieses Gleiten nicht. Für Sie stellt es sich so dar, *als bewegten sich Ihre Augen überhaupt nicht*. Bei anderen können wir diese Augenbewegungen verfolgen, aber nicht bei uns selbst. Jedes Mal kommen uns ein wenig Zeit und visuelle Wahrnehmung abhanden. Wenn uns so etwas Offensichtliches entgehen kann – was könnte uns noch alles entgehen? (Oder ist das ein Fehler in der Matrix?)

In Ordnung, sagen Sie jetzt vielleicht, wir können unseren Sinnen nicht immer trauen. Aber dass ich *jetzt* gerade diese Buchstaben lese, dass ich dieses Buch vor mir habe, das ist ja wohl keine Täuschung. Descartes würde Sie fragen: Was, wenn Sie das nur träumten?

Sicherlich träumen Sie gelegentlich, irgendwo zu sitzen oder zu stehen, etwas zu lesen oder sonstige Dinge zu tun. Warum nicht gerade jetzt? Descartes war der Ansicht, wir könnten niemals ausschließen, gerade nur zu träumen.

Aber was ist mit den unbezweifelbaren Wahrheiten der Mathematik? Ob träumend oder wach: 2 + 3 ergibt 5, und ein Quadrat hat vier Seiten – oder? Ist wenigstens das sicher?

Gegen diese vermeintlichen Sicherheiten fuhr Descartes das schwerste skeptische Geschütz des Philosophiegeschichte auf: den *deus malignus* – den bösen, hinterlistigen Dämon, der lachend hinter der ganzen Scheinwelt sitzen könnte. Davor geht nun wirklich die gesamte «ausgedehnte» Welt in die Knie. Auch dieser «böse Dämon» ist nicht wörtlich zu nehmen, wie Martin Luther es tat, der lautstark mit dem Leibhaftigen gestritten haben soll. Für Descartes war auch diese Figur ein Werkzeug des Denkens. Der *deus malignus* soll uns die Möglichkeit vor Augen führen, uns in allen Gedankengängen zu täuschen. Vielleicht irren wir uns jedes Mal, wenn wir 2 + 3 rechnen oder die Seiten eines Quadrats zählen. Ein ziemlich abwegiger Gedanke – aber können wir ihn ausschließen?

Kann man überhaupt irgendetwas vollständig ausschließen? Nicht umsonst ist die Frage «Können Sie das ausschließen?» der rhetorische Holzhammer, mit dem Kontrahenten in Fernsehdiskussionen sich gegenseitig dazu bringen, den größten Unsinn «nicht ausschließen» zu können.

Descartes zufolge gibt es eine einzige Sache, die wir mit Sicherheit ausschließen können: dass derjenige nicht existiert, der denkt «Ich existiere». Aus dem dunklen Brunnenschacht hören wir schließlich doch den dumpfen Aufschlag auf den Boden des Wissens.

Ironischerweise liefert gerade die Figur des bösen Dämons ein entscheidendes Argument: Wenn der Dämon mich täuscht – dann *gibt es mich*. Wer sollte sonst getäuscht werden? Wenn wir uns in allem irren, wenn wir *nichts* sicher wissen – dann gibt es zumindest *jemanden*, der sich in allem irrt, der nichts sicher weiß. Dies drückte Descartes aus in dem Satz «Ich bin, ich existiere» – ego sum, ego existo. Dieser Satz ist immer wahr, wenn wir ihn denken oder aussprechen. Aber was folgt daraus?

Descartes' Argumentation ist nach wie vor umstritten. Ein

einflussreicher Kommentar stammt von Immanuel Kant. Einerseits hätte Descartes mit dem *cogito*-Argument tatsächlich etwas Grundlegendes entdeckt. Noch heute pochen Philosophen darauf, dass Physiker oder Neurowissenschaftler menschliches Denken niemals mit ihren Methoden zufriedenstellend erklären werden, weil ihnen die Innenperspektive des Denkenden, das «ich existiere» ungreifbar bleibt.

Andererseits merkte Kant an, dass Descartes ein Fehler unterlaufen sei: Wenn ich existiere oder denke, dann folge nämlich noch nicht, dass ich ein denkendes *Wesen* bin, eine Art Ich-Ding. Descartes war davon überzeugt, dass es dieses Ding geben müsse, und vermutete es in der Zirbeldrüse. Kant war jedoch vorsichtiger in seinen Schlüssen und meinte, man könne zwar sagen, dass es mich gebe und dass ich jederzeit «ich denke» denken oder sagen könne. Aber damit sei nicht bewiesen, dass es ein «Ich» geben müsse.

Bis heute gibt es unter Philosophen komplizierte Debatten über diese Zusammenhänge – auch wenn sich die methodischen Zugriffe ähnlich stark gewandelt haben wie die Methoden in anderen Bereichen. Heute behandeln Philosophen Descartes' Entdeckung unter dem Begriff der *Infallibilität* (Unfehlbarkeit) oder der «Irrtumsimmunität». Damit ist nicht etwas wie z. B. die verordnete Unfehlbarkeit des Papstes gemeint, sondern das Phänomen, dass wir uns in manchen Dingen gar nicht irren *können.*

Wenn Sie z. B. morgens aufwachen, dann wachen Sie in *Ihrem* Körper auf. Selbst, wenn sich Ihr Körper über Nacht in den eines riesigen Insekts verwandelt haben sollte (wie in Kafkas *Verwandlung*), ist für Sie sofort ohne weiteres selbstverständlich, dass es *Ihr* Körper ist. Darin können Sie sich nicht irren. Gibt es aber keine Alternative zwischen richtig und falsch, ist der Zweifel sinnlos, ob Sie wohl richtigliegen.

Wenn Sie lange unbeweglich und in die Arbeit vertieft am Schreibtisch gesessen haben, können Sie Rückenschmerzen bekommen. Sie *können* sich nicht darin irren, dass es *Ihr* Schmerz ist. Oder was würden Sie denken, wenn jemand erst schmerzverzerrt zusammenzuckt, sich dann aber erleichtert aufrichtet und meint: «Puh, ich dachte erst, es tut *mir* weh – dabei war es gar nicht *mein* Schmerz!»?

Insofern geben Schmerzen durchaus Anlass zur erkenntnistheoretischen Freude ...

Ein Besuch beim skeptizistischen Zahnarzt

Die Feststellung, dass wir einzig unsere Existenz in der Ich-Perspektive nicht bezweifeln können, mündete für Descartes in den Umkehrschluss, wir könnten nie sicher wissen, was andere Menschen wirklich empfinden. Für ihn sind das zwei Seiten derselben Medaille.

Der österreichische Philosoph Ludwig Wittgenstein nahm hingegen einen Perspektivwechsel vor: In der posthum zusammengestellten Textsammlung *Über Gewissheit* vertritt er die These, dass das ganze Problem des sicheren Wissens bisher in irreführender Weise angegangen worden war. Es sprechen aber nicht nur theoretische Gründe gegen die Descartes'sche Auffassung. Denn wenn wir tatsächlich nur etwas über uns wissen könnten, nicht jedoch über andere, hätte das höchst unangenehme Konsequenzen, wie das folgende Beispiel illustriert:

Stellen Sie sich vor, Sie liegen beim Zahnarzt auf dem Behandlungsstuhl, der Arzt untersucht mit Mundspiegel und Metallwerkzeug Ihre Zähne. Leider muss eine Ihrer Füllungen erneuert werden. Sie haben großes Vertrauen in den Zahnarzt und lassen ihn die Prozedur deshalb ohne Betäubung vornehmen. «Ich muss den Zahn innen nur ein wenig sauberfräsen», versichert er Ihnen. Nachdem er die alte Füllung entfernt hat, nimmt er den Bohrer und sagt: «Wenn es weh tut, machen wir eine Pause.» Er legt los.

Was Sie nicht geahnt haben, ist, dass Ihr Zahnarzt ein radikaler Skeptizist ist. Als lupenreiner Cartesianer (an alle Star-Trek-Fans: Er ist trotzdem humanoid) meint er erst dann etwas zu wissen, wenn kein Zweifel mehr möglich ist. Er wird erst dann zu bohren aufhören, wenn er sicher *weiß*, dass Sie Schmerzen haben – und nicht, wenn er noch zweifeln kann, ob Sie welche haben. Als radikaler Skeptizist hält er es zwar für unbezweifelbar, dass er selbst existiert. Vielleicht gesteht er Ihnen sogar zu, dass *Sie* existieren. Er ist jedoch skeptisch in Bezug auf die Möglichkeit, mit Sicherheit zu wissen, was Sie empfinden. Nur Sie selbst, denkt er sich, stecken in Ihrer eigenen Haut.

Sie ahnen vermutlich schon, was passieren wird: Der Bohrer erreicht den Zahnnerv. «Ang!», machen Sie, den Speichelsauger im Mundwinkel. Der Zahnarzt bohrt seelenruhig weiter. Sie heben die Hand. Keine Reaktion. Sie wedeln mit beiden Händen, machen «Aaaang!» und stupsen den Zahnarzt an. Er scheint kurz zu überlegen, bohrt dann aber weiter und sagt: «Vorsicht bitte, ich könnte Sie verletzen.» Der Zahnarzt hat jedes Ihrer Signale mitbekommen. Allein: Er ist sich noch nicht sicher, dass Sie *wirklich* Schmerzen haben.

Was der skeptizistische Zahnarzt erwartet, ist ein letzter Grund, der jeden möglichen Zweifel daran eliminiert, dass Sie *wirklich* Schmerzen haben. Bei jeder Ihrer Gesten und Ausrufe («Ang!», Hand heben, «Aaaang!») denkt er sich: «Ich nehme es so wahr – aber ist es *wirklich* so? Kann ich ausschließen, dass der Typ nur schauspielert und in Wirklichkeit gar keine Schmerzen hat? Nein, kann ich nicht – also weiter.» War Ihnen klar, wie stark Schmerzen sein können, deren Existenz gar nicht sicher ist?

Wie können Sie den skeptizistischen Zahnarzt dennoch von Ihren Schmerzen überzeugen? Sie müssen ihm klarmachen, dass sein Bild von der «letzten, zweifelsfreien Sicherheit für die Existenz von etwas» falsch sein könnte.

Es scheint zwar so, als könnte der Zahnarzt immer weiter zweifeln, als sei der Zweifel *unendlich* – auch in der Mathematik rechnen wir schließlich mit unendlichen Größen, und wir bestaunen die Unendlichkeit des Universums. Aber was bedeutet «unendlich», wenn wir zweifeln? Könnten Sie unendlich zweifeln?

Wittgenstein hat dazu ein schönes Bild geliefert: Stellen wir uns vor, wir fragten einen Skeptizisten, ob ein bestimmtes Haus das letzte Haus der Straße sei. Dieser würde seiner Philosophie getreu antworten: «Es gibt kein letztes Haus der Straße – man könnte ja immer noch eines dazubauen.»

Abgesehen davon, dass das Grundbauamt das entschieden bestreiten würde, soll das Bild etwas über die Bewegung des Zweifels verdeutlichen: Die *vorstellbare* Weiterführung eines Gedankens ist nicht unbedingt seine *praktisch mögliche* Weiterführung.

Wittgenstein möchte deshalb, dass wir uns nicht in der Unendlichkeit des Zweifelns verlieren, sondern beim Philosophieren die konkrete Lebenswirklichkeit vor Augen haben. Welche Rolle spielt das Zweifeln also im Alltag?

Üblicherweise *gibt* es eine letzte Begründung – so wie ein letztes Haus der Straße. Im Alltag kommen wir praktisch an eine Grenze – weil unsere Mittel endlich sind, weil unsere Zeit endlich ist, weil wir endliche Wesen sind. Wenn wir Entscheidungen treffen, unser Handeln begründen oder etwas erklären, dann treten dabei ständig «letzte Gründe» auf – wenn wir nämlich nichts mehr weiter zu sagen wissen, sondern nur noch darauf verweisen können, dass wir so zu handeln gewohnt sind.

Das können wir bei den berühmten Warum-Fragen beobachten, die Kinder gerne stellen. Sie stellen sie so lange, bis wir mit unseren Erklärungen an ein Ende kommen und nur noch sagen können: «So ist es eben.» Dabei lernen Kinder, dass Zweifel und Fragen an *dieser* Stelle eben nicht mehr angebracht sind. Wir selbst haben gelernt, dass man ab einem gewissen Punkt nicht mehr sinnvoll fragen kann, sondern einfach entsprechend handelt. Wir können dann nicht weiter graben, weil wir auf undurchdringlichem Grundgestein angekommen sind. Und das *ist* ein Fundament – allerdings ein anderes, als der radikale Skeptizist erwartete. Der Skeptizist suchte einen artikulierten Grund, der jeden Zweifel argumentativ ausschließt – doch hier hören einfach die artikulierbaren Gründe auf, und mit ihnen der Zweifel.

Wann haben wir überhaupt einmal mit dem radikalen Skeptizismus zu tun? Überlegen Sie einmal, wie speziell die Situation ist, in der der radikale, scheinbar unendliche Zweifel auftritt. Descartes saß allein am Kamin und dachte zurückgezogen vom Rest der Welt über die Grundlagen unseres Wissens nach. Er blickt auf ein Stück Papier und fragt sich: «Ich sehe es – aber existiert es wirklich?» Das ist doch eine sehr ausgefallene Situation. Und doch geht es nicht um den berüchtigten Elfenbeinturm, denn Descartes war ein welterfahrener Mann. Es geht darum, dass bestimmte Formen radikalen Zweifels nur in bestimmten Situationen auftreten und nur diese spezielle Situation betreffen. Descartes war sich darüber im Klaren und hat deshalb auch nicht tatsächlich die Existenz der Welt bezweifelt – sondern den Zweifel als eine Denkmethode der Philosophie benutzt. Deshalb folgt aus dem cartesianischen Zweifel nicht, dass wir im Alltag unserer Urteile nicht sicher sein könnten oder dass wir nichts sicher wüssten.

Wittgenstein hat an vielen Beispielen gezeigt: Wir bewegen uns jeden Tag in einem Meer stillschweigend hingenommener Annahmen, die wir nie bezweifeln – und bei denen wir uns noch nicht einmal einen sinnvollen Zweifel vorstellen können. Oder haben Sie sich, bevor Sie zu dieser Seite hier umgeblättert haben, vergewissert, ob Ihre Hände noch da sind? Sicherlich nicht. Aber Sie waren auch nicht der bewussten Überzeugung, dass sie noch da sind. Sie gingen völlig selbstverständlich von ihrem Dasein aus.

Beim Aufwachsen in unserer Kultur haben wir, ohne es zu merken, eine unüberschaubar große Zahl solch stillschweigender Annahmen übernommen. Es hat uns niemals jemand darüber belehrt und etwa gesagt: «Übrigens, wenn du ein Buch liest und umblättern willst, hast du noch deine Hände.»

Solche und andere stillschweigende Annahmen bilden das Grundgeflecht unseres Weltbilds – es ist ein starkes Gegengewicht zur Bewegung des Zweifels. Der radikale Skeptizist würde die Rolle philosophischer Theorie weit überschätzen, wenn er meint, er könne durch die Einsicht in die Unausschließbarkeit von Täuschung mal eben die Gesamtheit unserer Annahmen über die Welt als bezweifelbar verdampfen lassen. Dann suchte er nach einem Fundament unbezweifelbarer Gründe, um darauf alle weiteren Annahmen neu aufzubauen. Wittgenstein entwirft indes ein ganz anderes Bild. Abgesehen davon, dass er unser *Handeln* als Fundament sieht, ist er darüber hinaus der Ansicht, dass wir das Geflecht der Annahmen, die zu unserem Weltbild gehören, gar nicht so einfach bezweifeln *können*.

Wir wissen im Alltag ziemlich genau, wo Zweifel angebracht sind und welche Annahmen hinreichend sicher sind. Wenn unsere Ampel Grün zeigt, schauen wir in der Regel nicht nach, ob die anderen auch wirklich Rot haben. Wenn wir über eine

Straße gehen wollen, prüfen wir vorher nicht, ob der Asphalt auch wirklich unser Gewicht hält. Das sind Situationen, in denen ein Fehler sogar noch halbwegs vorstellbar ist. Aber in anderen Fällen *können* wir nicht ernsthaft zweifeln.

Machen Sie folgenden Versuch Wittgensteins: Suchen Sie sich ein vertrautes Möbelstück in Ihrer Wohnung, das schon lange in Ihrem Besitz ist – vielleicht Ihr Schreibtisch oder Ihr geliebter Sessel. Wenn jemand Sie nun davon überzeugen wollte, dass Sie sich irren und es tatsächlich *erst seit heute Morgen* dort steht: Würden Sie an sich zweifeln, oder sich eher fragen, ob der andere noch ganz bei Trost ist? Könnten Sie sich ernsthaft vorstellen, dass Sie sich darin irren?

Ein weiterer Versuch: Eine Unbekannte begrüßt Sie auf einer Feier herzlich. Sie kann es nicht fassen, dass Sie vergessen haben, dass Sie mit ihr drei Monate auf der Raumstation ISS verbracht haben! Ob es Ihnen auch so schwergefallen sei, sich wieder an die Schwerkraft zu gewöhnen?

Wenn Sie in einer solchen Situation ernsthaft an Ihrem Erinnerungsvermögen zweifeln wollten, dann müssten Sie alles bezweifeln – und wir wissen nicht, wie das gehen sollte. Hier kommt der Effekt zum Tragen, dass die stillschweigenden Annahmen Ihres Weltbilds ein Geflecht bilden und sich gegenseitig stützen. Die Möglichkeit zu zweifeln gelangt ganz konkret irgendwann an ihr Ende, und Sie erreichen das letzte Haus der Straße.

Aber wie kommt die Sicherheit zustande, mit der wir alltäglich handeln? Wittgenstein erklärt das mit spezifischen *Kriterien*, über die wir verfügen und anhand derer wir Entscheidungen treffen und Urteile fällen. In der Vorstellung dessen, *was* solche Kriterien sind und was sie leisten können, könnte das Missverständnis liegen, dem der skeptizistische Zahnarzt auf den Leim zu gehen droht. Über Kriterien zu verfügen bedeutet nach Wittgenstein, ausdrücklich oder stillschweigend in der Lage zu sein, in einer bestimmten Situation «richtig» zu handeln – also zu wissen, wann die entsprechenden Kriterien angewendet werden und wann nicht.

Nehmen Sie die Frage: «Regnet es bei Ihnen?» Sie wissen, nach welchen Kriterien diese Frage beantwortet wird. Und «wissen» bedeutet hier, dass Ihnen klar ist, dass Sie diese Frage mit einem Blick aus dem Fenster beantworten können.

Über Kriterien zu verfügen bedeutet nicht, in *allen* Fällen zu wissen, ob sie angewendet werden oder nicht – es können auch unklare Fälle auftauchen.

Kriterien sind eng mit unserer Sprache verknüpft, denn durch sie lernen wir Wittgenstein zufolge, in welchen Situationen welche Worte verwendet werden: So haben Sie z. B. – genau wie Ihr Zahnarzt – gelernt, in welchem Kontext der Satz «Ich habe Schmerzen» richtig geäußert wird. Diese Gewissheit bekommen Sie nicht, indem Sie die vermeintliche Behauptung, jemand habe Schmerzen, überprüfen, indem Sie schauen, ob die Schmerzen wirklich da sind – so, als müssten Sie abgesehen von seinem Verhalten noch direkt in das innere Erleben des anderen hineinsehen. Vielmehr sagen wir, jemand habe Schmerzen, wenn er sich in einer bestimmten Art und Weise verhält. Dass er Schmerzen hat, sehen wir an seinem Verhalten. Wir *sehen, dass er Schmerzen hat.*

Wenn ich beobachte, wie jemand betont langsam aufsteht, dabei das Gesicht verzieht und gepresst ausatmet, dann vermute ich, ohne dass die Person etwas sagen müsste, dass sie Schmerzen hat. Wittgenstein zufolge hätten wir die Bedeutung einer Äußerung wie «Ich habe Schmerzen» überhaupt nicht lernen können, wenn uns die «inneren Zustände» anderer nicht durch ihr Verhalten zugänglich wären. Wären Schmerzen so etwas wie innerlich verborgene Zustände, die wir nur über äußere

Indizien vermuten könnten, dann wären unsere praktischen Kriterien nutzlos – und wir hätten sie nie entwickelt.

Zurück auf den Behandlungsstuhl. Würde der Zahnarzt sich die skeptizistische Weltsicht in aller Konsequenz zu eigen machen, müsste er nach Kriterien für die *Existenz* von Schmerzen suchen – so, als bräuchten wir abgesehen von den in dieser Situation üblichen Kriterien noch andere. Wir haben aber lediglich Kriterien dafür, *was* oder *wie* etwas ist – nicht für dessen Existenz an sich.

Ihr Zahnarzt hat natürlich von Kindheit an gelernt, zu erkennen, wenn jemand Schmerzen hat, insofern würde er sich nie wie oben beschrieben verhalten. Ihm stehen bestimmte Kriterien zu Verfügung, die ihm zeigen, *was* etwas ist bzw. *als was* wir etwas behandeln. Anhand bestimmter Kriterien wie Mimik, Lautäußerungen oder Körperhaltung kann er intuitiv entscheiden, ob es *Schmerzen* sind, die Sie haben, oder ob Sie gleich niesen müssen. Spätestens seit Ihrem «Ang» wusste er, dass er Ihnen weh getan hat.

Sinnvolle Zweifel im Alltag

Zurück zu unserer Frage vom Anfang: Können wir überhaupt noch etwas mit Sicherheit wissen? Nun – nach dem, was wir bis jetzt erörtert haben, muss die Frage ganz anders gestellt werden. Vom Konzept *absoluten* Wissens wechselten wir zum Konzept *praktisch hinreichenden* Wissens über. Und diese Konzeption praktischen, teils impliziten, teils überhaupt unartikulierbaren Wissens ist verwurzelt in der Auffassung der auch erkenntnistheoretisch fundamentalen Bedeutung von Intersubjektivität.

In der Nachfolge Wittgensteins ist Wissen etwas anderes als «sich sicher sein» – es ist ein *intersubjektives* Konzept. Ganz gleich, welche Überlegungen, Untersuchungen etc. ich angestellt habe: Ich kann rein subjektiv keinen Unterschied machen, ob ich etwas wirklich weiß oder ob ich es zu wissen glaube. Hier eröffnet sich ein überraschender Zusammenhang mit der Weisheit des Sokrates.

Sicherlich ist es faszinierend, sich auf die Suche nach *den* letzten Sicherheiten des Lebens zu begeben. Doch jetzt können wir erkennen, dass der radikale Skeptiker der Weisheit des Sokrates eine eigentümliche Wendung gegeben hatte. Descartes hatte den subjektiven Ausgangspunkt gewählt, um die sokratische Unterscheidung von subjektivem «glauben zu wissen» zum tatsächlichen «wissen» zu überbrücken. Natürlich ist es richtig, dass ich meine Überzeugungen selbst entwickeln und deshalb vieles in Zweifel ziehen sollte. Aber wenn ich wie Descartes das reine, denkende Ich zum Ausgangspunkt wähle, dann schneide ich mich, folgte man dem Skeptizismus, gleichzeitig von der Möglichkeit des Wissens über die Welt ab.

Den Schritt von der subjektiven Sicherheit zum Wissen können wir nur gehen, weil wir uns in einem intersubjektiven Raum bewegen, uns also mit anderen Menschen austauschen. Gegenseitig können wir uns auf eine Art korrigieren oder bestätigen, die dem Einzelnen allein nicht zur Verfügung steht. Nach unseren gemeinsamen Kriterien können wir hinreichend unterscheiden, ob jemand nur glaubt etwas zu wissen oder es tatsächlich tut. Genau diese Unterscheidbarkeit fällt aus der subjektiven Perspektive in sich zusammen.

Zuletzt scheint die Frage, ob wir manchmal Dinge hinreichend sicher wissen, doch trivial zu sein. Wir können gar nicht anders, wie Wittgenstein gezeigt hat, als uns vieler Annahmen sicher zu sein. Man könnte gewissermaßen sagen, dass die Frage sich selbst beantwortet, denn im Alltag haben wir ein praktisches Verständnis dessen, wann jemand – z. B. wir – etwas weiß. Sogar der Zweifel selbst setzt Sicherheiten voraus – wie eine Tür nur in festen Angeln schwingen kann.

Unser Ziel kann demnach gar nicht sein, in all unseren Lebensfragen maximale Sicherheit des Wissens zu erlangen. Unser Ziel muss vielmehr sein, angemessen zu *urteilen*. Und um das zu erreichen, pendeln wir zwischen sinnvollen Zweifeln und hinreichenden Sicherheiten.

Die konkrete Frage ist, ob ich in einer bestimmten Situation über die angemessenen Kriterien zur Beurteilung der Situation verfüge. Wenn nicht, dann verstehe ich die Situation nicht richtig, rechne mit falschen Optionen, behandle andere unfair (oder mich selbst).

Um nicht unfair zu sein, zweifle ich z. B. entschieden an der Bedrohlichkeit eines Autofahrers namens Martin. Es kommt nicht darauf an, ob hinter unserer Wahrnehmung eine «wirkliche Wirklichkeit» existiert, die wir erkennen können (müssten). Es kommt darauf an, *wie* wir unsere Welt sehen und wie wir mit sinnvollem und begründetem Zweifel umgehen.

Das ist der produktive Zweifel, der einen selbst wachsen lässt: Die Einstellung zuzulassen, dass man sich selbst nicht abschließend verstanden hat, dass man herauszufinden hat, was es heißen wird, man selbst zu sein. Dass wir *das* nicht wissen können, ist der Stachel im Fleisch falscher Selbstsicherheit.

Gerade um schwierige Abwägungen vorzunehmen, brauchen wir zweierlei: Vertrauen in unsere eigene Urteilskraft und Mut, unser Leben danach zu gestalten. Es ist manchmal *gut*, wenn der Boden vermeintlicher Selbstverständlichkeiten ins Schwanken gerät.

Philosophie, verstanden als das skeptische Hinterfragen des scheinbar Unumstößlichen, bringt häufig unerwartete Wendungen. Das Ergebnis besteht dann mitunter nicht in der einen technischen Lösung oder in dem einen genialen Schachzug, auf den vorher niemand gekommen wäre. Öfter führt sie zu einer Veränderung der Betrachtungsweise. Dadurch verändert sich das Problem selbst – und löst sich bestenfalls auf.

5
Im Rausch der Ratschläge –
Wie höre ich auf mich selbst?

Der Erfolg hatte Iwan Iljitsch in die Irre geführt. Er hatte seine Karriere mit Geschick und Pflichtgefühl verfolgt. Seine scheiternde Ehe hatte ihn sogar noch stärker angetrieben, und so war er schließlich bis zu einer wichtigen Position im Justizministerium aufgestiegen. Die Aussicht auf Ansehen und höheres Gehalt hatte ihn dazu verleitet, sich immer weiter auf ein Leben einzulassen, das ihn nicht mit tieferem Sinn erfüllte. Seine Tätigkeit bewertete er nur nach Einkommen und Außenwirkung, sein Familienleben ausschließlich nach dem «allgemeinen Anstand». Freundschaften waren für ihn lediglich Zweckbündnisse. Anfangs hatte er noch Gewissensbisse gehabt, bei manchen karrierefördernden Entscheidungen gar Selbstekel. Doch dann hatte er sich daran gewöhnt und für lange Zeit nur gelegentlich ein diffuses Unbehagen verspürt.

Diese Lebensgeschichte des Protagonisten aus Lew Tolstois später Erzählung *Der Tod des Iwan Iljitsch* aus dem Jahre 1886 ist so aktuell wie eh und je. Die Verführungen der Karriere, von Wohlstand und Ansehen, können uns allzu leicht dazu verleiten, einen Beruf – und damit ein Leben – zu wählen, das uns von uns selbst entfremdet. Obwohl äußerlich erfolgreich, kann es passieren, dass wir uns eigenartig distanziert fühlen von der Tätigkeit, mit der wir unsere Tage und schließlich unsere Jahre verbringen.

Vielleicht werden wir gleichgültig und erzählen uns selbst, es sei «nur ein Job» – möglicherweise stimmt immerhin das Geld. Unsere Sinnleere versuchen wir in der Freizeit oder durch

Statussymbole zu vergessen. Wenn ein neuer Kollege auftaucht, voller Idealismus und Tatendrang, haben wir nur zynische Bemerkungen für ihn übrig, werden sogar aggressiv, weil sein Elan uns spüren lässt, wie frustriert wir eigentlich sind. Wir sind leicht reizbar und haben gleichzeitig so wenig Freude an unserer Arbeit, dass wir weder Antrieb noch Kreativität entwickeln, sondern uns einfach nur erschöpft fühlen. Dadurch sind wir weniger produktiv und müssen unser Pensum durch Überstunden bewältigen. Das macht alles noch schlimmer, denn nun haben wir immer weniger Zeit für ein Leben jenseits dieser Tätigkeit, der wir eigentlich nichts abgewinnen. Wenn nun noch eine Beziehungskrise oder eine Krankheit dazukommt, dann droht eine echte Depression. Was ist nur passiert? Wir haben doch ein gutes Einkommen und entsprechendes Ansehen – warum sind wir trotzdem so weit weg von dem Leben, das wir eigentlich führen wollen?

Nun – wenn wir nicht das Leben leben, das wir führen wollen, dann kann das verschiedene Gründe haben: 1. Wir wissen nicht, was wir wollen. 2. Wir wissen zwar, was wir wollen, aber wir handeln nicht entsprechend. In beiden Fällen könnte man sagen, dass wir nicht auf uns selbst hören. Aber was bedeutet das eigentlich, «auf sich selbst zu hören»?

Stellen Sie sich Folgendes vor: Sie wachen morgens auf, und durch ein Wunder haben Sie über Nacht die Fähigkeit erlangt, ganz selbstverständlich auf sich selbst zu hören. Sie sind das personifizierte Ideal eines Menschen mit perfektem Selbst-Kontakt. Wenn Sie sich vorstellen, wie Sie nun durch den Tag gehen – wie verhalten Sie sich?

Relativ leicht fällt uns diese Vorstellung, wenn wir an körperliche Bedürfnisse denken. So sagen Sie sich z. B. nicht abends: «Ich habe heute viel zu wenig getrunken, ich hatte den ganzen Tag einen trockenen Mund» – sondern Sie merken, wenn Sie

Durst haben, und trinken ausreichend. So stellen wir uns unser Handeln im Selbstkontakt vielleicht vor: Wir spüren ein Bedürfnis und handeln dementsprechend – der innere Impuls führt zu einer Handlung.

Verhielte man sich so in allen Bereichen des Lebens, ergäbe sich das Bild eines Menschen, der mit klaren Zielen durchs Leben geht, der «weiß, was er zu tun hat» und effizient danach handelt.

Dieses Ideal scheint hervorragend zu unserer erfolgs- und effizienzorientierten Grundeinstellung zu passen – doch genau diese Einstellung ist es ja, die uns von uns selbst entfremden kann. Also führt diese Vorstellung davon, was es heißt, auf sich selbst zu hören, in die Irre – und wenn Sie im Folgenden einen realistischeren Blick auf das Leben werfen, dann sehen Sie vielleicht auch, warum.

Unsere Welt wandelt sich, unser Leben verändert sich und wir mit ihnen. Manche Veränderungen unterliegen unserem Einfluss, manchen sind wir einfach unterworfen und haben mit ihnen umzugehen. Diese Tatsache wirkt sich direkt auf das Leben aus, das wir führen wollen – denn zweierlei kann sich ändern: Erstens kann sich ändern, *was* wir wollen. Als junger Mensch wollten wir eine kleine Stadtwohnung haben, zentral gelegen, mitten im Trubel, dicht bei der Universität und mit Cafés in der Nähe. Doch später, wenn wir z. B. eine Familie haben, wollen wir vielleicht an den Stadtrand ziehen, einen Garten haben und eine gute Schule in der Nähe wissen.

Zweitens kann sich verändern, *wie* wir das am besten erreichen, was wir wollen. Die Umstände wandeln sich, und mit ihnen die Optionen, über die wir verfügen, und die Menschen, die wir bei unseren Entscheidungen berücksichtigen wollen. Dieser Wandel der Welt und unserer selbst verweist das Ideal des Menschen, der im Leben immer weiß, was er zu tun hat, ins Märchenland. In der Realität haben wir es stets aufs Neue herauszufinden.

Deshalb ist «Selbst-Kontakt» keine einmalige Erleuchtung, sondern die Gewohnheit, auf sich zu hören. Wie ein Navigator müssen wir nicht nur einmal, sondern regelmäßig auf die Karte blicken, unsere Position bestimmen und die weitere Route festlegen. Wir können weder Wind noch Wellen beeinflussen und müssen manchmal die Route ändern, um einen Sturm zu umgehen. Ein guter Navigator zögert manchmal, beratschlagt mit anderen und lässt sich Zeit, zu überlegen. Und genau das fällt uns heute enorm schwer – uns Zeit zu lassen.

Wir sind heute von einem Technologie-Park umgeben, der uns immer informierter und effizienter sein lässt. Doch bei allen Segnungen hat diese Beschleunigung, die schon im Kapitel über uns Selbsterfinder eine Rolle spielte, auch Schattenseiten. Es ist unsere Aufmerksamkeit, die in unserer modernen Welt von allen Seiten gefordert wird – ob durch Werbung im öffentlichen Raum oder durch die ständige Erreichbarkeit via E-Mail, Twitter oder WhatsApp. Es ist, als würden uns tausend Stimmen von uns selbst wegzerren, sodass unsere eigene innere Stimme im allgemeinen Geschrei untergeht.

So aktuell uns dieses Problem erscheinen mag – eigentlich ist es uralt. Die Verführungen der äußeren Welt und die Gefahr, den Zugang zur eigenen Innerlichkeit zu verlieren, beschäftigten die Philosophen schon seit Jahrhunderten. Es gibt in der Geschichte der europäischen Philosophie eine Tradition der «inneren Suche», die den Weg zu einem besseren, erfüllteren Leben nicht in Reichtum, Macht und Ruhm sah, sondern in den Tiefen der menschlichen Seele. Im Folgenden werde ich einen kurzen Überblick geben, wie einige der erstaunlichsten Denker ihrer Zeit diese innere Suche beschrieben und welche Wege sie beschritten haben, um den Kontakt zu sich selbst herzustellen.

Die «innere Suche» beginnt weit zurück in der Spätantike, im Jahr 397 n. Chr. im heutigen Algerien, der damaligen römischen Provinz Numidien.

Die Tradition der inneren Suche

Aurelius Augustinus diktierte Seite um Seite. Mit 33 Jahren hatte er sich in Mailand vom Kirchenvater Ambrosius taufen lassen. Jetzt, gut zehn Jahre später, war er bereits Bischof von Hippo – er, der in seiner Jugend ein wildes, ausschweifendes Leben geführt hatte. Inzwischen war er einer der führenden Gelehrten seiner Zeit geworden, kannte die christlichen Schriften ebenso wie jene Ciceros und Platons samt ihrer Nachfolger. Doch mit seinem jetzigen Buch, den *Bekenntnissen,* beschritt er völlig neue Gefilde und sollte damit die intellektuelle Kultur Europas für Jahrhunderte entscheidend prägen.

In den *Bekenntnissen* schrieb Augustinus nicht einfach eine Autobiographie nieder. Es ist auch keine religiöse Konversionserzählung nach dem Schema: «Früher habe ich gesündigt, aber jetzt hat Jesus mich erlöst.» Vielmehr schlug Augustinus einen Weg zur Suche nach der Wahrheit ein, der – und das war neu – in die Tiefen der Seele führen sollte. Weil Augustinus die *Bekenntnisse* formal an Gott selbst richtete, verpflichtete er sich zu rückhaltloser Aufrichtigkeit (einen allwissenden Gott zu belügen wäre ohnehin nicht sehr aussichtsreich).

Augustinus glaubte als Christ, dass die Welt und wir selbst Gottes Geschöpfe sind und eine unsterbliche Seele haben. Seine Fragestellung lautete: Auf welchem Wege sind wir in dieser unbeständigen Welt mit dem ewigen Gott verbunden? Seiner Ansicht nach weder durch die Dinge der äußeren Welt noch durch den eigenen Körper, denn beides ist vergänglich – also wandte sich

Augustinus dem Inneren zu: «Denn besser ist, was innen ist.» Am wichtigsten war ihm die Untersuchung verschiedener Formen des Gedächtnisses. Dabei hielt er sich an die Erkenntnislehre Platons – mit einschneidenden Folgen.

Für Platon war Erkenntnis eine Form des Wiedererkennens. Wir erinnern uns: In der Antike galt der Kosmos als abgeschlossen und alle Dinge als Abbilder ewig existierender Ideen. Unsere Seele, so Platon, sei eins mit dem Kosmos, und alle Ideen seien bereits in ihr vorhanden – nur hätten wir die meisten davon vergessen. Wenn wir etwas vermeintlich Neues erkennen, dann erinnern wir uns eigentlich an die entsprechende Idee. Der Erinnerung, der *Anamnesis*, eine derart zentrale Rolle für den Erkenntnisprozess zuzuschreiben hatte Augustinus von Platon übernommen.

Allerdings hatte Augustinus einige Probleme der platonischen Lehre von der Wiedererinnerung entdeckt und bekannte letztlich vor Gott, das Gedächtnis nicht erklären zu können. Doch auch ohne diese Erklärung stützte er sich auf das Gedächtnis als Anker der inneren Suche: Alle Menschen aller Kulturen und unterschiedlichen Glaubens, so Augustinus, suchen das «selige Leben». Also muss tief in den «Hallen unseres Gedächtnisses» eine Idee dieses Lebens verborgen sein – sonst wüssten wir nicht, wonach wir suchen, und ebenso wenig würden wir es erkennen, wenn wir es finden.

Dies ist die entscheidende Wendung in der Ausrichtung auf das gute Leben, die zu einer breiten Strömung der europäischen Geistesgeschichte wurde – von den Kämpfen der Reformation bis zum modernen Gedanken der Selbstverwirklichung: Wenn wir wissen wollen, was das erfüllte, gute Leben ist, dann müssen wir nicht irgendwo in der Welt suchen, in den Meinungen anderer oder in Büchern, sondern in uns selbst.

Für den Gläubigen Augustinus bestand die Idee des seligen

Lebens selbstverständlich in der Liebe zu Gott. Sie sah er als das Urbild des seligen Lebens an, das wir Menschen vergessen hätten und hilflos suchten, indem wir weltlichen Freuden und Erfolgen nachjagen. Aus dieser Warnung vor den Verführungen der Welt wurde ein wesentlicher Teil der mittelalterlichen Lebensauffassung.

Die Schriften Augustinus' beinflussten spätere Zeitgenossen in großem Maße. Zu ihnen zählt der italienische Dichter Francesco Petrarca, der 1336 *Die Besteigung des Mont Ventoux* mit seinem Bruder unternahm und diese in einem ebenso betitelten Briefdokument beschrieb. Petrarca war Humanist, nicht zufällig ein Bewunderer des Augustinus und schilderte den Aufstieg zum Gipfel wie eine Metapher der Lebensreise.

Der Weg war anstrengend und Petrarca wetteiferte mit seinem Bruder, der zu seinem Leidwesen einen direkteren und damit schnelleren Weg genommen hatte als er selbst. Doch schließlich erreichte auch er den Gipfel und ließ, erschöpft durchatmend, seinen Blick erfreut über die weite Aussicht schweifen. Als Mensch der Worte nahm er die augustinischen *Bekenntnisse* zur Hand, die er immer bei sich trug, um einen inspirierenden Spruch zu finden. Doch er war tief bestürzt, als er zufällig auf diesen berühmten Satz stieß: «Und da gehen die Menschen hin und bewundern die Höhen der Berge, das mächtige Wogen des Meeres, die breiten Gefälle der Ströme, die Weiten des Ozeans und den Umschwung der Gestirne – und verlassen dabei sich selbst.» Wie leicht hatte er sich von der Welt verführen lassen!, durchzuckte es Petrarca. Während des Abstiegs sprach er kein Wort.

Petrarcas Wende zur Innerlichkeit beeinflusste weite Teile der europäischen Literatur der Renaissance. Bestens vertraut mit dieser Literatur und dem Humanismus war der französische Staatsmann und Schriftsteller Michel de Montaigne.

Montaignes Skepsis gegenüber auswendig gelerntem Wissen und unselbständigem Urteilen spielt auch im Kapitel über das Wissen eine Rolle. Doch in diesem Zusammenhang ist es die Wendung zur Innerlichkeit und die ungewöhnliche Offenheit seiner *Essais*, die von Interesse sind.

Obwohl Montaigne selbst durchaus ein Mann von Welt war, Gerichtsrat und Bürgermeister von Bordeaux, Weingutbesitzer und Bildungsreisender, so stellte er dennoch klar: «Das Glück unseres Lebens hängt von der Gelassenheit und Zufriedenheit eines wohlgearteten Geistes ab und von dem beharrlichen Willen in einem wohlgearteten Seelenleben.» Um dieses Seelenleben zu ergründen und zu ordnen, zog sich Montaigne im späteren Leben in die Studierstube seines Landsitzes zurück und arbeitete bis zu seinem Lebensende an den *Essais*.

So wie Augustinus äußerte Montaigne seine persönlichen Ansichten, bekannte die Grenzen seines Wissens und offenbarte seine persönlichen Schwächen. Anders als Augustinus sprach er jedoch nicht zu Gott, sondern zu sich selbst und seinen Lesern und überließ religiöse Fragen den Theologen. Er schrieb über diese Welt, die Menschen in ihr und ihre Schwächen sowie die Fragen der weisen Lebensführung. Den *Essais* liegt kein geplantes System zugrunde, sondern Montaigne ließ sich im Schreiben auf eine Entwicklung ein, die unvorhergesehene Wendungen nahm und ihn erst mit der Zeit zu größerer Klarheit über sich selbst führte. Deshalb sind die *Essais* noch heute eine Herausforderung für die Montaigne-Forschung: Ihr Autor entwickelte sich beim Schreiben weiter und änderte viele seiner Ansichten.

So einflussreich Montaigne, Petrarca und vorher Augustinus auch waren; erst Jean-Jacques Rousseau führte Mitte des 18. Jahrhunderts die Tradition der inneren Suche in ihre moderne Phase. Bei Rousseau wird sie jedoch zum Angelpunkt einer umfassenden Kulturkritik, deren politische Sprengkraft und gleichzeitiger Erfolg Rousseau ein unruhiges Leben einbrachten. Die kalte Gewissenlosigkeit der Wissenschaft, das Eigentum als Auslöser gesellschaftlicher Unterdrückung und die Sorge um die Selbstverstümmelung unserer menschlichen Natur – diese großen Themen der Moderne entfalteten durch Rousseaus Schriften europäische Breitenwirkung.

Die Stimme der Natur in uns

Bevor ich Rousseaus Platz in der Tradition der inneren Suche erläutere, möchte ich auf zwei Irrtümer hinweisen, die Rousseaus nach wie vor grundlegende Bedeutung für unser heutiges Selbstverständnis gelegentlich überdecken. 1. Der Leitspruch «Zurück zur Natur» stammt *nicht*, wie vielfach kolportiert, von Rousseau, sondern von Rousseau-Lesern des 19. Jahrhunderts. Weder wollte er die Rückkehr zu einem Naturzustand, noch hätte er dies für möglich gehalten. 2. Der «Naturzustand», über den Rousseau schreibt, ist *keine* These über den Ursprung menschlicher Kultur. Rousseau sagt explizit, der «Naturzustand» sei ein theoretisches Werkzeug, das dabei hilft, sich über etwas klarzuwerden, das *heute* für uns bedeutsam ist. Der «Naturzustand» ist eine kulturübergreifende, biologische Grundanlage, von der aus Rousseau seine zeitgenössische europäische Kultur kritisiert. Entscheidend ist dabei, dass er vor allem die Innerlichkeit des Menschen im Naturzustand diskutiert, d. h. also, wie sie unabhängig von gesellschaftlichen Einflüssen angelegt sei.

Dazu stellt sich Rousseau den Menschen in seiner *Abhandlung über den Ursprung und die Grundlagen der Ungleichheit unter den Menschen* von 1755 als einsamen Urmenschen vor, der durch die Wälder streift, und dessen einzige Feinde Hunger und

Schmerz wären: «Die erste Empfindung des Menschen war die Empfindung seines Daseins, und seine erste Sorge galt seiner Erhaltung.» Ähnlich wie andere Tiere, getrieben von Instinkten, lebte der Mensch in den Tag hinein und war zufrieden, solange für Nahrung und Schutz gesorgt war.

Zusätzlich, so Rousseau, hatte der Mensch einen zweiten Grundtrieb, der die Selbsterhaltung einschränkte – ein natürliches Mitleid. Es war Rousseau besonders wichtig, dies nicht als moralische Regel zu betrachten, sondern als natürlichen Impuls, anderen in Not zu helfen.

So naiv Rousseaus Erzählung jedem Anthropologen heute vorkommen muss, so erstaunlich mag es andererseits scheinen, dass auch die moderne Anthropologie der Kooperation eine wichtige Rolle in der menschlichen Entwicklung zuschreibt. Michael Tomasello, Direktor am Max-Planck-Institut für evolutionäre Anthropologie in Leipzig, hat sogar in Versuchen nachgewiesen, dass Kleinkinder, noch bevor sie ihre eigentliche Sprachentwicklung begonnen haben, anderen spontan – ihren Möglichkeiten entsprechend – helfen. Rousseaus «Naturzustand» könnte insofern die innere menschliche Grundverfasstheit angemessen charakterisiert haben. Wie sieht es mit der anderen Seite von Rousseaus Beschreibung aus?

Rousseau zeichnete ein düsteres Bild der modernen gesellschaftlichen Verhältnisse. Selbst wenn wir heute zugestehen, dass manches sich seitdem vorteilig verändert haben dürfte – wie etwa die Verbesserung der medizinischen Versorgung und die Demokratisierung der meisten europäischen Staaten –, so bleibt seine Diagnose unseres *inneren Zustandes* verheerenderweise treffend: «Der immer tätige Bürger [...] schwitzt, arbeitet und quält sich unaufhörlich, um sich noch mühsamere Beschäftigungen zu verschaffen.»

Das Unbehagen, das wir trotz des Erfolges im Beruf, den

finanziellen Fortschritten und dem gesellschaftlichen Ansehen spüren, hat seinen Ursprung in einer inneren Deformation. Das Problem besteht immer weniger darin, dass uns eine bestimmte Tätigkeit nicht erfüllt, sondern vielmehr in unserer zunehmenden Unfähigkeit, überhaupt noch tiefe Erfüllung zu empfinden. Daher komme es, dass wir zwar für ein besseres Leben schuften, aber «dennoch nicht mehr haben als einen trügerischen und leichtfertigen Anstrich von Ehre ohne Tugend, Verstand ohne Weisheit und Vergnügen ohne Glück.»

Mir scheint auch diese Seite von Rousseaus Kulturkritik den heutigen Verhältnissen angemessen. Sie ist sogar unter Schlagworten wie «aufgesetzte Konventionen», «künstliche Bedürfnisse» oder «Sinnverlust» heute derartig weit verbreitet, dass man leicht vergessen kann, wie bahnbrechend Rousseaus Denken im 18. Jahrhundert noch war. Worin sah Rousseau den Fehler in der kulturellen Entwicklung, und welches Mittel zur Korrektur hielt er für möglich?

Tatsächlich beantwortete Rousseau gerade diese entscheidende Frage ganz im Sinne der Tradition der inneren Suche: «So ist tatsächlich die wahre Ursache aller dieser Unterschiede beschaffen: Der Wilde lebt in sich selbst, der Mensch in der Gesellschaft hingegen ist immer außer sich und vermag nur in der Meinung der anderen zu leben. Die Empfindung des eigenen Daseins entnimmt er sozusagen allein ihrem Urteil.»

Ganz wie Augustinus meint Rousseau, dass wir den Schlüssel zu einem erfüllten, guten Leben in uns selbst finden – aber vergessen haben, wo der Zugang liegt. Während bei Augustinus dieser Schlüssel in der Idee des Seligen Lebens in Gottesliebe lag, sind es bei Rousseau die zwei Grundempfindungen der körperlichen Selbsterhaltung und des natürlichen Mitleids. Überhaupt hatte Augustinus ein problematisches Verhältnis zu unserer Körperlichkeit, während Rousseau den moralisierenden Umgang damit gerade entkrampfen wollte. Aber es gibt noch einen anderen wichtigen Unterschied zwischen beiden Denkern.

Schon Augustinus hatte vom menschlichen Streben nach Vollkommenheit gesprochen, zu der seiner Ansicht nach allerdings ausschließlich der Weg zu Gott führt. Deshalb ergeben sich aus der augustinischen Version der inneren Suche konkrete Handlungsanweisungen wie Enthaltsamkeit oder Keuschheit. Diese wurden tatsächlich das christliche Mittelalter hindurch und teilweise darüber hinaus als bindend angesehen – so etwa Augustinus' Auffassung, geschlechtliche Liebe sei nur in der Ehe und nur zur Fortpflanzung gestattet (und selbst dann bitte nur mit minimalem Genuss).

Bei Rousseau jedoch nimmt die innere Suche eine moderne Form an: Die Fähigkeit zur Vervollkommnung, der Fortschritt der Wissenschaft, die Bildung von Sitten und Staatswesen sind die Dinge, die uns von uns selbst entfremdet haben. Jenseits dieses Fortschritts geht es um eine Rückbesinnung (nicht: Rückkehr), die jeden Einzelnen in den Stand versetzt, eine nicht gesellschaftlich verzerrte, sondern *individuelle* Lebensweise zu entwickeln. Brav den moralisch richtigen Tugenden zu folgen ist für Rousseau nicht das Ziel (und hier verdankt er Montaigne einiges). Stattdessen kommt es darauf an, auf die eigenen Impulse so hören zu können, dass eine authentische, erfüllende Lebensführung möglich wird. Aber wie können wir authentische Empfindungen von den künstlich erzeugten unterscheiden?

Wie wir uns selbst in die Irre führen

Wenn wir uns auf die Suche nach uns selbst machen, sind wir heute gewohnt, zwischen zwei grundsätzlichen Perspektiven zu changieren. Die eine ist eine distanzierte, rationale Einstellung, mit der wir unsere Situationen nach pragmatischen, zweckgerichteten Aspekten bewerten, um dann effizient und effektiv zu handeln. Um etwa als Unternehmer das Budget gewinnbringend einzusetzen, muss ich mit kühlem Kopf nach Maßgabe der ökonomischen Vernunft kalkulieren. Dabei geht die erfüllende, individuelle, emotionale Komponente leicht verloren – denn sie stellt in dieser Perspektive eine Gefährdung in der Entscheidungsfindung dar. Als Unternehmer oder Investor haben wir unsere Gefühle und persönlichen Impulse gegenüber den nackten Zahlen zurückzustellen. Doch die Intensität, mit der wir heute diese Perspektive einzunehmen haben, führt dazu, dass wir sie auf weitere Bereiche ausdehnen. Wir beginnen, selbst Bekannte oder Freunde in einer zweckgerichteten, rationalen Weise zu betrachten – und schließlich sogar uns selbst.

Um dem entgegenzusteuern, versuchen wir, auch ein emotionales, engagiertes Verhältnis zu den Situationen und Menschen zu entwickeln und zu fördern. Die Bewegung der Romantik steht für solche Lust an überfließenden Gefühlen. Vielleicht suchen wir diesen emotionalen Ausgleich im Kino oder in der Literatur, in Seminaren oder religiös-spirituellen Versammlungen. Wichtig erscheint uns in dieser Perspektive, dass wir unsere Gefühle annehmen, sie anderen gegenüber ausdrücken und zumindest gelegentlich tiefer gehende Erlebnisse haben. Jenseits aller Zweckrationalität soll unser Leben eine emotionale Dimension gewinnen.

Wenn wir eine der beiden Perspektiven – die rational-distanzierte oder die emotional-engagierte – überbetonen, gerät unser

Leben aus dem Gleichgewicht. Wir haben dann den Eindruck, Teile unserer Fähigkeiten zu vernachlässigen, und hören unsere innere Stimme nicht mehr. Daraus könnte man schlussfolgern, dass ein regelmäßiges Wechseln der Perspektiven zu diesem Gleichgewicht führen würde – was jedoch nicht unbedingt der Fall ist.

Zunächst scheinen die beiden Perspektiven in unserer Kultur Gegensätze zu sein: Was könnte weiter auseinanderliegen als die Formulare zur Steuererklärung einerseits und das hinreißende Konzerterlebnis andererseits? Aber in Wahrheit sind sie komplementär, d. h. zwei zusammengehörende, sich ergänzende Elemente. Sie entwickeln sich parallel aneinander und gemeinsam weg von unserer ursprünglichen menschlichen Natur.

Tatsächlich gehen viele Philosophen davon aus, dass unsere Verstandesbegriffe und unsere Emotionalität in ihrer Entwicklung voneinander abhängig sind. Bereits Rousseau hat diesen Zusammenhang klar herausgestellt.

Die ursprünglichen Leidenschaften der Selbsterhaltung und des Mitgefühls haben für ihn eine ruhige Selbstverständlichkeit und Angemessenheit. Der ursprüngliche Mensch verdrängt keine inneren Impulse, hadert nicht mit ihnen, aber steigert sich auch nicht in sie hinein. Heute jedoch, im Zeitalter der Vernunft, wachsen die Leidenschaften Rousseau zufolge gekünstelt an. Die Liebe beispielsweise mit all ihrer Intensität und Moralität sei «eine künstliche Erfindung». Sie sei «aus der Gewohnheit der Gesellschaft entstanden». Rousseau meint, unsere moderne Konzeption der Liebe sei vielmehr auf abstrakte Begriffe gegründet: «Da er [der ursprüngliche Mensch, N. D.] noch keine abstrakten Begriffe von Regelmäßigkeit und Verhältnismäßigkeit hat, so kann sein Herz auch nicht für Bewunderung und Liebe empfänglich sein, weil Bewunderung und Liebe sich immer auf solche Begriffe stützen, auch wenn man es nicht merkt.»

Die tiefe Zusammengehörigkeit von Verstand und Gefühl ist übrigens auch in der deutschsprachigen Philosophie seit Kant, einem großen Bewunderer Rousseaus, kein Geheimnis. Aber die kulturkritische Pointe von Rousseaus Überlegung ist, dass wir ohne dieses moderne Konzept von Liebe auch keine Dramen von Eifersucht, Liebesmord oder Selbstmord aus Liebe bzw. verschmähter Liebe hätten. Ebenso hätten wir ohne das Konzept von Eigentum keine Verbrechen wie Diebstahl, Raub, Einbruch oder Sklaverei. Ohne die Begriffe, die das Konzept von Liebe ermöglichen, kann ich nicht eifersüchtig werden – wenn ich diese Stufe aber erreicht habe, dann richtet sich mein Verstand und mein Erfindergeist auf das Ziel, den Auslöser meiner Eifersucht zu eliminieren. Damit beginnt der Fortschritt zur nächsten Stufe, die mich weiter von der Stimme der Natur in mir, den ursprünglichen Leidenschaften, entfremdet.

Einerseits wechseln wir also zwischen den beiden Perspektiven «distanziert – engagiert»; andererseits tragen uns beide Perspektiven weg von der Stimme der Natur. Wenn wir uns in einer der beiden Perspektiven befinden, dann erscheint uns nach kurzer Zeit die andere seltsam entfernt. Entweder ich bin distanziert und im Effizienz-Modus: Dann wächst mein Bedürfnis nach Emotionalität und Erfüllung. Oder ich bin engagiert: Dann gerate ich schnell unter Druck und mein Bedürfnis wächst, das Leben vernünftig zu regeln und den Lebensstandard für mich oder meine Familie zu sichern. So springen wir zwischen den Perspektiven hin und her.

Doch im Ganzen betrachtet, bewegen wir uns wie in einer Spirale, die uns immer weiter von einem authentischen Leben wegführen kann. Folgen wir Rousseau, lassen wir uns jedes Mal, wenn wir die Perspektive wechseln, von dem Bedürfnis leiten, unser Leben zu verbessern. Doch ohne es richtig zu merken, steigern wir uns immer weiter in Zweckrationalität und Gefühlskünstelei hinein. Die tatsächliche Schwierigkeit liegt gerade im *Zusammenwirken* beider Perspektiven, nicht in ihrer Gegensätzlichkeit.

Wenn wir also wieder zu einer authentischen Innerlichkeit kommen wollen, dann, so Rousseaus Fazit zur inneren Suche, können wir nicht zurück. Vielmehr müssen wir alle unsere Fähigkeiten gebrauchen, Phantasie und Konstruktion gleichermaßen, um langsam und stetig einen authentischen Selbstausdruck zu erreichen. Dazu müssen wir unsere Aufmerksamkeit geduldig dorthin wandern lassen, wo Gedankenkarussell und Gefühlsduselei nicht hinreichen.

Tiefer als Verstand und Gefühl

Was hören Sie gerade in diesem Moment? Geräusche? Stimmen? Sie hören immer etwas – es gibt keine absolute Stille. Das ist eine der Pointen des berühmten Musikstückes *4'33"* von John Cage, bei dem der Pianist vier Minuten und 33 Sekunden nicht eine Note spielt.

Selbst wenn Sie Ihre Ohren verstopfen, hören Sie innerlich die Geräusche Ihres Körpers. Vielleicht haben wir deshalb gelernt, wegzuhören und zu überhören – um nicht ständig hören zu müssen. Permanent werden wir im Alltag von Geräuschen, Signalen, Musik, Stimmen aus dem Radio, Stadtlärm etc. überflutet. Weghören ist also oftmals Selbstschutz.

Leider kann dieser Selbstschutz eine dauerhafte Grenze zwischen uns und anderen errichten. Er kann uns sogar von uns selbst entfremden. Wir verlassen uns dann auf unsere Vorurteile. Kennen Sie das, wenn jemand immer schon zu wissen meint, was Sie sagen wollen, und Sie deshalb gar nicht zu Wort kommen lässt? Oder wenn Ihr Gegenüber im Gespräch zustimmend «Mmmh» murmelt, aber seine ganze Körpersprache signalisiert, dass er an etwas völlig anderes denkt? Oder wenn er Sie nach einer Minute drängt, doch endlich zum Punkt zu kommen? Manche Menschen hören sich noch nicht einmal selbst zu.

Ein Musterexemplar dessen ist Iwan Iljitsch aus Tolstois Erzählung, die ich am Anfang des Kapitels erwähnt habe. Iljitschs Leben ist eine Erfolgsgeschichte –, bis ihn eine mysteriöse Krankheit erfasst. Kein Arzt kann sein Siechtum aufhalten, und so wendet sich Iljitsch von allen ab und verzweifelt in Einsamkeit. Als hätte Tolstoi die allgemeine Beschleunigung des Lebens als Gefahr unserer Zeit vorausgeahnt (vielleicht ist sie nicht erst die Gefahr unserer Zeit), gestaltete er die Erzählung als eine durchgängige Entschleunigung, die den Protagonisten wie auch den Erzählfluss fast unbarmherzig herunterbremst, bis Protagonist und Leser gleichermaßen in eine unerträgliche Pause horchen.

> «Dann beruhigte er sich, er hörte nicht nur ganz auf zu weinen, er hielt sogar den Atem an und wurde ganz Aufmerksamkeit; es war, als würde er seiner Stimme lauschen, nicht jener, welche mit Tönen spricht, sondern der Stimme der Seele und dem Gang der Ideen, die in ihm wach wurden. ‹Was willst du?› war der erste klare Begriff, den er vernahm und den er durch Worte hätte ausdrücken können. ‹Was willst du? Was willst du?›, wiederholte er sich. –
> ‹Was ich will? Nicht leiden. Leben!›, antwortete er. [...]
> ‹Leben? Wie möchtest du leben?›, fragte die Stimme der Seele.
> ‹Ja nun, leben, wie ich früher gelebt habe – gut und angenehm.›
> ‹Wie? Du hast früher gut und angenehm gelebt?›, fragte

die Stimme. Und in Gedanken begann er, die besten Augenblicke aus seinem angenehmen Leben herauszusuchen. Doch wie sonderbar: Alle diese besten Augenblicke seines angenehmen Lebens schienen ihm jetzt gar nicht mehr das zu sein, was sie ihn einstmals dünkten. Das war der Fall mit seinem ganzen Lebenslauf, von den ersten Erinnerungen aus der Kindheit abgesehen. [...] Sobald seine Erinnerungen dort anknüpften, wo der jetzige Iwan Iljitsch zu sein angefangen hatte, verschwand alles, was ihm damals wie Freude erschienen war, vor seinen Augen und verwandelte sich in ein ganz unscheinbares, öfters auch widerliches Etwas.» (Tolstoi 2008, S. 93 f.)

Iwan Iljitsch muss kurz vor seinem Tod einsehen, dass er sich selbst die vergangenen Jahre nicht richtig zugehört hat. Er hat ein Leben geführt voller Vernunft und voller Gefühle – aber ohne Kontakt zu sich selbst. Erst angesichts des anrückenden Todes beginnt er nach innen zu horchen. Er vernimmt die Stimme seiner Seele, und sein gesamter Blick auf die eigene Vergangenheit kehrt sich schmachvoll um: Wie hat er sein Leben doch verschwendet! Tolstoi gestaltete die weitere Erzählung als eine schreckliche Warnung, nicht vor den eigenen inneren Impulsen die Ohren zu verschließen.

Kennen Sie das, beim Lesen eines Buches plötzlich das Gefühl zu haben, einige Sätze seien direkt für Sie geschrieben? Oder wenn Sie auf einer Autofahrt im Radio plötzlich etwas hören oder beim Lesen eines Interviews auf Sätze stoßen, die Sie im Innersten wachrütteln? Ich meine keine Momente der Einsicht, in denen man zustimmend nickt: «Ach, das habe ich auch schon einmal gedacht.» Auch keine Momente emotionaler Angemessenheit, in denen man sich sagt: «Ach, das hat er aber schön ausgedrückt.» Ich meine jene seltenen Momente, in denen wir uns durch einen Satz regelrecht ertappt und im tiefsten Innern berührt fühlen.

Es lohnt sich, diese Momente nicht einfach vorüberziehen zu lassen, sondern ihnen Zeit und Raum zu geben: Sätze erneut zu lesen, sie für sich aufzuschreiben, sich bewusst an Gesagtes zu erinnern und mit anderen darüber zu sprechen, die entsprechenden Bücher eingehender zu lesen (ich habe für sie ein eigenes Regal).

Wir müssen uns beim Hören auf uns selbst in Offenheit und Geduld üben und sollten unsere Impulse weder unterdrücken noch uns in sie hineinsteigern – sodass wir nicht der leisen Stimme der Seele gegenüber taub bleiben. Denn am tiefsten treffen uns die Worte, die uns nicht aus Büchern, dem Radio oder aus Zeitschriften erreichen, sondern aus dem Inneren aufsteigen.

6
Die Wirren des Wandels –
Wie bleibe ich dieselbe Person?

Wer bin ich? Was macht mich aus? Diese Fragen stellen wir uns alle mehr oder weniger häufig. Die Vorstellung unseres wahren Ich hängt uns dabei vor der Nase wie dem Esel die Karotte: Sie treibt uns an, wir sehen die Anwort vor uns – und doch scheinen wir sie nie endgültig beantworten zu können. Ratschläge, die helfen sollen, das Ziel dennoch zu erreichen, gibt es zuhauf: Wir sollen uns «selbst erkennen», ein «starkes Ich» entwickeln, um Krisen meistern zu können, unsere Resilienz steigern. Und wenn wir uns von den Ansprüchen anderer überrollt fühlen und nur schwer «nein» sagen können, sollen wir «Mut zum Ich» haben. Wenn wir uns zu egoistisch verhalten, sollen wir weniger «ichbezogen» sein und – wenn wir den Rat östlicher Weisheit annehmen – sogar unser Ich «loslassen».

Scheinbar ist diese innere Zentralinstanz, unser Ich, der Schlüssel unserer persönlichen Probleme. Glauben Sie, dass Sie «ein Ich» haben? Oder dass Sie «ein Selbst» besitzen? Wenn ja – wo sind sie?

Der Frage «Wo sitzt unser Ich?» liegt ein Missverständnis zugrunde. In diesem Kapitel will ich darstellen, worin dieser Irrtum besteht und wie eine Denkalternative aussehen könnte.

Ich behaupte nicht, dass die Rede von einem «Ich» oder einem «Selbst» grundsätzlich sinnlos ist. Sie kann uns durchaus helfen, für uns Wichtiges auszudrücken. Wenn wir jemandem ein starkes Ich attestieren, dann charakterisieren wir ihn als ausgeglichene, entscheidungsfreudige Persönlichkeit. Wenn jemand sagt, er hätte sein Ich verloren, dann drückt er damit eine innere Haltlosigkeit und Verlust an Orientierung aus.

Solche Redeweisen sind im Alltag meist unproblematisch. Leider entstehen daraus regelmäßig Missverständnisse – z.B. bei Psychoanalytikern, Esoterikern und Beratern. Sie leiten ihre Therapien und Konzepte aus einer Struktur von inneren Instanzen ab, deren Existenz sie schlicht als gegeben voraussetzen. Doch genau diese Annahme wurde in der Philosophie seit dem 17. Jahrhundert bis heute grundlegend in Zweifel gezogen – es gibt keine ernstzunehmenden Belege dafür, dass unseren Verhaltensweisen, unserem Erinnern und Planen, Wahrnehmen oder Handeln ein «Ich» oder «Selbst» zugrunde liegen. Diese Skepsis ist keine Randerscheinung in der Philosophie, sondern eine ihrer verbreitetsten Strömungen überhaupt. David Hume hat als einer der ersten Kritik an der Vorstellung eines Ich vorgebracht.

Im Kapitel über die Sicherheit unseres Wissens (siehe S. 112) habe ich dargestellt, dass Hume unser gesamtes Wissen über die Welt auf unsere Eindrücke (*impressions*) zurückführte. Daraus zog er den Schluss, dass die Naturgesetze im Grunde auf Gewohnheiten unserer Wahrnehmung basieren. Für uns ist es ein gewohnter Anblick, Dinge zu Boden fallen zu sehen, und deshalb folgern wir daraus die allgemeinen Fallgesetze. Aber eine objektive Geltung dieser Gesetze unabhängig von unseren Eindrücken können wir Hume zufolge nicht begründen. Dieselbe Strategie wandte Hume auf die Frage an, ob es ein «Ich» gibt. Können wir unser «Ich» wahrnehmen?

Sie können selbst den Versuch unternehmen und überprüfen, ob Sie Humes Überlegung zustimmen. Versuchen Sie, Ihre Aufmerksamkeit auf *Ihr Ich* zu lenken. Was genau tun Sie dabei? Häufig reden wir davon, dass wir «in uns hineinhorchen» oder «uns selbst spüren». Das scheint deshalb nahezuliegen, weil unser Ich etwas Intimes, Innerliches zu sein scheint. Worauf stoßen Sie in sich? Sind Sie gelassen oder angespannt? Erinnern Sie sich an Vergangenes oder machen Sie Pläne für den nächsten Tag? Beginnen Sie ein Zwiegespräch mit sich? Und wo zwischen all dem liegt nun Ihr Ich?

Hume war der Überzeugung, dass wir niemals ein Ich oder Selbst als solches wahrnehmen können. Da unsere Vorstellungen und unser Wissen über die Welt für Hume aus einfachen Eindrücken erwachsen, wir aber keine Eindrücke eines Ich oder Selbst haben, können wir auch keine Vorstellung und kein Wissen über ein vermeintliches Ich erlangen. Allerdings lässt sich ebenso wenig seine Nicht-Existenz beweisen. Wir wissen schlichtweg nicht, ob es existiert oder nicht.

Aber wenn Hume ohne das Ich auskommen will – welche Art Wesen sind wir dann? Tatsächlich meinte Hume, wir seien «Bündel von Wahrnehmungen», wobei die Wahrnehmungen «mit unbegreiflicher Schnelligkeit aufeinander folgen und in einem beständigen Flusse und einer kontinuierlichen Bewegung sind.» Sind wir selbst der Fluss, in den man Heraklit zufolge nicht zweimal steigen kann?

Diese Überlegung Humes war ungeheuer folgenreich für die Geistesgeschichte. Nicht nur, dass Kant meinte, Hume habe ihn aus dem «dogmatischen Schlummer» geweckt und dazu inspiriert, durch die *Kritik der reinen Vernunft* eine neue Art kritischer Philosophie zu begründen. Auch Georg Christoph Lichtenberg, damals Professor für Experimentalphysik in Göttingen, schrieb in seine *Sudelbücher*: «Wir kennen nur allein die Existenz unserer Empfindungen, Vorstellungen und Gedanken. *Es denkt* sollte man sagen, so wie man sagt: *es blitzt*. Zu sagen *cogito*, ist schon zu viel, sobald man es durch *Ich denke* übersetzt.»

Seit Hume behauptet kaum ein ernsthafter Philosoph mehr, sein «Ich» oder sein «Selbst» innerlich wahrnehmen zu können.

Selbst Theologen konstatieren inzwischen nicht mehr, wir wüssten empirisch von der «Seele» als einer inneren Substanz, und auch für Psychologen ist es heute selbstverständlich, dass Begriffe wie «Ich» oder «Selbst» keine inneren Instanzen oder mentalen Dinge bezeichnen, sondern *Modelle* sind, um menschliches Verhalten zu beschreiben.

Deshalb ist es auch nicht erstaunlich, wenn Neurowissenschaftler vergeblich nach einem Ich oder Selbst im Gehirn suchen. Wie der Hirnforscher Gerhard Roth etwa sagt, deutet selbst aus neurobiologischer Sicht alles darauf hin, dass Bewusstseinsphänomene mit einer Vielzahl verschiedener neurologischer Vorgänge einhergehen – aber nirgendwo gibt es ein «Ich-Organ».

Humes Auffassung ist, wie oben angedeutet, in der Philosophiegeschichte kein Einzelfall. Zwar gab es um 1800 in der deutschsprachigen Philosophie eine Phase, in der Philosophen vom «Ich» sprachen – so etwa Johann Gottlieb Fichte in seiner *Wissenschaftslehre* von 1794/95. Fichte glaubte zwar nicht, das «Ich» sei innerlich wahrnehmbar, hielt jedoch die Annahme eines Ich, das sich in einem völlig eigenständigen Akt «selbst setzt» – wie Münchhausen, der sich samt Pferd selbst am Zopf aus dem Sumpf zieht – für die notwendige Grundlage der Philosophie. Auch andere Philosophen des sogenannten deutschen Idealismus benutzen den Begriff des Ich, wie etwa Friedrich W. J. Schelling und Georg W. F. Hegel. Doch im Zuge des 19. Jahrhunderts wurde er immer stärker in Frage gestellt.

Berühmt geworden ist die Polemik Friedrich Nietzsches, unsere Vorstellung eines «Ich» sei eine grammatische Fiktion. In seinen Studien von 1887/88 zum *Willen zur Macht* schrieb Nietzsche, unsere Art zu reden und zu denken verführe uns dazu, vom Faktum des Denkens auch auf eine denkende Instanz zu schließen. Wie bereits Kant warf er diesen Fehler Descartes vor:

«‹Es wird gedacht, folglich gibt es Denkendes›: darauf läuft die argumentatio des Cartesius hinaus [gemeint ist Descartes, N. D.] [...] – dass, wenn gedacht wird, es etwas geben muss, ‹das denkt›, ist aber einfach eine Formulierung unserer grammatischen Gewöhnung, welche zu einem Thun einen Thäter setzt.» Dieser Täter, das Ich hinter unserem Handeln, sei aber lediglich hinzugedichtet, ein Effekt der Grammatik.

Selbst dann, so Nietzsche, wenn wir aus lebenspraktischen Gründen nicht ohne die Vorstellung eines Ich leben könnten, könne sie trotzdem falsch sein. Dies sei die Tragik: Für unser Leben «könnte es nützlich und wichtig sein, sich *falsch* zu interpretieren».

Es gab allerdings auch Denker, die die Vorstellung des Ich für «unrettbar verloren» hielten und forderten, die Vorstellung des «Ich» vollständig fallen zu lassen. Ein solcher radikaler Vertreter war der österreichische Physiker und Philosoph Ernst Mach. Ähnlich wie Hume gründete Mach unser Wissen ausschließlich auf unseren Empfindungen. Seinem Ansatz in *Die Analyse der Empfindungen und das Verhältnis des Physischen zum Psychischen* von 1886 liegt eine monistische Weltsicht zugrunde, nach der das Ich und die Welt eine Einheit bilden. In unseren Empfindungen, so Mach, hängen Physisches und Psychisches eng zusammen, und das mache die Annahme eines selbständigen «Ich» falsch. Was wir mit «Ich» meinen, sei lediglich eine Gruppe von Empfindungen. Nicht zufällig erinnert diese Sicht an Humes «Bündel von Wahrnehmungen». Unsere heutige Gewohnheit, unsere inneren Erlebnisse von der äußeren Welt abzugrenzen, ist Mach zufolge haltlos.

Machs radikaler Ansatz hängt aber auch damit zusammen, dass er eine *wissenschaftliche* Arbeitsweise begründen wollte. Der Wahrheit verpflichtet, wird vom Wissenschaftler höchste Strenge verlangt. Eine wissenschaftlich unbegründete Vorstellung dürfte demnach keinesfalls aufrechterhalten werden, auch wenn sie z. B. lebenspraktisch nützlich sein sollte. Nietzsche dagegen war mit unserer gesamten kulturellen Selbstdeutung befasst und nahm auch zur Kenntnis, dass es im Leben Situationen gibt, in denen die rigiden Korrektheitsbedingungen der Wissenschaft weniger wichtig sind als der *Nutzen für unser Leben*. Aber welchen Nutzen hat die Vorstellung des «Ich»?

In einem besteht der Nutzen sicherlich nicht: dass wir über uns selbst nachdenken und uns unserer selbst bewusst sind. Wir verwenden in der alltäglichen Rede das Personalpronomen «ich» und das Reflexivpronomen «selbst» – sie sind es, die Reflexion und Kommunikation ausdrücken. Von «dem Ich» oder «dem Selbst» reden wir nur selten. Und genau diese Tatsache sollte uns stutzig machen: Wenn wir üblicherweise auf diese Begriffe verzichten können – warum sollten sie dann in der Erklärung unseres Handelns und unserer Lebensweise wichtig sein? So, wie manche Psychoanalytiker, Esoteriker, Coaches oder Journalisten meinen?

Vielleicht ist die Vorstellung eines «Ich» oder eines «Selbst» einfach beruhigend. Ist es nicht ein gutes Gefühl, wenn wir auf einen «Ich-Kern» vertrauen können, der verbürgt, dass wir trotz aller (äußeren) Veränderungen wir selbst bleiben? Das Bedürfnis nach dieser Beruhigung ist verständlich – aber die Antwort ist unbefriedigend. Eine Alternative, die Frage nach unserem Ich zu beantworten, liegt in jener geistigen Fähigkeit, ohne die wir wirklich Gefahr laufen, uns selbst zu verlieren: der Verknüpfung von Erinnerungen.

Bleiben wir ohne Erinnerung noch dieselbe Person?

Der wuchtige Kirchturm von Garding trotzt seit rund einem halben Jahrtausend dem salzigen Nordseewind, der täglich über die Halbinsel Eiderstedt fegt. Wenn man hinauf bis unter das Dach steigt, blickt man aus den westlichen Turmfenstern über eine Handvoll zusammengedrängter Häuschen auf einen alten, reetgedeckten Haubarg aus rotem Backstein mit weißen Fenstern. Hinter einem dieser alten Holzfenster, vor einem Tisch, steht ein Mann und zerreißt eine Tischdecke in kleine Fetzen.

Sein Name ist Michael, und er ist Mitte dreißig. Eine Pflegerin kommt ins Zimmer, stellt sich freundlich neben ihn und legt ihm die Hand auf den Arm. Dass er sich wieder die Hose als Mütze aufgesetzt hat, übersieht sie für den Moment. Michael hält inne und schaut auf. Die Pflegerin fragt ihn sanft: «Was tust du denn da?» – «Ich mache Taschentücher», nuschelt er. Wenig überrascht gibt die Pflegerin, wie schon oft, zu bedenken: «Aber wir haben doch genug.» Michaels Mundwinkel zuckt etwas, dann schießen ihm die Tränen in die Augen. Als die Pflegerin auch noch ankündigt, er solle heute baden, wird es ihm endgültig zu viel, wütend brüllt er: «Jetzt hole ich die Polizei!», und stürmt polternd aus dem Zimmer. Als die Pflegerin ihn kurze Zeit später am Fenster vorbeirennen sieht, trommelt sie die anderen Pfleger zusammen: Einer der Bewohner der Heimeinrichtung für Korsakow-Patienten irrt orientierungslos umher.

Michael hat wenig gemein mit seinem Namensvetter, dem mächtigen Erzengel Michael. Weder schwingt er ein Flammenschwert, noch wüsste er mit dessen Attribut etwas anzufangen, der *Seelenwaage*. Mit der Seelenwaage beurteilte der Erzengel Michael nach mittelalterlicher Darstellung die Taten der Verstorbenen. Für die Menschen des Mittelalters war das ein realer

Schrecken. Wessen Herz infolge liederlicher Lebensweise nicht genug auf die Waage brachte, der – so war die allgemeine Überzeugung – würde im Fegefeuer schmoren. Praktisch orientiert wie Menschen sind, ließen sich Fürsten und Adlige nach ihrem Tod das Herz herausnehmen und durch etwas Schweres ersetzen – möglichst einen Klumpen Gold. So wähnten sie sich auf der sicheren Seite. Wir sagen noch heute zu besonders tugendhaften, mitfühlenden Menschen, sie hätten ein «Herz aus Gold».

Bei der Seelenwaage soll es auf die Erforschung der Taten des Einzelnen ankommen. Tue ich das Richtige? Handle ich meinen Werten gemäß? Diese Art des Selbstverhältnisses, das Überlegen, ob das eigene Handeln, die eigenen Gewohnheiten langfristig auf ein gutes Leben hinauslaufen – das halten wir für unverzichtbar, um überhaupt als zurechnungsfähige Person zu gelten.

Menschen mit dem Korsakow-Syndrom haben diese Fähigkeit eingebüßt. Aufgrund massiver Hirnschädigung sind sie nicht mehr in der Lage, neue Erinnerungen im Kurzzeitgedächtnis zu speichern. Jedes Erlebnis haben sie schon nach wenigen Minuten vergessen. Sie leben in einem verengten Zeitfenster der Gegenwart und sind bisweilen orientierungslos. Deshalb sind sie anders als gesunde Menschen nicht in der Lage, das, was sie gerade tun, zu früheren Tätigkeiten oder langfristigen Zielen in Beziehung zu setzen. «Was tue ich hier eigentlich?» – diese Frage können sie sich nicht mehr stellen. Mit tragischen Folgen: Jeden Tag muss sich Michael neu erfinden – aber gelingen wird es ihm nie.

Erinnerungen betrachten wir mit Recht als einen wichtigen Teil unserer Persönlichkeit und unseres kulturellen Erbes. Seit Menschengedenken bemühen wir uns, unser Gedächtnis zu erweitern, indem wir es *externalisieren*. Wir legen Erinnerungen in Schriften nieder, in Bildern, in Filmen und auf Festplatten.

Der Kulturwissenschaftler Friedrich Kittler hat dafür den Begriff der *Aufschreibesysteme* geprägt. Deren Relevanz geht weit über den praktischen Nutzen von Gedächtnisstützen hinaus. Manche Philosophen gehen sogar so weit, unsere personale Identität, unsere geistige Kontinuität über die Zeit hinweg direkt an unsere Erinnerungen – und damit an diese Aufschreibesysteme – zu knüpfen.

Die klassische Position hierzu stammt von dem Engländer John Locke, einem der einflussreichsten Philosophen des 17. Jahrhunderts. Als Empirist, der in seiner Philosophie ohne die Unterstellung angeborener Begriffe (*ideas*) auskommen wollte, sträubte er sich gegen die Vorstellung eines statischen, angeborenen Ich. Aber wenn es kein Ich als Kern der Person über die Zeit hinweg geben sollte – wie erklärte er, dass Menschen über die Zeit hinweg dieselbe Person bleiben? Für ihn sind es unsere Erinnerungen, durch welche wir zu einer einheitlichen Person werden. Die persönliche Biographie bzw. die Erinnerung an das selbst Erlebte stellt Konsistenz her und macht uns so zu stabilen Personen.

Diese Theorie wurde schon zu Lockes Zeiten kritisiert – nämlich durch Vertreter eines statischen Ich wie dem Schotten Thomas Reid, der als Begründer der Philosophie des *common sense* gilt. Dennoch hat sich Lockes Theorie bis heute gehalten. Der amerikanische Philosoph Derek Parfit hat in *Reasons and Persons* eine ähnliche Auffassung vertreten: Es seien die gegenwärtigen Erlebnisse und die daran geknüpften Erinnerungen, die uns als Personen ausmachen. Wenn, etwa durch einen Unfall, alle meine bisherigen Erinnerungen verschwunden seien, sei nicht klar, so Parfits These, dass meine aktuellen Erlebnisse überhaupt noch Erlebnisse *desselben Subjekts seien*, weil ich sie nicht zu meiner Vergangenheit in Beziehung setzen könnte. Wenn Erinnerungen unseren «Ich-Kern» ausmachen, dann wäre die

Person nach dem Unfall im wörtlichen Sinne *eine andere als vor dem Unfall.*

Aber ist es wirklich angemessen, von einem *anderen Ich* zu sprechen, wenn man z. B. von einem krankheits- oder unfallbedingten Gedächtnisverlust ausgeht? Ist der Demenzkranke nicht mehr dieselbe Person wie vor der Erkrankung?

Versetzen Sie sich in die Lage eines Richters im Gerichtssaal. Der Staatsanwalt hat soeben sein Schlussplädoyer gehalten und eine schlüssige Beweislage präsentiert. Die Angehörigen des Opfers durchbohren den Angeklagten mit ihren Blicken. Aus ihrer Sicht kann die Strafe kaum hart genug ausfallen. Nun bringt die Verteidigung ein letztes Argument: «Euer Ehren, mein Mandant konnte einem psychologischen Gutachter glaubhaft versichern, dass er keinerlei Erinnerungen an den Zeitraum der Tat hat – den Tathergang selbst eingeschlossen. Da er keine Erinnerung an den Tathergang hat, ist er nicht identisch mit der Person, die den Tathergang erlebt hat. Daher plädieren wir auf *Freispruch.*»

Folgt man Lockes Argumentation, müsste der Richter dem stattgeben, weil mit dem Verlust der Erinnerungen auch ein Verlust der Identität der Person einherginge. Sofern dem Angeklagten keine Erinnerung an die Tat nachzuweisen ist, müsste er als unschuldig angesehen werden, weil er nicht dieselbe Person wäre wie zu der Zeit, als er die Tat beging.

Die Konsequenzen einer solchen Auffassung von personaler Identität sind jedoch nicht derart umfassend. Erinnerungslücken sind keine Freifahrtscheine im Gerichtssaal. Dem Richter im obigen Beispiel wäre sofort klar – wie Ihnen vermutlich auch –, dass die Locke'sche Theorie an unserem Alltagsverständnis personaler Identität vorbeigeht, auf der auch unser Rechtsverständnis basiert.

Als sich der Richter zurückzieht, um das Urteil zu formulieren, kommt ihm ein Gedanke. Er greift aus dem Regal die lederne Ausgabe von Kants *Metaphysik der Sitten* von 1787, schlägt das Buch auf und staunt, als sein erster Blick auf die folgende Stelle fällt:

> «*Person* ist dasjenige Subject, dessen Handlungen einer *Zurechnung* fähig sind. Die *moralische* Persönlichkeit ist also nichts anderes, als die Freiheit eines vernünftigen Wesen unter moralischen Gesetzen [...], woraus dann folgt, dass eine Person keinen anderen Gesetzen als denen, die sie (entweder allein, oder wenigstens zugleich mit anderen) sich selbst giebt, unterworfen ist.» (Kant, Metaphysik der Sitten, Gesamtausgabe Bd. VI, S. 223)

Schmunzelnd liest der Richter den Absatz erneut. Wenig später betritt er den Gerichtssaal. Der Angeklagte und alle Anwesenden blicken ihn gespannt an.

Er befindet den Angeklagten für schuldig. In der Urteilsbegründung gesteht das Gericht dem Angeklagten zu, keine Erinnerung an die Tat zu haben. Doch zurechnungsfähig sind Personen nicht deshalb, weil sie sich an bestimmte Erlebnisse erinnern können. Zurechnungsfähig sind Personen, weil sie in der Lage sind, ihrem eigenen Handeln Beschränkungen aufzuerlegen. Sie sind *autonom* – «auto» für «sich selbst», «nomos» für Gesetz –, weil sie sich an Gesetze halten können, denen sie selbst zugestimmt haben. Und wer in Deutschland lebt, der nimmt damit die geltende Rechtsordnung für sich an.

Entscheidend ist also beim Urteil nicht, ob der Angeklagte sich erinnert. Selbst ohne Erinnerung ist er zum Zeitpunkt der Tat zurechnungsfähig gewesen, weil er in der Lage war, Gründe für sein Handeln zu erwägen und daraus praktische Konsequenzen zu ziehen.

Dieses fiktive Beispiel zeigt zweierlei. Erstens, dass ungewöhnliche Theorien über das Bewusstsein unsere geltenden Auffassungen von Verantwortung und Zurechnungsfähigkeit nicht so schnell aushebeln, wie es manchmal behauptet wird. Und zweitens zeigt es die Schwierigkeiten, in die solche Erklärungen geraten können, wenn sie grundlegende Aspekte unseres Verhaltens adäquat wiedergeben sollen.

Nehmen wir für einen Moment an, zu unserer personalen Identität zählte nur der jeweils aktuelle Zusammenhang von Erlebnissen und Erinnerungen. Wenn sich unsere Erinnerungen grundlegend verändern (was sie manchmal tun, wenn wir z.B. unsere bisherige Biographie radikal umdeuten) und wir tatsächlich danach eine andere Person wären – was würde das für unsere Zukunft bedeuten? Würden wir überhaupt noch von so etwas wie einer «eigenen Zukunft» ausgehen, da es sich dann ja um die Zukunft einer anderen Person handelte? Wir würden keinen Sinn mehr darin sehen, anders als in der Gegenwart zu leben, und unser ganzes Handeln und Denken nur darauf ausrichten.

Auch wenn es in manchen esoterischen Kreisen erklärtes Ziel sein mag, im «Hier und Jetzt» zu leben, so bezweifle ich doch, dass die Beteiligten eine solche Lebensweise tatsächlich wünschten, wenn sie die Konsequenzen bedächten. Die menschliche Lebensform würde dadurch ungemein verarmen – wie z.B. die vom Korsakow-Syndrom oder von Demenz Betroffenen zeigen. Wer würde mit ihnen tauschen wollen? Nicht nur würden wir die Fähigkeit einbüßen, mittelfristige Pläne zu schmieden, Vorkehrungen für die Zukunft zu treffen, neue Freundschaften aufzubauen – wir würden auch kaum mehr in der Lage sein, eine Perspektive einzunehmen, in der wir unser Leben als Ganzes betrachten. Erst in dieser Lebensperspektive aber beginnen wir, uns als Gestalter unseres Lebens zu verhalten, Verantwortung für unser Leben zu übernehmen – und z. B. zu überlegen, wie wir im Alter leben wollen.

Wenn es aber nicht die Kontinuität der Erlebnisse in der Erinnerung ist, welche die personale Identität sichert – woraus speist sich dann die Selbstverständlichkeit, mit der wir von einer persönlichen Zukunft ausgehen, für die wir Pläne schmieden? Etwa doch von einem «Ich-Kern», einem durchgängigen Selbst?

Es gibt Alternativen, die in der Philosophie der Person und den Theorien des Selbstbewusstseins erarbeitet wurden. Aus diesem komplizierten Feld möchte ich eine, in meinen Augen sehr vielversprechende Erklärung herausgreifen und durch empirische Forschungen ergänzen. Sie besagt: Wir bleiben über die Zeit hinweg *dieselben* und können uns auf unser Leben als Ganzes beziehen, weil wir als erlebende Subjekte gleichzeitig körperliche Wesen sind.

Zwei Arten, «ich» zu sagen

Einerseits ist dieses Faktum so basal, das es uns häufig entgleitet, wenn wir darüber nachdenken, was uns als Subjekte ausmacht. Wenn jemand meint, es *müsse* doch einen «Ich-Kern» oder ein «Selbst» geben, dann hat er vielleicht genau dies vergessen. Andererseits müssen Behauptungen über den Zusammenhang von Subjekt und Körper stets mit großer Skepsis rechnen: Für das große, klassische «Leib-Seele-Problem», also die Frage, wie Geist und Körper zusammenhängen, wurden schon viele Erklärungen angeboten – und sie sind nach überwiegender Meinung heutiger Philosophen *alle* gescheitert.

Keinesfalls stelle ich für *dieses* Problem eine Lösung vor. Ich halte es dagegen in dieser Hinsicht mit der Doppelaspekt-Theorie, wie sie von Herbert Feigl, Peter F. Strawson oder Thomas Nagel vertreten wurde: Wir sind Wesen, die einerseits geistige Aspekte, andererseits körperliche Aspekte haben. Geistiges und Körperliches sind wie zwei Perspektiven auf dieselbe Sache, die sich aber nicht bruchlos in eine einzige Perspektive integrieren lassen.

Das «Leib-Seele-Problem» können wir also unerledigt ruhen lassen, weil wir in beiden Perspektiven ganz gut zurechtkommen, ohne den Zusammenhang zwischen beiden erklären zu müssen (was vermutlich auch unmöglich ist).

Die Vorstellung eines «Ich» oder «Selbst» schien das Problem der personalen Identität deshalb lösen zu können, weil sie ein Ding postulierte, das zwar geistig sein sollte, sich aber verhielt wie ein physikalisches Ding. Das Problematische dieser Sichtweise haben wir oben kennengelernt: Erstens wurde dieses Ding nie gefunden. Und zweitens, selbst wenn es gefunden worden wäre: Geistige Dinge (was immer das sein soll) verhalten sich nicht wie physikalische Dinge. Das ist uns allen intuitiv klar – mir zumindest ist nicht bekannt, dass ein buddhistischer Meister jemals davor gewarnt hätte, beim «Loslassen» des Ich könnte es einem auf den Fuß fallen.

Aber es gibt einen anderen Weg. Er sucht gar keine Erklärung für den Zusammenhang von Geist und Körper, sondern er beschreibt lediglich, wie wir als voll entwickelte Personen gelernt haben, unsere körperlichen und geistigen Aspekte zu koordinieren. Die Fähigkeit zur Koordinierung von Perspektiven hatte ich schon im ersten Kapitel als eine große menschliche Besonderheit und Stärke erläutert. Es beginnt mit dem Verstehen des Zeigens und steigert sich zu ungeheuer komplizierten Arten, unsere Perspektiven aufeinander abzustimmen, zu kontrastieren und gegenseitig einnehmen zu können.

Neben Gesten und Blicken koordinieren wir unsere Perspektiven vor allem durch Sprache – und innerhalb der Sprache vor allem durch die Worte, mit denen wir die Standpunkte von uns und anderen Personen anzeigen: «ich», «du», «er», «sie», «es» etc. – die Personalpronomen. Die inzwischen klassische philosophische Untersuchung dazu ist das Kapitel «Abstieg vom ‹Ich› zum ‹ich›» in Ernst Tugendhats *Selbstbewusstsein und Selbstbestimmung.* In diesem Spiel gegenseitiger Verweise hat das Wörtchen «ich» eine doppelte Rolle.

Es war Wittgenstein, der 1933/34 im *Blauen Buch* zuerst auf diese Doppelrolle in unserer Sprachpraxis hinwies, die vorher in der Philosophie nicht berücksichtigt worden war. Wittgenstein unterschied einen Subjektgebrauch und einen Objektgebrauch des Wortes «ich». Mit «Subjektgebrauch von «ich» meint Wittgenstein Sätze wie «Ich habe Schmerzen» oder «Ich denke an Schokolade». Wir drücken damit mentale Zustände aus bzw. bekunden unser Befinden. Aus sprachtheoretischen Gründen legen manche Philosophen besonderen Wert darauf, dass wir mit Sätzen wie «Ich habe Schmerzen» nicht «etwas beschreiben» oder «über uns reden», sondern uns äußern.

Mit «Objektgebrauch von ich» meint Wittgenstein Sätze wie «Ich wiege 78 Kilo» oder «Ich bin größer als du». Dabei reden wir einfach über unseren Körper, so, wie ihn auch andere wahrnehmen können – und dabei können wir uns irren. Ich könnte mich lange nicht mehr gewogen haben, oder die Waage, auf der ich stehe, könnte defekt sein. Der Punkt ist nicht, wie wahrscheinlich es ist, dass ich mich irre, sondern dass ein Irrtum überhaupt vorstellbar ist. Wenn hingegen jemand mit dem Subjektgebrauch aufrichtig sagt, «Ich habe Zahnschmerzen», dann macht es keinen Sinn, zu behaupten, er *irre sich.*

In dem doppelten Gebrauch des Wortes «ich» kommen also beide Aspekte einer Person zum Ausdruck – als Wesen, das sowohl auf seine körperlichen als auch auf seine psychischen

Aspekte Bezug nehmen kann. Dies ist von zentraler Bedeutung für die Frage nach unserer personalen Identität.

Der englische Philosoph Peter F. Strawson argumentierte, dass in unserem Weltverständnis das alltägliche Konzept der «Person» fundamentaler sei als unsere Unterscheidung zwischen «Körper» und «Geist». Wir fragen uns ja eigentlich, wie der Körper *einer Person* mit dem Geist *dieser Person* zusammenhängt – und verstehen somit «Person» bereits als Konzept, das Körper und Geist umfasst.

Dieses Denken bildet heute eine starke philosophische Tradition, die sogenannte analytische Philosophie der Person, zu der die Arbeiten von Gareth Evans und die des amerikanischen Philosophen John McDowell gehören. Wenn wir mit der empirischen Entwicklungsforschung einen Blick auf die frühesten Lernprozesse unseres Lebens werfen, sehen wir, dass diese Tradition alles andere als spekulativ ist. Gehen wir zu dem Zeitpunkt, an dem wir gelernt haben, was ein «Ding» ist.

Wie es ist, ein Subjekt mit Körper zu sein

Haben Sie schon einmal mit einem Kleinkind «Kuckuck!» gespielt? Wenn ein Kind dieses Spiel versteht und gespannt wartet, bis Sie wieder aus Ihrem Versteck hervorkommen, dann weiß es, was ein «Ding» ist. Erst ab einem Alter von etwa acht Monaten verfügen Kinder über den Begriff des Dings als einer zeitlich beständigen Einheit. «Objektpermanenz» nannte der Schweizer Entwicklungspsychologe Jean Piaget das. Solange ein Kind noch nicht über Objektpermanenz verfügt und ein Gegenstand vor seinen Augen verdeckt, z. B. unter eine Decke gesteckt wird, erscheint es dem Kind, als ob sich der Gegenstand einfach aufgelöst hätte. Entwickelt es zwischen dem achten und dem zwölften Monat Objektpermanenz, hat es verstanden, wie sich Gegenstände im Allgemeinen verhalten: Lässt man etwas los, fällt es hinunter; zwei Dinge können nicht zur gleichen Zeit am selben Ort sein; man kann große Stapelbecher nicht in kleine Stapelbecher tun; will man etwas an einem anderen Ort haben, muss man es dorthin bringen, und wenn man etwas hingelegt hat, und es ist nicht mehr da, dann hat es wohl jemand weggenommen. In Tausenden von Versuchen haben wir alle in unserer Kindheit verstanden, dass physikalische Körper über die Zeit hinweg bestehen.

Eine besondere Kategorie physikalischer Gegenstände sind Personen. Über unsere Eltern haben wir gelernt, dass auch sie physikalische (freilich belebte) Gegenstände sind: Wenn sie aus dem Zimmer gingen, dann waren sie im Nebenzimmer; wenn wir allein in unserem Bett aufwachten, wussten wir, wo wir zu ihnen ins Bett schlüpfen konnten, und wir lernten, dass sie sogar aus dieser eigenartigen Parallelwelt «Arbeit» regelmäßig zurückkehrten. Mit der Objektpermanenz haben wir auch die physikalische Permanenz von Personen verstanden. Und diese Permanenz ist die Grundlage dessen, dass wir auch, wenn wir uns verändern und nicht mehr die Gleichen sind, doch stets *dieselben* bleiben.

Diese Personenpermanenz ist fundamental in unser Selbstverständnis eingegangen, und so fällt es uns schwer, überhaupt eine andere Perspektive auf unser Dasein einzunehmen. Es ist uns unmittelbar klar: Die Zukunft dieses Körpers ist *unsere* Zukunft.

Stellen Sie sich vor, Sie hätten ab jetzt eine Vorrichtung auf dem Rücken, die hinter Ihnen eine weiße Linie hinterlässt. Während die Tage vergehen, wird hinter Ihnen jeder Ihrer Wege sichtbar, jeder Gang und jeder Ausflug. Wenn Sie nun ein Jahr später zurückblicken – haben Sie Zweifel, dass es sich um *eine*

Linie handelt? Haben Sie Zweifel daran, dass diese Linie genau zu dem Ort zurückführen würde, an dem Sie sich jetzt gerade befinden? Wohl kaum. Genau diese selbstverständliche Sicherheit ist der Grund, warum Ihre Zukunft für Sie schon heute zählt.

Dies ist also die Alternative zur Vorstellung eines existierenden «Ich» oder eines «Selbst». Diese warfen zwei Probleme auf: zum einen, dass sie nicht nachzuweisen sind, und zum anderen, dass sie Geistiges und Körperliches nur unbefriedigend oder gar nicht zusammenbringen konnten. Diese Probleme hat die Alternative nicht, wenn sie vom Doppelaspekt von Personen ausgeht, der sich im doppelten Gebrauch des Personalpronomens «ich» ausdrückt.

Der Vorteil liegt auf der Hand: Personen sind Subjekte *mit Körpern* – und als solche sind sie regulärer Teil der physikalischen Welt. Außerdem können wir konkret untersuchen, wie wir gelernt haben, uns sowohl als körperliche als auch als erlebende Wesen zu begreifen und die verschiedenen Aspekte im eigenen Leben miteinander zu koordinieren. Eine allgemeine Theorie, wie Körper und Geist zusammenhängen (falls sie überhaupt möglich ist), brauchen wir nicht.

Natürlich ist unsere persönliche Entwicklung mit dieser grundlegenden Personenpermanenz nicht abgeschlossen. Erst kurz vor Beginn der Pubertät, mit etwa zehn bis zwölf Jahren, entwickeln Kinder z.B. die Fähigkeit, Personen als Wesen zu begreifen, die sich *psychologisch entwickeln*. Der amerikanische Sozialpsychologe Robert Selman von der Harvard School of Education hat diese reifere Stufe kognitiver Entwicklung untersucht – im Kapitel über das Sterben und Todesbewusstsein wird diese Einsicht wichtig werden, denn sie führt zu einer fundamentalen Veränderung der Lebensperspektive. Doch an dieser Stelle will ich noch auf etwas anderes hinaus.

Wenn wir uns im Verlauf der Pubertät mehr und mehr als

Wesen mit psychischer Entwicklung begreifen, uns fundamentale Fragen darüber stellen, was wir vom Leben wollen, und in die Unabhängigkeit vom Elternhaus streben, dann vergessen wir bei aller Eigenständigkeit und Autonomie leicht, dass wir als kulturelle Wesen in einer tiefen Verbundenheit mit anderen leben und Teil einer gemeinsamen, physikalischen Welt sind. Wir vergessen es natürlich nicht, vernachlässigen es aber, wenn wir z. B. darüber nachdenken, wie wir als bewusste Wesen mit wechselnden Erfahrungen und unzuverlässigen Erinnerungen überhaupt bestehen können.

Ist es nicht seltsam, dass wir dabei eher an eine «psychische Kraft» denken, die das ermöglicht, oder an verborgene Geist-Dinge wie ein «Ich» oder ein «Selbst»? Vielleicht ist die Antwort manchmal zu einfach: Unsere eigenen Körper sind eben auch unabhängig von *unserer* Erlebnisperspektive vorhanden – so wie Bäume, Häuser und andere Menschen.

Haben Sie als Kind manchmal die Hände vor die Augen geschlagen und gedacht, jetzt wären Sie unsichtbar? Sich darüber im Klaren zu sein, dass wir alle körperlich in *ein und derselben* Welt leben, heißt zu wissen, dass man auch mit geschlossenen Augen sichtbar bleibt.

Vielleicht ist nun klarer geworden, warum die Frage «Wo steckt unser Ich?» in eine irreführende Richtung geht. Durch eine kleine grammatische Verwechslung suchen wir dabei nach einem Gegenstand im Gehirn, obwohl das Wort «ich» eigentlich eine Rolle bei der Koordination unserer Standpunkte spielt. Ebenso beim «Selbst», wo wir eine innere Instanz vermuten, obwohl wir mit dem Reflexivpronomen «selbst» einfach sagen, wie jemand sich zu sich verhält – z. B. «er glaubt, er selbst sei der Beste».

Natürlich macht es nichts, vom «Ich» oder vom «Selbst» zu sprechen, solange klar ist, dass es sich um eine Abstraktion handelt, ein Modell, dem nicht zwingend ein Ding in der Wirklich-keit entspricht. Zumal es seltsam wäre, sich zu fragen: «Was tut mein Ich hier eigentlich?»

7
Die Oase der Illusion –
Wie aufrichtig will ich zu mir sein?

«Es war am folgenden Morgen, dass er im Begriff, das
Hotel zu verlassen, von der Freitreppe aus gewahrte, wie
Tadzio, schon unterwegs zum Meere – und zwar allein –,
sich eben der Strandsperre näherte. Der Wunsch, der einfache Gedanke, die Gelegenheit zu nutzen und mit dem,
der ihm unwissentlich so viel Erhebung und Bewegung
bereitete, leichte, heitere Bekanntschaft zu machen, ihn
anzureden, sich seiner Antwort, seines Blickes zu erfreuen,
lag nahe und drängte sich auf. Der Schöne ging schlen-
dernd, er war einzuholen, und Aschenbach beschleunigte
seine Schritte. Er erreicht ihn auf dem Brettersteig hinter
den Hütten, er will ihm die Hand aufs Haupt, auf die
Schulter legen, und irgendein Wort, eine freundliche
französische Phrase schwebt ihm auf den Lippen: da fühlt
er, dass sein Herz, vielleicht auch vom schnellen Gang,
wie ein Hammer schlägt, dass er, so knapp bei Atem, nur
gepresst und bebend wird sprechen können; er zögert, er
sucht sich zu beherrschen, er fürchtet plötzlich schon zu
lange, zu dicht hinter dem Schönen zu gehen, fürchtet sein
Aufmerksamwerden, sein fragendes Umschauen, nimmt
noch einen Anlauf, versagt, verzichtet und geht gesenkten
Hauptes vorüber.» (Mann 1992, S. 44)

Diese Passage ist ein Schlüsselmoment in Thomas Manns *Der
Tod in Venedig.* Der Komponist Aschenbach, Hauptfigur der 1911

geschriebenen Novelle, hat sich in Venedig in einen jungen Mann namens Tadzio verguckt und lässt sich davon künstlerisch inspirieren. In der oben geschilderten Situation könnte er Tadzio ansprechen und kennenlernen – doch er lässt die Gelegenheit verstreichen. Aschenbach beschützt dadurch die Illusion, die er sich von dem jungen Mann gemacht hat – vielleicht aus Angst, seine Einbildungskraft könne erlahmen: «Dieser Schritt», so heißt es bei Thomas Mann weiter, «den er zu tun versäumte, er hätte sehr möglicherweise zum Guten, Leichten und Frohen, zu heilsamer Ernüchterung geführt. Allein es war wohl an dem, dass der Alternde die Ernüchterung nicht wollte, dass der Rausch ihm zu teuer war.»

Aschenbach weiß um seine Illusion. Ebenso ahnt er, dass er sich besser von ihr befreit hätte – doch er tastet sie nicht an. Können Sie Aschenbachs Entscheidung verstehen? Illusionen sind meist negativ konnotiert, lassen Betrug vermuten und sollen, so der Common Sense, abgelegt werden. Ist Illusionen zu hegen nicht etwas für Unmündige? Von aufgeklärten Erwachsenen erwarten wir, Illusionen durchschauen und auflösen zu können. Hält jemand an seinen Illusionen fest, empfinden wir das als infantil und unreif. «Werde endlich erwachsen!», möchten wir demjenigen sagen. «Stell dich der Wirklichkeit!», fordern wir oder fragen: «Wie lange willst du noch vor der Wahrheit davonlaufen?»

Eine schmerzliche Wahrheit sei besser als eine Lüge, schrieb Thomas Mann mit strenger Feder. Schon im berühmten Höhlengleichnis aus Platons *Der Staat* wird die Abkehr von der Illusion als der bessere Weg für ein gutes Leben propagiert: Die Gefangenen halten die Schatten auf der Höhlenwand für die wirkliche Welt. Der Philosoph jedoch verlässt die Höhle und erblickt das Licht der Sonne – das auf die schönen Dinge ebenso fällt wie auf die negativen.

Aber wer ist schon immer furchtlos und heldenhaft erwachsen? Wenn wir ehrlich sind, ertappen auch wir uns selbst, wie wir liebgewonnene Illusionen pflegen, anstatt uns eindeutig gegen sie zu entscheiden. Schöpfen wir aus ihnen nicht auch Trost, Kraft oder Freude? Müssen wir uns von unseren Illusionen überhaupt trennen? Und wenn ja, warum? Was würde es bedeuten, völlig illusionslos leben zu wollen? Und was genau meinen wir mit «Illusion»?

Wir sagen z. B. von jemandem, er mache sich Illusionen, wenn er offensichtliche Tatsachen falsch einschätzt. Es ist eine Illusion, zu glauben, man bräuchte für einen Marathonlauf nicht zu trainieren, sondern könnte es mit bloßer Willenskraft schaffen. Es ist eine Illusion, zu glauben, Produkte würden grundsätzlich halten, was die Werbung verspricht. Und es ist eine Illusion, zu glauben, wir könnten in einem Moment klarer Einsicht alle Illusionen ablegen.

Für die Annäherung an den Begriff der Illusion ist es hilfreich, ihn mit verwandten Begriffen zu vergleichen. Sich Illusionen zu machen heißt z. B. nicht, schlichtweg im *Irrtum* gewesen zu sein. Vielleicht halte ich mich für einen guten Schachspieler – bis ein Zehnjähriger mich beim Schach geradezu abschlachtet und sich nebenbei mit seinen Freunden unterhält. Solche Selbstüberschätzungen kommen vor – und die Rückmeldung der Wirklichkeit ist eine wichtige Orientierungshilfe. In logischer Hinsicht können wir mit unseren Entscheidungen überhaupt nur deshalb richtigliegen, *weil* wir auch danebenliegen können.

Solche Irrtümer sind die Lehrstunden des Lebens. In der Schule kommt erst die Belehrung und dann die Prüfung. Im Leben, so sagt man, ist es umgekehrt: Erst kommt die «Strafe» und dann die Lehre. Nicht zufällig sind die weisesten oder erfolgreichsten Menschen häufig diejenigen, die *auch* große Fehler gemacht haben und an ihnen gewachsen sind.

Aber Menschen, die sich Illusionen machen – ich nenne sie hier der Einfachheit halber «Illusionäre» –, sperren sich gegenüber der Einsicht in ihren Fehler, und zwar länger als ratsam oder als es von ihnen erwartet werden könnte. Sie überhören gewissermaßen die Rückmeldung der Wirklichkeit. Sie machen sich Illusionen, also falsche Vorstellungen von der Realität, *obwohl sie es besser wissen müssten.*

Auf der anderen Seite ist ein Illusionär nicht einfach *naiv*. Wen wir berechtigt «naiv» nennen, der hat einfach noch etwas zu lernen. Dagegen müsste ein Illusionär es eigentlich schon wissen. Im lateinischen Wortstamm «illudere» klingt «ludere» – «spielen» – an. Es kann aber auch «verspotten» oder «betrügen» meinen. Ein Illusionär betrügt sich gewissermaßen selbst. Häufig ist dieser Umstand für sein Umfeld überdeutlich zu erkennen – nur der Betreffende selbst ignoriert seine eigene Lebenserfahrung.

Ich selbst gehöre zu einer Generation, die sich als Teenager über die Bandbreite menschlicher Kuriositäten in *Monty Python's Flying Circus* amüsiert hat. In einer Folge der britischen Satire-Serie beschließt Ron Obvious, ein Illusionär ersten Ranges, als erster Mensch über den Ärmelkanal zu *springen*. Als Geste für seinen Sponsor, eine Ziegelei, nimmt er eine Einkaufstüte voller Backsteine mit. Vor den Augen der Weltöffentlichkeit schafft er es immerhin, etwa vier Meter weit zu springen. Aus seinem Scheitern zieht Ron Obvious allerdings keine Lehre, sondern beschließt sogleich, einen weiteren (unrealistischen) Rekordversuch zu unternehmen: als erster Mensch eine Kathedrale zu essen. Die Pointe liegt dabei gerade in der absurden Selbstsicherheit, mit der er seine Unterfangen anpackt (was ihn schließlich das Leben kostet).

Über diese irrwitzigen Illusionen müssen wir natürlich lachen. Aber im Alltag verurteilen wir es in der Regel, wenn

Menschen Illusionen anhängen. Schließlich bringen wir unseren Kindern bei, lügen sei unmoralisch. Gleichwohl ist die Geschichte der Menschheit durchdrungen von weltbewegenden Lügen – etwa der gefälschten Urkunde der «Konstantinischen Schenkung», die den päpstlichen Machteinfluss im mittelalterlichen Europa begründete. Oder DDR-Chef Walter Ulbrichts öffentliche Versicherung von 1961: «Niemand hat die Absicht, eine Mauer zu errichten.» Solche Lügen verurteilen wir (zu Recht). Ist es da nicht nur konsequent, es moralisch ebenfalls zu verurteilen, wenn jemand sich selbst belügt?

Tatsächlich sind wir im Alltag in Sachen Aufrichtigkeit eher «flexibel». Dass wir alle hin und wieder aus Not oder Höflichkeit lügen, ist allgemein bekannt. Die taktvolle Lüge gehört heute in vielen Bereichen zum guten Ton (falls es überhaupt jemals anders war). Es könnte bisweilen sogar moralisch geboten sein, vor anderen wissentlich etwas Falsches als wahr hinzustellen. Diese Möglichkeit zu denken ist ein Problem für die kantische Moralphilosophie.

Den berühmten *kategorischen Imperativ* aus der *Kritik der praktischen Vernunft* wollte Kant als ein rein formales Prinzip moralischen Handelns verstanden wissen. Die provokative Pointe dessen ist: Ob etwas moralisch richtig ist, beurteilen wir danach, ob formal korrekt verfahren wurde – und nicht nach den Konsequenzen des Handelns. Das wird häufig so verstanden, dass etwa Lügen moralisch falsch sei, unabhängig von den Konsequenzen. Die berühmte Testfrage gegen das Lügenverbot lautet: Wenn Sie während der Nazi-Herrschaft einem jüdischen Freund bei sich Unterschlupf gewähren, und die Gestapo fragt bei Ihnen an, ob Sie jemanden verstecken – würden Sie aufrichtig antworten, nur, um nicht lügen zu müssen?

Aus philosophischer Sicht gibt es neben der moralischen Frage noch einen anderen Aspekt des Lügens und Betrügens, der nicht sofort auf der Hand liegt: Inwiefern wir unsere Vorstellung vom Lügen und Betrügen darauf übertragen können, wie Menschen sich zu sich selbst verhalten. Anders ausgedrückt: Können wir uns selbst wissentlich etwas Falsches erzählen und es uns dann glauben? Von der Antwort hängt umgekehrt ab, was es heißen soll, zu sich selbst *aufrichtig* zu sein und keinen Illusionen mehr anzuhängen.

Können wir uns selbst überhaupt täuschen?

Ludwig Wittgenstein hat in seiner Spätphilosophie ab Mitte der 1930er Jahre Tätigkeiten wie Lügen, Schenken, Beleidigen etc. *en détail* untersucht. Er hat dabei absichtlich keine psychologische oder philosophische Theorie entworfen. Philosophen sollten seiner Ansicht nach überhaupt nicht versuchen, allgemeine Theorien zu finden, sondern sich in die Vielfalt des täglichen Lebens begeben und die feinen Unterschiede deutlich machen. In solchen Fragen kann man sich leicht verlieren. Warum sind diese Details philosophisch interessant?

Wenn wir über Unterschiede in den Details hinweggehen, kann das weitläufige Verwirrungen nach sich ziehen. Das ist zwar nicht notwendig ein Problem, aber *wenn* es ein Problem wird, dann ist es gut, es auflösen zu können. Ein Beispiel war im letzten Kapitel der Unterschied zwischen «ich» und «dem Ich». Liegt bei der Rede vom «Selbstbetrug» ein solcher Fall vor, in dem ein kleiner Unterschied übergangen wird – mit großen Auswirkungen? Zumindest bietet es die Gelegenheit, sich mit einer fundamentalen Frage über menschliche Beziehungen zu beschäftigen: Wie unterscheidet sich die Beziehung von Menschen untereinander von der Beziehung, die jeder Einzelne zu sich selbst hat?

Stellen Sie sich vor, jemand sitzt an seinem Geburtstag an einem Tisch, hat sich selbst einen Kuchen gebacken und pustet gerade die Kerzen darauf aus. Nachdem er für sich gesungen hat, packt er die selbstgeschenkten Präsente aus. Spätestens bei dieser letzten Beschreibung stutzen wir. Wir können ohne Probleme sagen, dass er *für sich gebacken* und *für sich* gesungen hat. Aber hat er sich selbst etwas *geschenkt*? Wir verwenden diesen Ausspruch manchmal in dem Sinne, dass wir uns «etwas Gutes tun» oder «uns etwas gönnen». Doch mit unserer üblichen Vorstellung vom Schenken – das auch ein rechtlicher Tatbestand ist – gibt es in dieser Szene eine Schwierigkeit: Es fehlt der Besitzerwechsel. Schenker und Beschenkter sind dieselbe Person, sodass hier niemand mehr oder weniger hat als vorher.

Es gibt viele ähnliche Beispiele: Es wäre seltsam, wenn Sie jemandem erzählten, Sie hätten sich selbst etwas abgekauft. Hätten Sie dann überhaupt etwas «gekauft»? Was würden Ihre Freunde sagen, wenn Sie ihnen erzählten, Sie hätten sich selbst beleidigt und erwarteten nun von sich selbst eine Entschuldigung? Oder was würden Sie davon halten, wenn der Gastgeber eines Banketts sich in der Begrüßungsansprache feierlich selbst willkommen heißt? Und sogar die berühmte goldene Regel «Wie du mir, so ich dir» fällt darunter. Auf ein Verhalten zu sich selbst umgemünzt, wird sie tautologisch: «Wie ich mir, so ich mir». Es gibt viele dieser *intersubjektiven* Tätigkeiten, die wir miteinander vollziehen können, aber nicht allein. Man könnte sagen: Wir haben zu uns selbst keine *zwischenmenschliche* Beziehung.

Sind Lügen und Täuschen solche intersubjektiven Tätigkeiten? Die Schwierigkeit liegt manchmal darin, dass wir Sätze äußern können, die zwar grammatikalisch korrekt sind, aber trotzdem unsinnig. Es ist korrekt zu sagen «Da habe ich mich getäuscht» – aber in welchem Sinn? Üblicherweise meinen wir damit einfach, dass wir uns geirrt haben. Aber wenn wir hier

«Täuschung» dahingehend verstehen, bewusst einen falschen Eindruck erzeugen zu wollen – ergibt der Satz dann noch Sinn?

Hier verläuft die Grenze zu den intersubjektiven Tätigkeiten gewissermaßen mitten durchs Wort: Wenn ich jemand anderen getäuscht habe, dann habe ich ihm bewusst falsche Tatsachen glaubhaft gemacht. Aber wenn ich *mich selbst getäuscht* habe, dann habe ich mir nicht selbst bewusst falsche Tatsachen glaubhaft gemacht – denn *per definitionem weiß* ich ja, dass sie nicht stimmen. Wenn ich mich getäuscht habe, dann habe ich mich einfach geirrt – und irren tun wir uns unwissentlich. Hier können wir einen feinen, aber fundamentalen Unterschied im Detail erkennen: «Andere täuschen» und «sich selbst täuschen» sind nicht dieselbe Tätigkeit mit unterschiedlichen Adressaten, sondern zwei verschiedene Tätigkeiten. Gibt es also auch verschiedene Arten der *Aufrichtigkeit* – einmal anderen gegenüber und einmal gegenüber sich selbst?

Was tun Sie hier eigentlich – mal ganz ehrlich?

Erinnern Sie sich noch an Larry, den aufstrebenden Jäger von Statussymbolen aus dem dritten Kapitel? Natürlich spricht nichts dagegen, reich werden zu wollen und sich mit Dingen nach eigenem Geschmack zu umgeben. Aber nehmen wir einfach einmal an, Larry trüge dabei eine schwerwiegende Illusion mit sich herum: die Auffassung, der Grad eines erfüllten und guten Lebens drücke sich in der Höhe des Konsumbudgets aus. Wir alle würden vermutlich von einem erwachsenen Menschen wie Larry erwarten, dass er weiß, wie sehr ein gutes Leben auf nicht monetäre Dinge angewiesen ist, z. B. körperliche und psychische Gesundheit, Momente humorvoller Unbeschwertheit sowie die Verbundenheit mit anderen Menschen in Liebe,

Freundschaft und Gemeinschaft. Larry aber sucht sein Heil eindimensional in finanziellem Zuwachs – obwohl er es eigentlich besser wissen müsste.

Wie wir alle, fragt auch Larry sich bisweilen, was er hier eigentlich tut – ob er seinem Leben die richtige Richtung gibt. Wie wir alle durchdenkt er dabei seine Situation und wägt Gründe für und gegen verschiedene Optionen ab. Er versucht dabei selbstverständlich die bestmögliche Entscheidung zu treffen. Aber alle seine Überlegungen hängen grundlegend von der Art und Weise ab, wie er seine Lebenssituationen versteht – und seine Rolle in ihnen. Vielleicht war Larry schon einmal unbehaglich zumute, so, als ob mit seiner Lebensperspektive etwas nicht stimmt. Aber ist er bisher einfach davor zurückgeschreckt, seine Selbsttäuschung aufzugeben – ähnlich wie Aschenbach in *Der Tod in Venedig*. Schließlich, so sagt Larry sich, ist er schon weit gekommen.

Die Verführung liegt darin, dass Larry aufgrund seiner Illusion seine Erkenntniskräfte darauf geeicht hat, lediglich finanzielle Optionen zur Verbesserung seines Lebens zu sondieren. Der deutsche Philosoph Jürgen Habermas hat dafür den Ausdruck *erkenntnisleitendes Interesse* geprägt. Larry sucht wie im Hamsterrad nach der Erfüllung menschlicher Grundbedürfnisse, die aber aufgrund seiner Vorauswahl an Optionen unerfüllt bleiben müssen. Je größer sein Leidensdruck, desto verzweifelter beschleunigt er seine Schritte auf dem falschen Weg. Helfen würde ihm eine grundlegende Änderung seines Denkstils.

Um Kontrolle über unser Leben zu erlangen, müssen wir unsere Situation mehrdimensional einschätzen können. Wir haben aus ganz praktischen Gründen den Auftrag, unsere Situation und unsere Rolle darin zu erkennen. Aber alle unsere Einsichten hängen grundlegend von unserem Denkstil ab – und erst, wenn wir uns selbst als ein Wesen begreifen, das sich von seinem eigenen Denkstil distanzieren und diesen verändern kann, erkennen wir die tiefe Wandelbarkeit, die unser wahres Potenzial ausmacht.

Erinnern Sie sich noch an die genaue Formulierung der Weisheit des Sokrates? «Ich glaube nicht zu wissen, was ich in Wahrheit nicht weiß.» Es scheint fast, als könnte man dies auf das Thema der Illusionen übertragen. Ständig zu wissen glauben, was man in Wahrheit nicht weiß, ist eine riesengroße Illusion. Sich umfassendes Wissen einzubilden ist eine Illusion, die die Lebensführung grundlegend beeinträchtigen kann. Deshalb haben wir nicht nur den Auftrag, dazuzulernen, sondern auch, uns über die Grenzen unseres eigenen Wissens klarzuwerden. Deshalb muss es unser Ziel sein, falschen Annahmen, die wir unserem Entwicklungsstand entsprechend schon abgeworfen haben sollten, auf die Spur zu kommen. Doch ausgerechnet bei diesem Auftrag können wir in grundlegende Schwierigkeiten geraten.

Wenn wir uns selbst eine Illusion rauben, könnten wir uns jedes Mal fragen, warum wir das nicht schon eher durchschaut haben. Warum, fragt sich mancher, habe ich mich jahrelang von einem ausbeuterischen Arbeitgeber vertrösten lassen, dass sich bald große Chancen für mich ergeben würden? Warum, fragen sich andere, habe ich jahrelang in einer Partnerschaft gelitten und mir ihr Scheitern nicht eingestanden? Zu unserem Leidwesen – oder Glück – sind wir in keiner Lebensstufe davor gefeit, uns einer Illusion entledigen zu müssen.

Manchmal schaffen wir es zwar, uns vom Hineinrutschen in eine Illusion abzuhalten. Aber viele Illusionen tragen wir schon mit uns herum – teilweise, weil sie zu unserem kulturellen Erbe gehören und tief in unsere Lebensform eingebettet sind.

Es ist nicht nur so, dass wir uns «theoretisch vorstellen können», uns in wichtigen Dingen etwas vorzumachen. Wir nehmen die Effekte häufig als dumpfe Unzufriedenheit im Alltag wahr, deren Ursache wir nicht benennen können. Es ist, als ob wir uns nicht richtig entfalten könnten, als ob wir nicht ganz wir selbst geworden wären. Nun wissen wir natürlich auch, wie illusionär es wäre, zu glauben, man könnte jemals sich selbst ganz erreichen, so, wie man an einem Zielbahnhof ankommt. Aber wir streben danach, in wichtigen Situationen nach unseren Möglichkeiten zu handeln – und genau dieser Eindruck fehlt uns häufig. Wir strengen uns zwar an, aber im Nachhinein können wir selten sagen, wir hätten unser Potenzial voll ausgeschöpft. Eine Illusion, z. B. über das Richtig oder Falsch einer Entscheidung, kann der Grund dafür sein.

Wenn wir uns etwas vormachen, verlieren wir die Fähigkeit, unser Leben in bestimmter Hinsicht zu beeinflussen – dieser Gedanke kann sehr bedrohlich werden, gerade für Menschen, die ihre eigene Anfälligkeit für Illusionen ahnen. Da liegt es nahe, sich aus Angst vor der Illusion in weitere Illusionen zu flüchten, um sich zu beruhigen und einzulullen. Sie werden umso tauber in Ihren Empfindungen, je verzweifelter Sie sich einreden: «Das Leben ist schön.»

Das Leben ist doch einfach schön

Das Licht der Morgensonne erhellt einen klaren Tag. Die Lerchen schwingen sich tirilierend in die Luft. Wie gemalt verlieren sich weiße Kondensstreifen im weiten Blau und küssen in der Ferne den Horizont. Die Luft duftet sommerlich und ist erfüllt von summendem Leben. Mit unbeschwertem Lachen tollen Kinder einher, hüpfen barfuß durchs hohe Gras. Nur hier und da ein kurzes Aufquietschen, wenn ihnen unversehens ein Kuhfladen durch die Zehen quillt.

Hat diese kleine Idylle Sie eher aufgeregt oder eher beruhigt? Die meisten Idyllen finden wir beruhigend, obwohl jeder seine eigenen Vorlieben hat. Viele verbinden mit dem Wort «Idylle» pittoreske Landschaften und friedlich gestimmte Menschen. Schon im antiken Griechenland gab es die Vorstellung eines besonderen Ortes von traumhaft schöner Natur und heiter-unbeschwertem Leben – *Arkadien*. Eigentlich ein abgelegener Landstrich inmitten des Peloponnes, wurde Arkadien in fiktiven Hirtenliedern bei Vergil oder in der Schäferliteratur von Renaissance und Barock dichterisch verklärt. Berühmt ist Nicolas Poussins Gemälde *Die Hirten von Arkadien* (um 1640), um das sich wegen seiner vielschichtigen Symbolik viele Deutungen ranken. Ob Arkadien nun ein realer Ort, eine Utopie oder ein schöner Traum ist – es ist die Vorstellung von der dort herrschenden Sorglosigkeit, die uns daran anzieht. Es ist dieselbe Sorglosigkeit, die uns in vielen «heilen Welten» unserer modernen Kultur begegnet – ob in kitschigen Fernsehserien, im Interieur der großen Einkaufszentren oder auf Werbeprospekten für Seniorenresidenzen. Was sehen Sie selbst, wenn Sie die Augen schließen und sich einen Moment in Ihre persönliche Idylle treiben lassen?

Die Beruhigung ist vielleicht deshalb so verführerisch, weil wir diesseits der Idylle Grund zur Beunruhigung haben. Hinter unseren Bildern einer heilen Welt liegt die Wirklichkeit mit all ihrer sinnlosen Unbarmherzigkeit. Friedrich Nietzsche hat in seiner Schrift *Über Wahrheit und Lüge im außermoralischen Sinne* von 1873 die Illusionen beschrieben, mit denen wir uns die meiste Zeit über unsere wahren Verhältnisse hinwegtäuschen: «Was weiß der Mensch eigentlich von sich selbst? [...] Sie [die Natur, N. D.] warf den Schlüssel weg und wehe der verhängnisvollen Neubegier, die durch eine Spalte einmal aus dem Bewusstseinszimmer heraus- und hinabzusehen vermöchte und die jetzt ahnte, dass auf dem Erbarmungslosen, dem Gierigen, dem Unersättlichen, dem Mörderischen der Mensch ruht, in der Gleichgültigkeit seines Nichtwissens, und gleichsam auf dem Rücken eines Tigers in Träumen hängend.»

Nietzsche zufolge leben wir in unserem Bewusstsein wie in einem Zimmer, das wir kaum einmal verlassen. Darunter brodelt die unbändige Natur. Es ist, als ob wir träumend auf dem Rücken eines gefährlichen Raubtiers liegen, ohne es zu merken. Nietzsche war überzeugt: Wir Menschen können gar nicht anders, als uns zu belügen. Selbst die Dinge, die wir für wahr halten, seien nichts anderes als «Illusionen, von denen man vergessen hat, dass sie welche sind [...]».

Tatsächlich ist unsere Welt alles andere als idyllisch, man denke nur an Naturkatastrophen wie Erdbeben, Vulkanausbrüche, Tsunamis. Wir alle halten gegen diese Schrecken die Fassade eines Alltags aufrecht. Ist das Wüten der Natur nicht einem Raubtier ähnlich? Vielleicht lesen Sie nochmals die kleine Idylle vom Anfang und stellen sich dabei vor, Sie lägen dabei auf einem schleichenden Tiger – das Fell kitzelt Ihre Haut, darunter die gleichmäßige Bewegung von Muskeln und Knochen. Ein tiefes Grollen vibriert, die kalten Augen der Raubkatze auf der Suche nach Beute. Falls Ihnen das jemals passieren sollte – was würden Sie tun? Wäre es so abwegig, sich schlafend zu stellen?

Doch es sind nicht bloß die Schrecken der Welt, die wir mit Illusionen zudecken, es sind auch unsere inneren Untiefen. Der berühmteste dänische Philosoph, Søren Kierkegaard, hat in seiner Schrift *Die Krankheit zum Tode* von 1849 die Verzweiflung als den Zustand behandelt, der uns im Leben unweigerlich zu schaffen macht. Seiner Auffassung nach sind wir alle als sterbliche, mangelhafte Wesen unumgänglich und ständig verzweifelt. Wir verstecken es nur vor anderen und häufig auch vor uns selbst, um den Alltag zu bestreiten. Er belegte diesen besonderen Zustand mit dem Ausdruck «Hineintäuschen ins Wahre». Kierkegaard selbst war ein sehr gläubiger Mensch und sah die Chance auf Heilung im Glauben (allerdings abseits der Amtskirche). Auf dem Weg zur Heilung stünden wir allerdings vor einem Paradox: Wir möchten unsere tiefe Verzweiflung am liebsten vergessen, aber der Heilung sind wir näher, wenn wir uns unsere Verzweiflung bewusst machen. Unser natürlicher Hang, Leiden zu vermeiden, ist Kierkegaard zufolge also gerade ein Hindernis dafür, die Verzweiflung überwinden zu können. Können wir uns wirklich vorwerfen, nicht zu jeder Zeit in die Tiefen negativer Emotionen hinabsteigen zu wollen?

Mitnichten. Selbstverständlich dürfen wir uns beruhigen. Allerdings hat, wie alles im Leben, auch die Beruhigung ein richtiges Maß. Beruhigen wir uns zu viel, hat das negative Folgen – zumindest, wenn unsere Beruhigung darin besteht, beunruhigenden Erfahrungen partout aus dem Weg zu gehen.

Potenziell kann jeder Lebensbereich Anlass zur Sorge geben, und so schrumpft der Bereich der Sorglosigkeit immer weiter in sich zusammen. Sich selbst etwas vorzumachen wird mit der Zeit immer schwerer, zu deutlich wird der Widerstand der Wirklichkeit. Das geht so lange, bis ich nicht mehr umhinkomme, mich zu fragen, ob ich nicht meine wahren Gefühle, Wünsche, Bedürfnisse mit beruhigenden Illusionen zudecke.

Und noch etwas anderes mischt sich in unsere Illusion – unser Gewissen. Zunächst taucht es an den Rändern der Aufmerksamkeit auf, um nach und nach ins Zentrum zu drängen – und irgendwann *können* wir die Augen nicht länger verschließen. Dabei können solche «Gewissensbisse» sogar starke körperliche Reaktionen hervorrufen – so sagt man etwa, dass ein schlechtes Gewissen auf den Magen schlägt.

Was, wenn es nicht um einzelne Illusionäre geht, sondern sich ganze Gesellschaften etwas vormachen? Die Gesellschaftskritik der berühmten Philosophen der *Frankfurter Schule* der ersten Generation – u. a. Max Horkheimer, Theodor W. Adorno, Erich Fromm und Herbert Marcuse – deckte auf, wie die kommerzielle Welt das Bedürfnis der Menschen nach Illusion ausnutzt und verstärkt. In ihrem bei den 68ern gefeierten Buch *Dialektik der Aufklärung* handelt ein Kapitel von den Mechanismen der Kulturindustrie.

Die Konsumenten, so führen Adorno und Horkheimer aus, haben schon bemerkt, welch «kalkulierter Schwachsinn» ihnen angedreht wird. Sie bewegen sich in einer bunten Warenwelt, die sie zu kurzfristigen Kaufimpulsen animieren soll. Die Werbung versucht auf tausenderlei Wegen, alltägliche Produkte mit Bedeutung zu versehen und zu natürlichen Bedürfnissen der Konsumenten in Beziehung zu setzen – oder neue Bedürfnisse zu wecken. Wie schon von Rousseau diagnostiziert, entfremden wir uns auch hier von unserer wahren Natur. So bilde unsere Kultur einen «Verblendungszusammenhang», aus dem so wenig zu entkommen sei wie aus Nietzsches Bewusstseinszimmer.

Das Bild der hilflosen Konsumenten, das Adorno und Horkheimer zeichnen, wurde teilweise als überzogen kritisiert – u. a. von dem amerikanischen Soziologen John Fiske. Dennoch besitzt die *Dialektik der Aufklärung*, die Mitte der 1940er Jahre im kalifornischen Exil verfasst worden ist, noch heute eine hohe Aktualität und regt zum Nachdenken an.

In jüngerer Zeit hat David Foster Wallace in seinem Roman *Unendlicher Spaß* dies in der Metapher eines Films zusammengefasst. Im Roman ist dieser Film eine Waffe, weil die Zuschauer fortan nichts anderes mehr wollen, als diesen Film zu sehen. Sie vergessen zu trinken, zu essen und alles andere und gehen am Amüsement zu Grunde. Die Metapher ist so eindrucksvoll durch ihren wahren Kern: Unser Denkstil und unsere emotionalen Gewohnheiten sind schon so den Warenformen angeglichen, dass uns ihre Schädlichkeit gar nicht mehr bewusst ist. Wie die Gefangenen in Platons Höhlengleichnis starren wir unbeirrbar auf die Schatten an den Wänden unseres Gefängnisses.

Adorno und Horkheimer zufolge rege sich selten der Wunsch, aus diesem ganzen Kommerz auszusteigen. Wenn es dazu komme, dann seien die Ängste davor so groß, dass die Konsumenten «regredieren». Sie leben in einem schuldbewussten Selbstbetrug und versuchen diese Tatsache verzweifelt zu vergessen.

Sind wir wirklich solche bemitleidenswerten Anhängsel der Kulturindustrie? Oder bewegen wir uns heute in unserer kommerziellen Welt doch weitaus souveräner? Fraglich ist auch, ob sich überhaupt solch ein generelles Verhältnis von Menschen und Warenwelt bestimmen lässt. Trifft jeder Einzelne heute nicht in vielen Lebenssituationen unterschiedliche Entscheidungen, und ist dabei ein gelegentliches Belassen von Illusionen wirklich so verwerflich? Und müssen wir nicht zugestehen, dass wir uns in manchen Situationen nur noch dadurch über Wasser halten, dass wir in eine rettende Illusion eintauchen?

Die Kraft der Illusion

Das Salzwasser brannte ihr auf den Lippen. Seit Stunden schwamm Diana Nyad Zug um Zug. Um die 64-jährige Amerikanerin herum nichts als Wasser bis zum Horizont, unter ihr zweitausend Meter bis zum Grund des Golfs von Mexiko. Mit einem Team in der Nähe war sie auf dem Weg von Kuba nach Florida – 176 Kilometer. Seit Stunden glitt sie wie in Trance mit bleischweren Gliedern durchs Wasser. Sie hatte jedes Gefühl für

Raum und Zeit verloren, wusste nicht mehr, zum wie vielten Mal sie innerlich ihr Mantra sang – John Lennons «Imagine». Aber ihr Willen, weiterzuschwimmen, war unbeirrbar, trotz aller Erschöpfung. Dann wurde es wieder Nacht.

Sie schwamm im schwarzen Nichts. Auch ihr Team benutzte kein Licht, um keine Haie oder Feuerquallen anzulocken. Dann rief ein Teamkollege etwas. Diana wunderte sich und erwachte aus ihrer Trance. Fragte er sie, ob sie abbrechen wollte? Doch er rief: «Schau! Da vorne!» Eine Perlenkette von Lichtpunkten war am Horizont zu sehen. Die Lichter von Key West! Sie hatte nur noch wenige Stunden zu schwimmen.

Diese Begebenheit ist eine Lektion in menschlichem Durchhaltevermögen. Diana Nyad war seit ihrer Jugend Extremschwimmerin. Sie war, wie alle vor ihr, an der Strecke Kuba–Florida bereits gescheitert. Dass sie mit Mitte sechzig einen weiteren Versuch wagen würde, hatte kaum einer für sinnvoll gehalten. «Völlig illusorisch!», haben sicherlich viele gedacht – und doch schaffte sie es am Ende. «Niemals, niemals aufgeben» – das ist die Botschaft von Diana Nyad.

Solche Geschichten erinnern uns an die Kraft eines ungebrochenen Geistes. Das Bewusstsein für die Existenz eines solchen Durchhaltevermögens, einer solchen Widerstandskraft oder nicht aufgegebenen Hoffnung gehört zum wichtigsten Erbe der Menschheit. Der deutsche Philosoph und Schriftsteller Ernst Bloch hat diesem Phänomen in seinem dreibändigen Werk *Das Prinzip Hoffnung* aus den Jahren 1954 bis 1959 ein literarisch-philosophisches Denkmal gesetzt. Mit ihm versucht er, der anthropologischen Bedeutung der Wunschträume für ein besseres Lebens gerecht zu werden, ohne deren Gefahren auszublenden. Er schlägt deshalb die Konzeption der *konkreten Utopie* vor: Wunschträume seien ausdrücklich erlaubt – aber unsere Träume sollten tatsächlich möglichen Zuständen gelten.

Auf diese Art können wir noch in den dunkelsten Umständen einen inneren Anker finden.

Leider kann diese Kraft der Illusion auch Wendungen ins Absurde und Selbstmörderische nehmen. Noch in den letzten Monaten des Zweiten Weltkrieges, als aus deutscher Sicht bereits alles verloren war und Europa in Schutt und Asche lag, als vielen Deutschen der Irrsinn der Nazi-Ideologie klar gewesen sein muss, wurden im Auftrag von Goebbels noch immer Propagandafilme wie *Kolberg* produziert.

Einige Jahrzehnte später schwappte aus den USA die neue, sonnenbankgebräunte «Kraft des positiven Denkens» nach Europa, die ihre Verfechter oftmals als kindliche Selbstüberschätzer aussehen ließ. «Glaube an dich und du kannst alles erreichen!», hieß es nun mit geradezu infantilem Trotz, als ob diese rückhaltlosen Optimisten noch nie Kränkungen erfahren hätten. Wissen die denn nicht, was alles schiefgehen kann? Doch – sie wissen es nur zu gut.

Anhänger des positiven Denkens sind sich sehr wohl klar darüber, dass sie scheitern können, und auch darüber, dass *sie sich etwas vormachen*. Es ist gerade die Kraft der Einbildung, die sie für sich nutzen. So, wie Mediziner auf den Placebo-Effekt setzen, nutzen positive Denker die Selbstaktivierungs- und Selbstmotivationskräfte der Illusion. Dass es keine Erfolgsgarantie gibt, stört sie nicht. Sie glauben fest daran, mit ihrer Stimmung auch ihre Erfolgschancen zu heben. Und sie erwarten von sich selbst, auch die härtesten Situationen in positive Erfahrungen zu verwandeln – wodurch sie weniger Angst vor Fehlern haben. Interessanterweise machen Studien zufolge aber gerade sehr optimistische Menschen besonders häufig Fehler, die auf Selbstüberschätzung beruhen. Manchmal kann eine optimistische Grundeinstellung wichtige Lerneffekte verhindern. Warum ist das so?

Ich möchte es an einer Analogie aufzeigen. Die britische Philosophin und renommierte Kant-Expertin Onora O'Neill hat einmal eine wunderbare Rede über Vertrauen gehalten. Ihr wesentlicher Punkt war folgender: Heutzutage sei vielerorts die Rede davon, wie wichtig es ist, wieder mehr Vertrauen zu entwickeln. Diese Forderung bezeichnete O'Neill unverblümt als «dumm». Das Ziel eines erwachsenen Menschen müsse ein anderes sein: Unterscheiden zu lernen zwischen denen, die vertrauenswürdig sind, und denen, die es nicht sind. Was wir wirklich tun müssen, ist, unsere Urteilskraft zu trainieren, wem wir in welcher Hinsicht vertrauen können. Vielleicht würden wir z. B. einem bestimmten Freund die Verwaltung unseres Vermögens anvertrauen – aber wir würden ihm nie Einblick in die Tiefen unseres Seelenlebens geben. Eindimensionale Forderungen wie «Wir müssen wieder vertrauen» werden weder der Komplexität der Verhältnisse gerecht noch unseren kognitiven Fähigkeiten.

Ähnlich ist es mit Optimismus und positivem Denken. Ein eindimensionaler Optimismus macht blind für die tatsächliche Situation. Es ist vielmehr an uns, unsere Urteilskraft auszubilden, um zu entscheiden, ob in einer bestimmten Situation Optimismus angebracht ist oder nicht. Eindimensionaler Optimismus hemmt unsere Urteilskraft genauso wie eindimensionaler Pessimismus. Wenngleich es in manchen Situationen hilfreich und tröstend sein kann, die Hoffnung nicht zu verlieren, ist es in anderen Situationen gerade wichtig, seine Hoffnung nicht nachhaltig aufs falsche Pferd zu setzen – um daraus zu lernen.

Wir mögen also gute Gründe haben, unsere Augen vor bestimmten Wahrheiten zu verschließen. Wenn wir uns aber als selbstbestimmte Wesen sehen wollen, die ihre Möglichkeiten angemessen einschätzen lernen und nach besten Kräften und Gewissen nutzen, dann müssen wir uns von falschen Hoffnungen und manchmal auch von beruhigenden Illusionen befreien. Nur wer seinen Grenzen und Schwächen, seinen Fehleinschätzungen und Illusionen auf die Spur kommt, der kann seine tatsächlichen Möglichkeiten ins Visier nehmen.

Ob Berufsleben, zwischenmenschliche Beziehungen oder gesundheitliche Belange – wir haben im Alltag ganz konkret einen *Erkenntnisauftrag*. Wir müssen uns nicht nur Informationen beschaffen (was heute leicht ist) – wir müssen Informationen filtern, in Zusammenhang bringen, vergleichen und bewerten. Und wenn dabei eine langgehegte Illusion zerfällt – dann haben wir soeben eine neue Einsicht gewonnen und haben Anlass zur Freude. Es ist nicht immer leicht oder angenehm, eine liebgewonnene Illusion gehen zu lassen. Wir dürfen auch mal schwach werden, nur wir sollten dabei nicht unser Gewissen ignorieren. Und es mag bisweilen sogar gute Gründe geben, manchen Zweifeln am Wahrheitsgehalt der eigenen Weltorientierung nicht allzu forsch auf den Grund zu gehen – so wie Aschenbach seine Illusion bewahren wollte, weil sie seine Inspiration befeuerte.

Sofern wir aber überhaupt Einfluss auf unsere Lebensgestaltung nehmen wollen, müssen wir das Streben nach *Erkenntnis* höher schätzen als die Flucht in die Komfortzone der Selbsttäuschung. Sind Sie dazu bereit?

Multiple Skalen des Selbstwertgefühls

Unsere Entscheidungen hängen stark von unserer Selbsteinschätzung ab – und gleichzeitig machen wir uns hier besonders häufig etwas vor. Ein Beispiel: Wie intelligent sind Sie wirklich? Solche Selbsteinschätzungen erforscht der amerikanische Sozialpsychologe Dan Ariely. So sollten etwa die Probanden im

Anschluss an einen Test ihre eigene Intelligenz im Vergleich zu den anderen Teilnehmern schätzen. Ergebnis: Die meisten Teilnehmer hielten sich für überdurchschnittlich intelligent. In der Summe können natürlich die Antworten schon deshalb nicht zutreffen, weil das nicht der Definition von «Durchschnitt» entspräche. So wie die Teilnehmer im Test sind eben die meisten Menschen durchschnittlich intelligent – mit wenigen Ausreißern nach oben und unten. Beim Thema Intelligenz möchten wir allerdings gerne weit oben auf der Skala stehen.

Noch andere Skalen sind für unser Selbstwertgefühl wichtig. Fragen Sie sich einmal, wie attraktiv Sie sind. Auch wenn wir uns angesichts der computerbearbeiteten Werbegesichter, die uns überall als Schönheits-Standard geliefert werden, ziemlich unattraktiv vorkommen müssten, so halten wir uns auch hier gerne für etwas attraktiver als den Durchschnitt.

Die britische Philosophin und Schriftstellerin Iris Murdoch hat in ihrem Aufsatz *The Sovereignty of Good* von Kompetenzgraden (*degrees of excellence*) gesprochen. Demnach nehmen wir aus unserem kulturellen Umfeld eine Vielzahl an Skalen auf, mit denen wir unser Verhalten als besser und schlechter beurteilen: Auf der Skala kultureller Allgemeinbildung sehe ich mich eher im oberen Bereich, auf der Skala für die Reparatur komplizierter Elektronik verorte ich mich weiter unten.

In traditionellen Gesellschaften sind die Skalen, nach denen man das eigene Verhalten zu beurteilen hat, insgesamt einheitlicher, normierter. Im deutschsprachigen Kulturraum war etwa im 19. Jahrhundert ziemlich klar, nach welchen Skalen sich Menschen in ihrem jeweiligen sozialen Stand zu richten hatten. Als Student etwa hatte man sich auf den Skalen «Fechten» und «Trinkfestigkeit» zu bewähren. Für Bürgertöchter dagegen waren Skalen wie «Liebreiz», «Klavierspiel» und «artige Konversation» bindend.

Heute sind wir zwar in vielerlei Hinsicht immer noch sozial und familiär geprägt. Unsere kulturelle Prägung als «selbstbestimmter Mensch» fordert jedoch auch, eine eigene Auswahl an Skalen zu treffen und dabei eigene Prioritäten zu setzen.

Gerade weil wir heute freier wählen und selbstbestimmter zwischen den Skalen wechseln können, werden ständig und aus allen Richtungen lautstark entsprechende Angebote an uns herangetragen. Besonders offensiv geschieht dies im kommerziellen Bereich, wenn Produkte in Zusammenhang mit einem besonders erfüllenden Lebensstil gestellt werden. Dabei gibt es keinen zwingenden Grund, dass wir in der dargestellten Situation ebenso glücklich wären wie die Darsteller es vorführen. Wie die Werbewirkungsforschung zeigt, ist der Einfluss der Werbung nicht so groß, wie es die Werbemacher gerne hätten – aber dennoch werden uns in Werbespots, Annoncen und Rollplakaten tagtäglich immer wieder Lebensstile angepriesen. Skalen, nach denen wir uns angeblich zu bewerten haben.

Es gilt also, in einer pluralistischen Wirklichkeit unsere eigene Auswahl an Skalen zu behaupten. Und genau an dieser Stelle können ironischerweise gerade die Illusionen eine Funktion bekommen: indem man die Werbeillusionen mit eigenen Illusionen unschädlich macht – zumindest teilweise. Denken Sie etwa an die Versprechen von jugendlicher Attraktivität, die durch die Kosmetikindustrie perpetuiert wird. Vielleicht wollen Sie sich einfach nicht dazu verführen lassen, mehr Geld für teure Kosmetika auszugeben, die trotz aller «wissenschaftlicher Forschung» erwiesenermaßen nicht wirken. Eine erste Möglichkeit bestünde darin, sich gegen die Akzeptanz der Skala «jugendliche Attraktivität» zu sperren – oder sie zumindest im eigenen Arsenal der Skalen möglichst weit nach unten rutschen zu lassen. Oder, umgekehrt: Sich selbst auf der Skala einfach ein Stück weiter oben zu platzieren. «Ich *bin* ja ohnehin ziemlich attraktiv, sogar überdurchschnittlich, deshalb brauche ich diese ganzen Produkte gar nicht», könnten Sie sich selbst sagen.

In dieser Hinsicht kann es durchaus eine rationale Entscheidung sein, sich selbst etwas vorzumachen, weil der Selbstbetrug hier als Werkzeug fungiert, um die eigenen Prioritäten, die selbstgewählten Bewertungsmaßstäbe im Leben vor äußeren Attacken zu schützen.

Auch gegenteiliges Verhalten, sich selbst eher unten zu platzieren, kann etwas Positives haben: wenn ich z. B. einen Grund brauche, um etwas nicht tun zu müssen. Wenn jemand schon sehr lange einen Partner sucht, dann tatsächlich einen Menschen trifft und sich verliebt – dann steht bei der Entscheidung für die nächsten Schritte ja einiges auf dem Spiel. Wenn ich nun die Skala «körperliche Attraktivität» unverhältnismäßig in den Vordergrund rücke und mich selbst darauf nach unten drücke, dann habe ich ein Argument, um keine Schritte unternehmen zu brauchen. Ich brauche mir nicht Feigheit oder Willensschwäche vorzuwerfen, sondern kann mir einreden, ich hätte sowieso keine Chance, weil ich nicht in der «Liga» des anderen spiele. Dabei hat jeder aufmerksame Erwachsene in seinem Leben schon eine Fülle glücklicher phänotypisch ungleicher Paarungen gesehen, sodass der Mythos der «Liga» per se nicht besonders viel Wahrheit in sich tragen dürfte.

Stoßen wir in bestimmten Situationen jedoch immer wieder auf ähnliche Schwierigkeiten – nun, dann könnte es am Ende doch etwas mit uns und unseren Illusionen zu tun haben. Sie erinnern sich sicherlich an den alten Witz: «Ein Mann hört eine Durchsage im Autoradio: ‹Vorsicht, auf der A7 Hannover Richtung Hamburg ist ein Falschfahrer unterwegs.› – Meint der Mann: ‹Einer? Hunderte!›» So ähnlich kann es uns gehen, wenn wir nicht erkennen, dass wir selbst ein entscheidender Faktor in einer problematischen Situation sind.

In solchen Fällen liegt die Heilung meist darin, das aufrichtige Gespräch mit anderen zu suchen, über deren Kritik nachzudenken und sie anzunehmen. Auch wenn es manchmal schwerfällt, es sich einzugestehen: Andere, die uns ausreichend kennen, können unser Verhalten manchmal besser beurteilen als wir selbst – und bringen uns die «heilsame Ernüchterung», von der Thomas Mann in der Episode aus *Der Tod in Venedig* schrieb.

Sollen wir nun also unsere Illusionen ein für alle Mal ausradieren – falls das möglich ist? Oder dürfen wir uns weiterhin «ins Wahre hineintäuschen», wie Kierkegaard es nannte – auch wenn es das Risiko mit sich bringt, die eigenen Handlungsmöglichkeiten zu schmälern?

Wie so häufig bei echten Lebensfragen gibt es darauf keine eindeutige Antwort – behauptete jemand das Gegenteil, sollte man misstrauisch werden. Die Vielfalt unseres Umgangs mit Illusionen, wie in diesem Kapitel beschrieben, stellt jeden vor die Aufgabe, selbst zu entscheiden, ob er eine Illusion momentan bewahren oder auflösen sollte.

Schon aus Gründen der Selbstachtung ist es wichtig, dass wir für uns selbst jeweils konkret die Grenze ziehen – wann wir es als unserer nicht würdig erachten, uns etwas vorzumachen. Solange wir nicht die Kontrolle verlieren, ist gegen ein vernünftiges Maß an Illusion nichts einzuwenden. Und deshalb sollten wir auch vorsichtig sein, andere vorschnell für naiv zu halten. Vielleicht ist die Person viel abgebrühter im Umgang mit ihren Illusionen, als wir bemerken, und hat ihre Gründe, an genau *dieser* Illusion festzuhalten. Solange wir nicht Schaden durch die Illusion befürchten, haben wir in Unkenntnis der emotionalen und rationalen Umstände vor dem Selbstbetrug der anderen ähnlichen Respekt zu haben wie vor ihren kleinen Schwächen.

8
Weckruf zur Weisheit –
Wie will ich gelebt haben?

Mein Großvater war in der Nacht gestorben. Ich betrat das Schlafzimmer langsamer als sonst, denn es war jetzt ein Sterbezimmer. Großvater lag in seinem Bett, auf der Seite. Im Wohnzimmer war der Tonarm des Plattenspielers am Ende der zweiten Seite stehen geblieben. Das letzte Lied aus Schuberts Zyklus *Winterreise – Der Leiermann*:

> Und er lässt es gehen
> Alles, wie es will,
> Dreht und seine Leier
> Steht ihm nimmer still.
>
> Wunderlicher Alter,
> Soll ich mit dir geh'n?
> Willst zu meinen Liedern
> Deine Leier dreh'n?

Den größten Teil seines Lebens hatte mein Großvater, der bei uns «Opi» hieß, meine Großmutter gepflegt. Sie hatte in ihrer Lebensmitte einen Autounfall gehabt, von dem sie sich nie ganz erholte. Doch trotz ihrer Schwerbehinderung führten die beiden ein schönes Leben frei von finanziellen Sorgen, unternahmen gemeinsame Reisen und widmeten sich den Enkeln. Als meine Großmutter starb, geriet für Opi das Leben aus den Fugen. Doch er schaffte es, seinem Leben eine neue Wendung zu geben.

Er gestaltete seinen Alltag von nun an deutlich anders, tat Dinge, die meine Großmutter nicht toleriert hatte oder die aufgrund der intensiven Pflege kaum möglich gewesen waren: Er aß in herrlich rustikalen Restaurants und las reißerische Thriller (ihr hatte er ihren geliebten Tolstoi vorgelesen, nachdem sie erblindet war). Er trug Jeans und baute in der Wohnung zur eigenen Freude Spielzeuglandschaften auf. Ohne diese Dinge war er zwar nicht unglücklich gewesen, aber nun füllte er mit ihnen sein Leben als Witwer.

Die Lehre daraus ist sicherlich *nicht*, dass wir nur alleine das Leben führen können, das wir führen wollen. Es zeigt vielmehr, wie unser Dasein bis zuletzt Veränderungen unterworfen ist, die uns unterschiedliche Dinge wichtig nehmen lassen. Manchmal kann allein schon die Einsicht in die eigene Sterblichkeit einen Sinneswandel bewirken.

In diesem Kapitel soll es darum gehen, was wir über den Tod denken, warum wir meistens Angst vor ihm haben und wie der Gedanke des eigenen Todes dennoch ein kraftvoller Impuls zu einem erfüllteren Leben sein kann.

Jede Lebensdauer ist begrenzt. Das Sterben ist Teil des Lebensprozesses – die Älteren sterben und machen Platz für Jüngere. Evolutionsbiologen sehen das Sterben als Teil der *Erhaltung* einer Art. Nicht allein wegen drohender Überbevölkerung, sondern weil die Anpassung, die das Überleben der Spezies ermöglicht, auf Generationswechsel angewiesen ist. Durch sie erst kommt genetische Wandlung in Gang. Deshalb untersuchen Genetiker gerne Arten wie *Drosophila* – die Fruchtfliege, die eine schnelle Generationsfolge von nur neun bis vierzehn Tagen hat.

Auch auf der zweiten Ebene evolutionärer Strategien, der kulturellen Überlieferung und Wandlung, spielen Generationswechsel eine wichtige Rolle. Es sind die Jüngeren, die die kulturellen Gewohnheiten einer Gesellschaft besonders schnell lernen und danach streben, sie weiterzuentwickeln. Aus evolutionärer Perspektive ist der Tod eines Individuums also ein Teil des Überlebens der Spezies.

Für den Einzelnen ist diese Sichtweise freilich nicht besonders tröstlich. Wir können zwar rational einsehen, wie notwendig der Tod Einzelner für die Spezies ist. Aber in unserer Lebensperspektive ist weniger der abstrakte Gedanke an den Tod irgendeines Einzelnen relevant, sondern der Gedanke an unseren *eigenen Tod*. Die Vergänglichkeit allen Lebens oder aller Dinge kann ich auf einer unpersönlichen, allgemeinen Ebene einsehen. Aber wenn ich mir verdeutliche, dass ich selbst ganz persönlich davon betroffen bin, gewinnt die Auseinandersetzung mit dem Tod eine neue Dimension.

Alles, was mich ausmacht: mein Körper, meine Empfindungen, meine Gedanken, meine Absichten, meine Erinnerungen an mein Leben, meine Liebe für meine Familie – meine gesamte innere Welt, in der sich mein Glück und meine Trauer, meine Sorgen und meine Hoffnung abspielen, wird aufhören zu existieren. Dieser Gedanke löst bei vielen Angst aus. Erklärungen gibt es für dieses Phänomen viele. Martin Heidegger fasste es als Grundangst auf, die vom Gedanken an das eigene Erlöschen im Nichts ausgelöst werde – ein Nichts, das uns wegen seiner Unbestimmtheit ängstige.

Für meinen Großvater setzte dieses Verlöschen der eigenen Welt schon vor seinem Tod ein: Er erkrankte an Demenz. Sie schritt stetig voran, und es war, als ob schon zu Lebzeiten ein Teil seiner Persönlichkeit verschwand. Dafür kamen die Vergesslichkeit, die unleserliche Handschrift, die Orientierungsschwierigkeiten, die emotionalen Ausbrüche.

Erkrankungen wie Demenz können uns daran erinnern, wie fragil unsere Persönlichkeit letztlich ist. Opi, lebenslang ein überaus höflicher und korrekter Mensch, verlor jedes Gefühl für Verhältnismäßigkeit: Seit vielen Monaten hatte mein Vater ihn mehrmals täglich besucht, ihn gepflegt, für ihn gekocht – und doch musste er sich eines Tages hemmungslos anbrüllen lassen, weil er «eigenmächtig» eine eingetrocknete Erbswurst entsorgt hatte.

Opi verlor wie viele Demenzkranke das Verständnis für die zwischenmenschlichen Bezüge im Leben. Das wurde mir eines Nachmittags klar, als wir im Wohnzimmer saßen und ein altes Fotoalbum durchblätterten. Er ging mit dem Zeigefinger alle Personen auf den Fotos durch, da merkte ich plötzlich: Er konnte seine Frau und seine Tochter nicht mehr voneinander unterscheiden. Jedes Mal, wenn eine der beiden auf den Fotos abgebildet war, sagte er: «Hier: deine Mutter.» Wenn *beide* auf demselben Foto waren, dann sagte er bei der ersten «deine Mutter», bei der zweiten: «Weiß ich nicht».

Hier saß der Mann, der noch vor wenigen Jahren mit meiner Großmutter ausgiebige Streitgespräche über europäische Geschichte geführt hatte – etwa darüber, in welchem Jahr Pippin II. von Karl dem Großen abgelöst wurde (es war im Jahre 768). Nun stritt er mit demselben Brustton der Überzeugung ab, dass seine Frau meine Großmutter gewesen sei, und behauptete felsenfest, mein Vater sei mein Bruder.

Wenn wir Zeuge eines solchen lebendigen Vergehens einer Persönlichkeit werden, macht uns das traurig. Nicht nur, weil wir den Menschen vermissen, den wir einst kannten und Mitleid für den Betroffenen empfinden. Sondern auch, weil er uns vor Augen führt: Unsere eigene Persönlichkeit wird ebenso vergehen.

Mit der Zeit konnte Opi an nichts mehr Anteil nehmen. Nichts vermochte ihn von seiner Schwäche und seinem körperlichen Leiden abzulenken, und er brauchte intensive Pflege. In einem klaren Moment antwortete er auf die Frage, ob er noch leben wolle: «Nein, ich will nicht mehr.» Er sagte das ohne Wehleidigkeit oder Verzweiflung – einfach im Tonfall desjenigen, der an einem Projekt gearbeitet hat, sich umschauend die Hände in die Hüften stützt und sagt: «Hier bin ich fertig.»

Dieser Zustand ist für mich ein Mysterium und gleichzeitig ein Trost. Es ist jene Gelassenheit dem Tod gegenüber, die alte Menschen mitunter an den Tag legen. Sie sind *satt* vom Leben. Wenn ich hingegen an meinen eigenen Tod denke, würde ich immer – vor die Wahl gestellt – das Leben vorziehen. Das ist wohl die natürliche Einstellung eines Menschen, der im Leben noch etwas vorhat. Aber es tröstet mich sehr, jemanden erlebt zu haben, für den der eigene Tod keinen Schrecken mehr bedeutete.

Opi war schließlich zu schwach und unwillig, sich überhaupt noch zu bewegen. Er hörte mit Essen und Trinken auf und ließ es einfach geschehen. In seinen letzten Stunden blieb ich noch bei ihm und hielt seine Hand. Ich habe mich für die gemeinsame Zeit bedankt und mich verabschiedet. Nach einiger Zeit spürte ich eine minimale Bewegung, als ob er mir sagen würde: «Es ist gut – bitte geh jetzt.» Ich hatte den Eindruck, er wollte nicht, dass ihm jemand beim Sterben zusah, und verließ das Zimmer.

Am nächsten Morgen versammelte sich meine Familie in Opis Wohnung. Wir weinten über den Verlust, waren erleichtert über das Ende seiner Leiden, lachten über alte Geschichten und erinnerten uns daran, was im Leben wirklich zählt.

Kann man das Sterben lernen?

Es sind solche Begebenheiten, die uns viel über das Sterben und das Leben lehren. Das Mysterium des Todes beschäftigt die Menschheit seit unvordenklichen Zeiten. Schon im Gilgamesch-Epos macht sich der gleichnamige Jüngling auf die Suche nach einem Kraut, das gegen den Tod gewachsen ist. Auch die Philosophie fragt seit ihrem Anbeginn, wie wir mit unserer Sterblichkeit umgehen können. Schopenhauer zufolge war der Tod geradezu die «Muse der Philosophie». Welchen Rat können Philosophen zum Umgang mit dem Tod geben? Und wie können wir etwas erlernen, das wir nicht *üben* können?

Sie kennen sicherlich den Satz: «Philosophie heißt sterben lernen.» Er stammt aus Platons Dialog *Phaidon*, der vom Tod des Sokrates berichtet. Dort erzählt Sokrates – wegen angeblicher Blasphemie und Aufhetzung der Jugend zum Tode verurteilt – im Kreise seiner Freunde und Schüler, warum der Philosoph angstfrei und gelassen in den Tod geht. Am Ende wird Sokrates der giftige Schierlingsbecher gebracht, er trinkt – und stirbt ruhig und gefasst. Was war das Geheimnis seiner ruhigen Haltung angesichts des eigenen Todes?

Wer eine spektakuläre philosophische Antwort erwartet, könnte enttäuscht werden: Sokrates argumentiert mit der Unsterblichkeit der Seele. Die Loslösung der Seele vom Körper mit dem Tod sei die Vollendung dessen, was der Philosoph ohnehin im Leben anstrebe. Außerdem glaube er daran, nach dem Tod in Gesellschaft der Götter und der besseren Menschen zu sein – ohne dafür überzeugende Beweise angeben zu können. Soll *das* etwa die Weisheit der Philosophie sein? Dass sie uns eine weitere Version dessen liefert, was in fast allen bekannten menschlichen Kulturen zu finden ist – nämlich der Glaube an ein Leben nach dem Tod?

Obwohl Sokrates bekundet, genau daran zu glauben, bleibt er seiner grundlegenden Maxime treu: nicht das zu wissen glauben, was er in Wahrheit nicht weiß. Deshalb *behauptet* er nicht, die Seele sei unsterblich – sondern drückt das für ihn Tröstliche an dieser Vorstellung aus, *falls sie wahr sein sollte*. Was wirklich nach dem Tod passiert, gibt er nicht vor, zu wissen. Darin liegt ein großer Unterschied zu den üblichen Erzählungen über ein Leben nach dem Tod: Sie behandeln die Unsterblichkeit als wahr, häufig unter Bezug auf eine göttliche Quelle, eine Offenbarung oder heilige Texte. Sokrates zufolge ist der gelassene Umgang des Philosophen mit dem eigenen Tod jedoch nicht in einem «höheren Wissen» begründet, so wie es Religionen zu besitzen vorgeben. Der Grund liegt im aufrichtigen Bekenntnis zur menschlichen Unwissenheit.

In der *Apologie des Sokrates*, der von Platon überlieferten Verteidigungsrede Sokrates' gegen sein Todesurteil, wird das an der Frage deutlich, ob der Tod überhaupt ein Übel sei. Allein dies in Frage zu stellen, mag uns zunächst absurd erscheinen. In einigen Fällen wird der Tod möglicherweise als Erlösung empfunden – aber ist er ansonsten nicht etwas Schlechtes, das jeder vermeiden will?

Sokrates' Auffassung zufolge wissen wir zu wenig über den Tod, als dass wir Aussagen darüber treffen können, ob es sich dabei um etwas Schlechtes oder Gutes handelt. Den Tod zu fürchten sieht Sokrates als Ausdruck einer falschen Sicherheit:

> «Denn den Tod fürchten, ihr Männer, das ist nichts anderes
> als sich dünken, man wäre weise, und es doch nicht sein.
> [...] Denn niemand weiß, was der Tod ist, nicht einmal, ob
> er nicht für den Menschen das größte ist unter allen Gütern.
> Sie fürchten ihn aber, als wüssten sie gewiss, dass er das
> größte Übel ist. Und wie wäre dies nicht eben derselbe ver-

rufene Unverstand, die Einbildung, etwas zu wissen, was man selbst nicht weiß.» (Platon 2004, Abschnitt 29a)

Sokrates' Grundgedanke ist also: Wir wissen nichts über das, was im Anschluss an unser Sterben passiert (oder nicht passiert). Deshalb habe es keinen Sinn, sich davor zu fürchten – unsere Furcht habe gar keinen Gegenstand.

Ob einen das überzeugt, hängt davon ab, ob man auch die Angst vor dem Unbekannten für denkbar hält. Oben hatte ich Heideggers gegenteilige Auffassung erwähnt, dass dieses Nicht-Wissen, was danach passiert, das Unbestimmte, gerade unsere Angst vor dem Tod auslöst. Ein Beleg für ihre Durchschlagskraft ist die Angst vor dem Unbekannten in Film und Literatur – etwa bei dem amerikanischen Horror-Autor H. P. Lovecraft oder in Horror-Filmen wie *Blair Witch Project*.

Aber wenn das sokratische Argument die Schrecken des Todes nicht auszuhebeln vermag – können wir den Tod überhaupt als etwas anderes als ein Übel betrachten? Der amerikanische Philosoph Thomas Nagel vertritt konsequent die Auffassung, dass der Tod selbst unter widrigen Bedingungen ein Übel sei, weil er jede Möglichkeit einer Verbesserung des eigenen Lebens zunichtemache. Selbst im größten Leid gebe es noch Hoffnung – aber mit dem Tod vergehe auch diese.

Der amerikanische Psychoanalytiker Ernest Becker hat in *The Denial of Death* eine ähnliche Auffassung vertreten. Becker zufolge ist der Gedanke des tatsächlichen Endes so schrecklich, dass die Verdrängung dieses Gedankens sich als zentrales Motiv durch die menschliche Kulturgeschichte ziehe. Die Vielfalt religiöser, mythischer, mystischer und heroischer Erzählungen hätten den Zweck, den Gedanken des Erlöschens nach dem Sterben durch die Vorstellung eines ewigen Lebens nach dem Tod zu ersetzen.

Andererseits halten viele Menschen die Vorstellung eines ewigen Leben keineswegs für wundervoll und erfüllend. Der englische Philosoph Bernard Williams meint: Als unsterbliche Wesen könnten wir gar nicht die sein, die wir jetzt sind. Zu tief sei unsere Sterblichkeit in die gesunde Entwicklung unserer Persönlichkeit eingelassen. Der spanische Schriftsteller Jorge Louis Borges hat in seiner Erzählung *Der Unsterbliche* veranschaulicht, wie sinnlos und leidvoll wirkliche Unsterblichkeit für einen Menschen wäre. Mit der Unfähigkeit zu sterben würde der Mensch gleichzeitig seinen Lebenswillen verlieren und mit ihm die Fähigkeit, seinem Leben einen Sinn zu verleihen. Aus dieser Perspektive wäre der Tod auch für den Einzelnen wünschenswert.

Auch der französische Philosoph Montaigne fasste den Tod nicht als grundsätzliches Übel auf. Für ihn hing unser Verhältnis zum Sterben von unserem momentanen Gesundheitszustand ab: Wir hätten umso weniger Hemmungen, sterben zu wollen, je schlechter es uns gehe:

«Wenn uns aber ein langsamer Tod erwartet, so zeigt mir die Erfahrung, dass die Lebenslust ganz natürlich in dem Maße abnimmt, wie ich der Krankheit allmählich verfalle. Es fällt mir sicher schwerer, mich zur Todesbereitschaft zu entschließen, wenn ich gesund bin, als wenn ich mit Fieber im Bett liege; denn dann lockt mich das, was das Leben Schönes bietet, nicht mehr so, da ich es doch nicht mehr recht zur Verfügung habe und mich nicht mehr recht daran freuen kann; deshalb erscheint mir dann das Bild des Todes viel weniger fürchterlich.» (Montaigne 1986, S. 58)

Montaigne betrachtet den Tod hier zwar nicht prinzipiell als etwas Gutes – aber er weist auf andere Übel hin, die ihn weniger «fürchterlich» erscheinen lassen.

Das bedeutet im Umkehrschluss nicht, die Angst vor dem eigenen Tod zu überwinden, indem ich mein Leben möglichst schlecht gestalte, z. B. willentlich meine Gesundheit ruiniere. Das wäre ebenso irrig, wie die Beziehung zu einer Person möglichst unerfreulich zu gestalten, um sich den Abschied von ihr zu erleichtern. Ich werde später dazu kommen, dass der Gedanke an den eigenen Tod uns genau zur gegensätzlichen Einstellung motivieren sollte.

Aber zunächst möchte ich etwas mehr Klarheit in das Nachdenken über den Tod bringen. Fragen wir also genauer, von *wessen* Tod die Rede ist und von *welcher* Art des Sterbens.

Ich selbst bekenne mich zu meiner Angst vor dem Tod. Als Folge dessen versuche ich alles dazu beizutragen, nicht frühzeitig zu sterben. Natürlich bin ich nicht vor den Unwägbarkeiten des Lebens gefeit, aber innerhalb meines Einflussbereichs versuche ich meine körperliche und psychische Gesundheit zu erhalten. Aber ich habe auch erlebt, dass die Angst vor dem eigenen Sterben plötzlich weniger wichtig werden kann.

Unser jüngerer Sohn kam sechs Wochen nach der Geburt mit einem schweren Lungenvirus auf die Säuglings-Intensivstation. Dort lag er hilflos, künstlich beatmet und kreidebleich. Die Ärzte wagten nur vorsichtige Prognosen. Sofort hätte ich mit unserem Kleinen getauscht: er gesund zu Hause und ich krank auf der Intensivstation. Die Angst vor meinem eigenen Tod war weniger stark als die Angst um das Leben unseres Kindes.

Wenn jemand also über *den* Tod spricht: Fragen Sie, *wessen* Tod und *welche* Art zu sterben. Ansonsten bleibt das Thema abstrakt, und es fällt nicht schwer zu sagen: «Ich fürchte mich nicht vor dem Tod.» Es ist ungefähr so wie mit dem Gebot «alle Menschen zu lieben»: sich grundsätzlich dazu zu bekennen, ist leicht. «Alle Menschen» sind keine konkrete Person. Aber den Verbrecher zu lieben, den unfreundlichen Kollegen oder auch nur den Drängler im Rückspiegel – das ist etwas ganz anderes. Deshalb soll hier konkret der *eigene* Tod im Fokus stehen. Warum ist gerade dieser Gedanke so schwer zu fassen?

Wenn Sie sich fragen «Was ist denn heute überhaupt noch sicher?» – dann ist «der Tod» in jedem Fall eine zutreffende Antwort. Und ausgerechnet diese morbide Sicherheit wollen wir häufig nicht einsehen. Oft müssen sich Menschen dieser Wahrheit stellen, bevor sie satt am Leben werden konnten. Der Aktionskünstler und Regisseur Christoph Schlingensief hat diesen harten Prozess in seinem Tagebuch *So schön wie hier kanns im Himmel gar nicht sein!* ehrlich und eindrücklich aufgeschrieben. Viel zu früh im Leben musste er sich damit abfinden, dass seine Krankheit unheilbar war:

> «Das ist doch alles nicht zu fassen! Wie soll ich das denn schaffen, dieses Grauen zu akzeptieren und mir zu sagen: Ja, Christoph, das bist jetzt du, du wirst gerade zerlegt, löst dich in Wurmscheiße auf!» (Schlingensief 2009, S. 49)

Die Hürde, das eigene Sterben zu akzeptieren, kann umso höher sein, wenn «es zu früh für uns ist», etwa wenn wir die durchschnittliche Lebenserwartung deutlich unterschreiten. Über solche Beispiele nachzudenken empfinden wir (noch) Gesunden häufig als Zumutung, der wir uns nicht freiwillig aussetzen möchten. Aber in philosophischer Hinsicht bringen uns genau diese Beispiele weiter, denn sie erzeugen Bodenhaftung. Dagegen neigen allgemeine Betrachtungen dazu, die Bodenhaftung zu verlieren. Sie *klingen* weise, und doch können sie völlig absurd scheinen, wenn wir sie einem Realitätstest unterziehen. Hier ein Beispiel:

> «Warum fürchtest du deinen letzten Tag? Er ist kein größerer Schritt zu deinem Tode als alle anderen Tage: die Müdigkeit wird nicht durch den letzten Schritt verursacht; sie wird nur sichtbar bei ihm. Alle Tage wandern wir zum Tode; am letzten Tag kommen wir am Ziel an.» (Montaigne 1986, S. 62)

Jeder Tag führt einen Tag näher zum Tod. Normalerweise fürchten wir den Tod nicht – also brauchen wir auch den letzten Tag nicht zu fürchten. Diese weise Sentenz des Philosophen Montaigne geht an den Empfindungen der meisten vorbei, wenn sie sich mit dem eigenen Tod auseinandersetzen: Der Gedanke an unseren letzten Tag ist schließlich deshalb beängstigend, weil der Tod *dann da ist.* Wir fürchten den letzten Tag, *weil* er eben das *Ende* ist und wir weder wissen, wann es kommt, noch wie.

Wie zynisch wäre es, der Mutter mit dem hungernden Kind zu sagen: «Warum fürchtest du dich vor dem Tag, an dem dein Kind vor Hunger stirbt – jeder Tag bringt doch dein Kind dem Tode näher.» Und ich bezweifle, ob sich die Angehörigen eines überfahrenen jungen Mannes getröstet fühlen, wenn sie bei Montaigne sinngemäß lesen: «Ach, langes Leben oder kurzes Leben, das sind doch nur unsere unbedeutenden menschlichen Vorstellungen. Ob eine Eintagsfliege morgens stirbt, also jung, oder erst am Abend, also alt – da lächeln wir doch drüber. Und bei uns Menschen ist es nicht anders.» Ich will nicht abstreiten, dass solche Gedanken jemanden zu trösten vermögen – doch ich vermute, dass diese Tröstung eher in Situationen stattfindet, in denen man allgemein über das Sterben nachdenkt.

Nachdem der Fokus bisher auf den Umständen des Sterbens

lag, die die Frage nach dem Tod überhaupt erst konkret machen, möchte ich nun einige Aspekte des Todesbewusstseins unterscheiden.

Formen des Todesbewusstseins

Haben Sie schon einmal ein Tier in Todesangst gesehen? Die aufgerissenen Augen, die verzweifelten Anstrengungen, die Schreie – so kämpfen Tiere ums Überleben. Angesichts einer konkreten Bedrohung des eigenen Lebens geraten Organismen in einen Ausnahmezustand. Auch wir Menschen kämpfen mit allen Mitteln, wenn wir ernsthaft um Leib und Leben fürchten.

Es liegt auf der Hand, der Todesangst eine biologische Funktion zuzusprechen. Es geht ums Überleben – sowohl des Einzelnen, der Gruppe als auch der ganzen Spezies. Durch die starken Affekte sollen Organismen auf Gefahren aufmerksam werden, schnell und instinktiv reagieren und alle verfügbaren Reserven zur (eigenen) Rettung aktivieren.

Wenn man dieser Auffassung folgt, dann ist die Angst vor dem Tod für Menschen ebenso überlebenswichtig wie für andere Tiere. Mit dem Unterschied, dass Menschen aufgrund ihres ausgedehnten Zeitbewusstseins weitaus komplexere Bedrohungen bemerken: zukünftige Ereignisse und Möglichkeiten, spätere Generationen etc. Vielleicht gebe ich bestimmte Gewohnheiten auf, weil ich das langfristige Gesundheitsrisiko vermeiden will, vielleicht versuche ich mehr auf einen nachhaltigen Lebensstil zu achten, weil die Ausbeutung der Erde langfristig auf eine Katastrophe zusteuert. Aufgrund dieses Zeithorizonts ist unsere Todesangst also komplexer als bei Tieren, aber sie kann auf dieselbe Funktion bezogen sein: unser Überleben zu sichern. Es ist ein entscheidender evolutionärer Vorteil, Bedrohungen vermeiden zu können, die in der Zukunft liegen. Und so können wir uns vor unserem späteren Tod ängstigen, obwohl er nie Teil unseres Lebens sein wird.

Dieser Umstand wurde von manchen Philosophen als Beruhigung aufgefasst. Epikur war der Überzeugung, unsere Angst vor dem Tod sei die Wurzel aller Seelennöte. Entsprechend entwickelte er eine Reihe von Gedanken, um Menschen von dieser Angst zu heilen. Er schrieb etwa: «Wenn wir hier sind, ist der Tod nicht da; und wenn der Tod da ist, sind wir nicht mehr hier.» In ähnlicher Form hat im 20. Jahrhundert Wittgenstein diesen Gedanken ausgedrückt: «Der Tod ist kein Ereignis des Lebens. Den Tod erlebt man nicht.» Warum ängstigen wir uns also vor etwas, das wir nie erleben werden?

Natürlich gibt es auch die Gelassenheit der letzten Stunde. In der Literatur, in unseren Mythen, Märchen und Berichten ist vielfach überliefert, wie Menschen *spüren*, dass ihr Ende gekommen ist. Ich selbst denke in diesem Zusammenhang stets an meinen Großvater, der seinen Tod einfach hat geschehen lassen.

Doch für die meisten von uns ist der Gedanke an den eigenen Tod angstbesetzt, selbst wenn wir nicht sterbenskrank sind. Als Wesen, die sich ihrer Vergangenheit und Zukunft bewusst sind und ihre Zukunft gestalten, sind wir uns unserer *Sterblichkeit* bewusst. Dabei ist dieses Wort fast ein Euphemismus, eine Verharmlosung: «Sterblich sein» klingt so, als *könnten* wir sterben. Tatsächlich *werden* wir *definitiv* sterben.

Sterbende und Sterbebegleiter berichten von der großen Bedeutung des inneren Schrittes, den eigenen Tod zu akzeptieren – ihn «anzunehmen». Diese Schwelle vom intensiven Wirken und Sorgen im Leben zum Aufgeben all dessen müssen vielleicht alle Menschen bewältigen. Die Geschichten von Geistern und Gespenstern bringen es seit Jahrhunderten in erzählerische Form, wie sehr es uns belastet, wenn wir in unserer letzten Stunde nicht bereit sind zu gehen. *Frieden* ist es, den wir uns für den Übergang ins Nichts wünschen. Wie können wir ihn erlangen?

Der grundlegende Dienst, den wir Sterbenden erweisen können, sei es, *anwesend* zu sein, so der Psychoanalytiker und Schriftsteller Irvin D. Yalom in seinem Buch *In die Sonne schauen*. Die Anwesenheit liebevoller Menschen bereitet uns schon bei unserer Geburt den bestmöglichen Übergang ins Leben. Und dass liebevolle Menschen im Moment des Sterbens bei uns sind und uns begleiten, helfe uns, so Yalom, beim Weg zurück in die Nichtvorhandenheit.

Für den amerikanischen Philosophen Thomas Nagel ist es die Tatsache, andere in unserem Leben wichtig genommen zu haben, die den Verlust unseres Selbst etwas weniger schwer wiegen lässt:

> «[...] in einem gewissen Maße ist es dir dann tatsächlich möglich, das Übel des Todes durch eine Externalisierung deiner Interessen angesichts deines nahenden Sterbens abzuschwächen: durch deine Konzentration auf das Wohlergehen derer, die dich überleben werden, und auf den Erfolg deiner Projekte oder Ursachen, die dir auch unabhängig davon etwas bedeuten, ob du ihr Ergebnis erleben wirst.» (Nagel 1992, S. 397)

Wenn uns das Wohl bestimmter Personen oder einer «guten Sache» wirklich am Herzen liegen und wir Teile unserer Lebenszeit dafür opfern, dann – so Nagels Argumentation – dämpft das unser Leiden am eigenen Sterben. Damit ist nicht totale Selbstaufgabe gemeint, sondern eine *Ausgeglichenheit* zwischen dem Wichtignehmen des eigenen Wohlergehens und dem anderer. Beruhigend und tröstlich sei dabei der Gedanke, dass diese «gute

Sache» nicht nur von uns abhängt, sondern wir sie in anderen Händen wissen.

Nagel gesteht zwar zu, dass wir mit einer solchen Sichtweise das Leiden am eigenen Tod niemals werden in Gänze vermeiden können. Und sicherlich könne sie unschöne Blüten treiben, wenn jemand etwa den Erfolg der «guten Sache» allein für sich reklamiert, um «unsterblich» zu werden. Doch etwas können wir erreichen, indem wir nicht nur uns selbst Bedeutung zusprechen, sondern auch anderen Menschen oder Projekten: Wir können unsere eigene Wichtigkeit relativieren. Nicht in dem Sinn, uns selbst nur als ein Stäubchen im Weltall zu verstehen, dessen Vergehen keinen Unterschied im Weltlauf macht. Sondern in der Hinsicht, dass uns etwas wichtig ist, für das wir selbst nicht unverzichtbar sind.

Todesbewusstsein als Weckruf im Leben

Für mich ist eines der schönsten Wörter der deutschen Sprache das Wort *unbeschwert*. Wir reden von der Unbeschwertheit der Kindheit, wie Johannes Brahms sie in seinem Kunstlied *Oh wüsst’ ich doch den Weg zurück* ausgedrückt hat. Doch sosehr wir uns nach dieser unbeschwerten Zeit sehnen: Es führt tatsächlich kein Weg zurück ins Kinderland – und das hat mit unserer kognitiven Entwicklung zu tun.

Wenn wir uns als Kinder unserer Sterblichkeit nicht voll bewusst waren, dann liegt das nicht daran, dass wir nichts von schweren Krankheiten, Kriegen und Naturkatastrophen wussten. Viele Kinder sind leider nicht vor solchen Erfahrungen geschützt. Und doch nehmen sie dazu ein anderes Verhältnis ein, als Erwachsene es tun, weil sie noch ein kindliches Zeitbewusstsein haben.

Das kindliche Zeitbewusstsein entwickelt sich erst nach und nach. Viele Entwicklungspsychologen verorten es im Alter von etwa zehn bis zwölf Jahren. Der amerikanische Sozialpsychologe Robert Selman schreibt in *The Growth of Interpersonal Understanding*, dass mit dieser neuen Stufe eine grundlegende Umwälzung im kindlichen Verhalten beginnt. Bis dahin würden Kinder andere Menschen und sich selbst als statische Persönlichkeiten betrachten und ihnen Eigenschaften und emotionale Zustände zuschreiben (vgl. auch das Kapitel über unser Selbst). Auf der neuen Stufe seien sie nun in der Lage, andere Menschen und sich selbst als Personen zu erfassen, die sich entwickeln. Dadurch verändere sich die kindliche Weltsicht fundamental: Wo sie im Vorfeld nur einzelne Freunde gesehen haben, verstünden sie nun das übergreifende Konzept von *Freundschaft*. In dieser Zeit entstehen neue Ängste und Konflikte, aber auch neue Formen der Verantwortung und des *Strebens*. Es ist kein Zufall, dass kurz im Anschluss an diese kognitive Stufe die komplizierte Identitätssuche der Pubertät beginnt. Sie begreifen sich selbst nun als Wesen, die sich entwickeln können und dafür nur eine begrenzte Lebensspanne zur Verfügung haben. Mit dem Bewusstsein der eigenen Lebensbegrenztheit erwacht das Bedürfnis, das eigene Leben zu gestalten.

Vielleicht empfinden wir die Zeit *vor* dieser kognitiven Wende als die Zeit der Unbeschwertheit. Das Leben hatte für uns noch nicht das *Drama* der persönlichen Identität – denn erst Wesen, die ihre eigene zukünftige Entwicklung antizipieren und sie zum Besseren gestalten wollen, können um ihre eigene Zukunft *ringen*. Wenn wir diese Stufe erreicht haben, rechnen wir mit dem Tag, so hieß es bei dem römischen Philosophen Seneca, «vor dem all die vergangenen Jahre bestehen müssen» – wir erkennen, dass wir uns selbst Rechenschaft werden ablegen müssen. Für manche mag ihre Angst vor dem Tod hierin begründet sein:

Dass sie ihr Potenzial noch nicht richtig ausschöpfen konnten, dass sie das Beste am Leben verpasst haben, dass sie noch nicht richtig gelebt haben; gerade der heutige Möglichkeitshorizont wirkt als Katalysator dieser Verpassensangst.

Deshalb ist meiner Ansicht nach ein Perspektivwechsel vonnöten: Die wichtige Frage ist nicht, was nach dem Tod kommt – sondern was *davor* ist. Welche Perspektive lässt sich durch das Bewusstsein des eigenen Todes auf das Leben werfen? Wie werden wir uns fühlen, wenn wir auf dem Sterbebett an unser vergangenes Leben denken? Das «Jüngste Gericht» ist vielleicht eine Metapher für etwas, das wir selbst tun werden: Unser eigenes Leben kurz vor dem Tod zu beurteilen und zu wissen, dass es auch von anderen beurteilt werden wird. Wir fragen uns: Was werden meine Mitmenschen einmal über mich sagen? Wie werden sie sich an mich erinnern? Und wie möchte ich in Erinnerung bleiben?

Wer auf sein Leben zurückschaut, wird sicherlich Fehler entdecken. Fehler zu machen und sie zu bereuen ist allzu menschlich. Oft haben wir aus ihnen entscheidende Lehren gezogen und sind erst zu dem geworden, was uns heute ausmacht. Das Gelingen unseres Lebens insgesamt hängt nicht davon ab, keinerlei Fehler zu machen. Dennoch, uns mit einem Gefühl der Reue aus dem Leben verabschieden zu müssen fällt uns schwer.

Auf welcher Grundlage sollen wir unser eigenes Leben beurteilen? Was ist in der Rückschau ein «gutes», gelungenes Leben? Sollen wir erfolgsorientiert resümieren, welche Ziele unseres Lebensplans wir erreicht haben? Es kursieren zahlreiche Listen von – in meinen Augen – abstrusen Dingen, die man im Leben angeblich getan haben muss. Würde ich dem folgen, müsste ich sie auf dem Sterbebett hervorholen, Punkt für Punkt durchgehen – und wenn ich das meiste abhaken kann, dürfte ich ruhigen Gewissens sagen «Ich habe ein erfülltes Leben gehabt, denn ich habe einen Baum gepflanzt, ein Haus gebaut, einen Sohn gezeugt ...». Ich persönlich finde das abwegig, denn ich möchte selbst entscheiden, was auf meiner Liste steht – sonst lebte ich nur nach den Vorgaben anderer. Übrigens ist mir aus der Philosophiegeschichte kein Beispiel einer solchen Liste bekannt.

Natürlich sollten wir uns im Leben Ziele setzen und diese zu erreichen suchen. Und ebenso können wir auf dem Sterbebett auf bestimmte Dinge stolz sein, die wir erreicht haben. Doch die Ausrichtung eines guten Lebens und die rückblickende Selbstbewertung unseres Lebens muss nicht vorrangig auf das Erreichen von Zielen basieren.

Wäre das der Fall, stünden wir vor einem Dilemma: Wir erfassen und bewerten Ziele immer vor dem Hintergrund unserer *aktuellen* Situation. So können in der Jugendzeit gefasste Ziele äußerst erstrebenswert erscheinen, und wir setzen jahrelang alles daran, sie zu erreichen. Doch später im Leben befinden wir uns in einer ganz anderen Situation und unsere Prioritäten haben sich signifikant verschoben. Vielleicht steht unser altes Ziel mit einem neueren Ziel in Konflikt, das wir *jetzt* für wertvoller halten. Sollen wir nun an dem alten Ziel festhalten – womöglich noch mit dem Argument, uns selbst treu bleiben zu wollen? Im vorigen Kapitel hatte ich dafür plädiert, die aktuelle Einstellung zu unseren älteren Zielen besonders ernst zu nehmen (denn es könnte sich um ein illusionäres Ziel handeln).

Es gibt keinen neutralen Standpunkt, von dem aus wir dieses Dilemma auflösen könnten. Wenn wir uns aber überhaupt entscheiden wollen, dann müssen wir das unter *aktuellen* Gesichtspunkten tun. Wir sind Wesen, die sich entwickeln und verändern – und sich selbst treu zu sein heißt, seinen heutigen Impulsen in ihrer Vielfalt gerecht zu werden zu versuchen. Wir schließen nicht einfach mit der Vergangenheit ab – denn sie ist unserer aktuellen Situation inhärent. Deshalb brauchen wir uns auf dem Sterbebett nicht *per se* vorzuwerfen, bestimmten Zielen abgeschworen zu haben.

Wenn wir unseren Lebensplan nicht primär nach dem Muster von Zielformulierungen aufstellen, birgt das noch einen anderen großen Vorteil in sich: Wir werden in unserer Lebensführung – und in deren späterer Bewertung – flexibler. Wenn ich das enge Ziel formuliere, Arzt zu werden, und dann scheitere – dann habe ich mein Ziel schlicht verfehlt und müsste das auf dem Sterbebett bereuen. Wenn ich stattdessen jedoch artikuliere, was an dieser Tätigkeit mich eigentlich erfüllt – z. B. «Menschen gesundheitlich zu helfen», dann habe ich größeren Spielraum. Auch dann, wenn ich kein Arzt werde, kann ich als Krankenpfleger, Altenpfleger, Heilpraktiker, Physiotherapeut, Ernährungsspezialist, Suchtberater oder Entwicklungshelfer die Tätigkeit ausüben, die mich erfüllt. Eng gesteckte Ziele können leicht verfehlt werden. Aber wenn wir verstehen, was uns tiefere Erfüllung bringt, dann stehen uns immer Wege offen, unser Leben in diese Richtung zu führen (innerhalb unserer moralischen Grenzen).

Wir können unseren Lebensplan auch ganz unabhängig von konkreten Zielen formulieren und stattdessen nur die Grenzen dessen definieren, was wir *nicht* zu tun bereit sind. So wird es möglich, ohne verengten Blick unsere Situation zu sondieren und die beste Option zu wählen. Auf diese Weise sind wir offen für viele Gelegenheiten, die das Leben uns zuträgt – solange wir nicht gegen unser Gewissen oder unsere moralischen Prinzipien handeln. Doch wie auch immer wir unseren Lebensplan gestalten – gibt es nicht einige grundlegende Fehler, die wir alle vermeiden sollten?

Wie so häufig ist die Antwort viel offensichtlicher, als wir vielleicht erwarten – und manchmal auch anzunehmen bereit sind. Die Berichte von Sterbenden und Sterbebegleitern sind in dieser Hinsicht tatsächlich sehr klar und eindeutig. Es muss uns nur gelingen, diese Dinge nicht vorschnell als banal abzutun, sondern sie an uns heranzulassen und einen schonungslosen Blick auf unser eigenes Leben zu werfen – begehen wir gerade einen dieser Fehler?

Die vielleicht bestürzendste Aussage reumütiger Sterbender ist, dass sie gerne *anders gelebt* hätten. Viele wünschen sich im Nachhinein, sie hätten sich weniger durch die Erwartungen anderer Leute beeinflussen lassen. Das zeigt die ernsthafte Tragik und die Dringlichkeit hinter dem Ideal der Authentizität und der Rede von der Treue zu sich selbst. Dahinter verbirgt sich viel mehr als jugendlicher Romantizismus – es ist die Erinnerung daran, nicht erst angesichts des nahenden Todes aus einem fremdgesteuerten Leben zu erwachen, sondern, solange wir noch Leben vor uns haben. Offensichtlich brauchen wir diese Erinnerung daran nach wie vor dringend.

In der Philosophie wird dies häufig durch die Frage «Wie wollen wir leben?» angestoßen. Diese Frage ist im Plural gestellt und verleitet uns vielleicht deshalb dazu, uns in allgemeine Diskussionen zu verstricken. Natürlich ist das Bewusstsein unserer Sterblichkeit etwas, was uns Menschen miteinander verbindet – ebenso wie der Umkehrschluss, die Zeit gut ausfüllen zu wollen, die uns gegeben ist.

Ich habe mich zu fragen: «Lebe ich eigentlich das Leben, das ich wirklich leben möchte?» Inwiefern das der Fall ist, können nur Sie selbst sich beantworten. Dabei geht es nicht darum, plötzlich jede Verantwortung für andere oder Projekte abzugeben und einen einsamen Pfad der Selbstverwirklichung zu suchen. Für manche mag das attraktiv sein – aber in den meisten Fällen ist das Gegenteil der Fall. Es geht darum, *mehr* Verantwortung zu übernehmen – welche Art von Tätigkeiten oder Engagement das im Einzelfall auch beinhalten mag. Es geht darum, die eigene

Lebensweise gegenüber äußeren Ansprüchen und Verführungen zu verteidigen und selbst das Heft in die Hand zu nehmen. Es geht darum, in Kontakt mit sich zu bleiben und die eigenen Bedürfnisse und Wünsche ins gemeinsame Leben integrieren zu können.

Die Weisheiten von den Sterbebetten sind eigentlich klar, nur *hören* wir sie nicht richtig. Viele Sterbende bereuen, *zu viel gearbeitet* zu haben. Sie bereuen es zutiefst, die frühen Jahre ihrer Kinder verpasst zu haben, oder erst viel später in den Ruhestand eingetreten zu sein als nötig.

Viele Sterbende bereuen, sich mit wichtigen Menschen *nicht ausgesprochen* zu haben. Sie bereuen, ihren Kindern nicht von Angesicht zu Angesicht gesagt zu haben, wie stolz sie auf sie sind und wie sehr sie sie lieben. Sie bereuen, sich nicht mit einem Geschwisterteil nach einem jahrelangen Krach versöhnt zu haben – wie läppisch erscheint ihnen plötzlich solche Zankerei. Sterbende bereuen, den eigenen Partner zu selbstverständlich genommen zu haben und zu wenig ausgedrückt zu haben, was er ihnen bedeutet.

Viele Sterbende bereuen, dass sie gute Freundschaften haben einschlafen lassen. Manchmal bereuen sie auch, zu beeinflussbar gewesen zu sein. Sie bereuen, sich *zu wenig Freude* im Leben gegönnt zu haben und zu blind ihrem Pflichtgefühl gefolgt zu sein. Sie hätten weniger Zeit mit sinnlosen Tätigkeiten verbringen wollen, sondern mehr freudvolle und erfüllende Erlebnisse genießen wollen, mit Menschen, die ihnen wirklich etwas bedeuten.

Erkennen Sie einige dieser Wünsche bei sich selbst wieder? Haben Sie sich solche Gedanken vielleicht hin und wieder schon gemacht? *Dann verlieren Sie keine Zeit.* Nehmen Sie Ihre Überlegungen ernst und haben Sie den Mut und das Selbstvertrauen, um *jetzt* etwas zu ändern. Vielleicht ist es nur ein

Telefonanruf, ein Gespräch oder eine E-Mail. Bleiben Sie dabei nicht in allgemeinen Absichtserklärungen und hochfliegenden Plänen stecken, sondern führen Sie sich aufrichtig vor Augen, was genau zu tun ist. Nutzen Sie die Pendelbewegung zwischen Lebensperspektive und Alltagsperspektive. Der Weg zu einem erfüllten Leben liegt nicht in einem großen Geheimnis, sondern im *nächsten* Schritt.

9
Warum brauchen wir andere, um wir selbst zu sein?

Die Leitfrage dieses Kapitels mag zunächst verwirren. Zwar gestehen wir gerne zu, dass wir andere in mancher Hinsicht brauchen – in einer Gemeinschaft lebt es sich sicherer und leichter; es ist angenehm, sich mit anderen austauschen zu können, sich bei ihnen geborgen und von ihnen geliebt zu fühlen. Wir könnten unmöglich unseren aufwendigen Lebensstil pflegen, wenn wir nicht Teil einer gigantischen Kooperationsgemeinschaft wären: Jemand stellt meine Lebensmittel her, jemand produziert die technischen Geräte, die ich benutze, jemand repariert sie und so weiter. Aber wieso sollte ich andere brauchen, um *ich selbst zu sein?* Bin ich nicht ich selbst gerade *unabhängig* von anderen?

Tatsächlich ist das ein weit verbreiteter Gedanke – und vielleicht einer der folgenreichsten Irrtümer der modernen Kultur. Um diesen Irrtum und seine Folgen zu klären, möchte ich bei unseren Alltagserfahrungen ansetzen.

«Er war nicht mehr ganz er selbst», sagen wir manchmal über einen Mitmenschen, wenn wir ausdrücken möchten, dass er die Kontrolle über sein Tun verloren hatte oder unter Einfluss von anderen stand. Vielleicht hat er etwas für ihn Untypisches gesagt oder getan. Hinterher erwacht der Betroffene wie aus einer Trance, fragt sich «Was tue ich hier eigentlich?» – und versucht zu retten, was zu retten ist. «Nicht man selbst zu sein» heißt in unserem Sprachgebrauch, ein Stück seiner Integrität einzubüßen, vielleicht sogar seiner Zurechnungsfähigkeit.

Eine ähnliche Formulierung verwenden wir, wenn jemand unsicher ist, wie er sich in Gesellschaft verhalten soll. «Sei einfach ganz du selbst», raten wir zur Beruhigung. Als ob es so einfach wäre, «man selbst zu sein». Gemeint ist natürlich weder, sich in diesem Moment auf den Weg der Selbstverwirklichung zu begeben, noch das Persönliche rückhaltlos nach außen zu tragen. Wir wollen den anderen lediglich zu Ungezwungenheit und Aufrichtigkeit ermutigen.

Oscar Wilde hat das Motto «Sei du selbst» als «erste Direktive der Moderne» bezeichnet. Wilde selbst hatte aufgrund seines künstlerisch-aristokratischen Lebensstils mit heftigen Anfeindungen zu kämpfen. Doch gerade aus solchen spießbürgerlichen Ressentiments machte er sich einen Spaß und rief andere auf, ebenfalls ihren individuellen Lebensstil gegen gesellschaftliche Konventionen zu kultivieren.

Mitte des 20. Jahrhunderts kam in diesem Zusammenhang der Begriff der Authentizität auf. Theodor W. Adorno hat ihn als einer der Ersten in die Diskussion eingebracht – und zwar die moderne Kunst betreffend. Authentizität bedeutete für ihn nicht, dass ein Werk tatsächlich von einem bestimmten Künstler stammen musste – ob es sich bei einem Bild z. B. um einen «echten Matisse» handelt. Für ihn nahmen authentische Kunstwerke ein bestimmtes Verhältnis zu ihrer Zeit ein. Sie sollten nicht nur Bedürfnisse nach Unterhaltung oder Dekoration stillen, sondern auch die Ängste und Ungerechtigkeiten einer Zeit widerspiegeln.

Heute ist der Begriff der Authentizität in der praktischen Philosophie – und auch in unserem alltäglichen Sprachgebrauch – weit verbreitet. Im Allgemeinen wird darunter die «Treue zu sich selbst» verstanden. Es ist kein Zufall, dass dieses Ideal seinen hohen Stellenwert in einer Zeit bekommen hat, in der unsere sozialen Rollen weniger festgelegt, unsere Chancen vielfältiger, unser Alltag rastloser und unsere Lebensläufe unsteter geworden sind. Das Bedürfnis nach etwas Beständigem ist immens. Das Ideal der Treue lässt sich so als Reaktion auf die neuen Freiheiten lesen: Wer eigenständig verschiedenste Möglichkeiten ausprobiert, der muss sich der Gefahr des Selbstverlusts bewusst sein.

Das Ideal der Treue zu sich selbst ist so kraftvoll, dass es schon längst seinen Weg in die Werbestrategien gefunden hat: ob als Herren-Deo-Spray *be yourself* einer großen Drogeriekette oder in der Preisung der «authentischen Form» eines sportlichen Kleinwagens.

Und obwohl wir alle danach streben, «ganz wir selbst» zu sein, haben wir häufig das Gefühl, in diesem Streben behindert zu werden: in erster Linie durch unsere Mitmenschen. Sie formulieren Forderungen und haben Ansprüche an uns, sie versuchen, uns zu überreden und zu verführen, sie übervorteilen uns und führen uns hinters Licht (manchmal sogar mit besten Absichten). Das Leben könnte so einfach sein, wären da nicht die anderen.

Folgt man dieser Argumentation, stellen die anderen eine Gefahr für unsere Autonomie dar, behindern uns in unserer freien Entfaltung. Die Erlangung unserer negativen Freiheit, d.h. der Freiheit von äußeren Hindernissen, erringen wir scheinbar erst im Kampf gegen die anderen.

Treten wir von diesen Scharmützeln des Alltags einen Schritt zurück, könnte uns sogar die gesamte Kultur als Einschränkung des Individuums erscheinen. Sigmund Freud hat eine solche Konfliktanthropologie in seiner Schrift *Das Unbehagen in der Kultur* von 1930 vertreten. Der Einzelne werde in die Kultur hineingeboren und von frühester Kindheit an gezwungen, seine natürlichen Triebe zu unterdrücken. Diese Unterdrückung der natürlichen Anlagen ist Freud zufolge für die Bildung von Neurosen und Psychosen verantwortlich.

Eine neuere Variante einer Konfliktanthropologie ist die machttheoretische Kulturkritik des französischen Philosophen Michel Foucault. Obwohl sich Foucaults Denkstil von dem Freuds unterscheidet, teilt er doch dessen anthropologische Grundeinstellung, dass Kultur in einer konflikthaften Unterwerfung des Individuums bestehe. In *Überwachen und Strafen* aus dem Jahre 1975 hat Foucault die Mechanismen der *Disziplinierung* untersucht, die dabei manchmal in offener, vielfach aber in versteckter Form am Werk sind.

Wenn man diese Auffassung teilt, dann bedeutet die Fürsprache für den Einzelnen einen Kampf gegen die Unterwerfung durch die Kultur (lat. «subject» = «das Unterworfene»). So hart das Bild der Unterwerfung ist, so hart fallen die entsprechenden Gegenstrategien aus. Will ich meine individuelle Freiheit behaupten, habe ich es mit einem mächtigen Herrscher zu tun: Mir steht nichts weniger gegenüber als die ganze Kultur, die gesamte Gemeinschaft. In der Konsequenz müsste ich mich mit allen Mitteln verweigern, müsste revoltieren, rebellieren, mitunter zu subversiven Mitteln greifen.

Dieses Bild hat eine große Anziehungskraft auf uns – besonders im Jugendalter. Wir sehen uns als Kämpfer für eine gute Sache: die der individuellen Freiheit. Auf diese Art fühlen wir uns eins mit der Tradition der Freiheitskämpfer, fühlen uns verbunden mit Gandhi, Martin Luther King, mit den Geschwistern Scholl und Che Guevara (was etwas vermessen erscheinen kann). Natürlich haben wir jeden auf unserer Seite, wenn wir für «die Freiheit» kämpfen. Nur übersehen wir dabei einen wichtigen Unterschied zwischen den erwähnten Freiheitskämpfern und unserem Kampf.

Gegen eine de facto unterdrückerische Gesellschaft für größere individuelle Freiheit zu kämpfen – für die Abschaffung der Sklaverei, für Bürgerrechte, Eigentumsrechte, Menschenrechte – ist eine wichtige Aufgabe. Aber es ist eine ganz andere Sache, zu behaupten, *alle* Gesellschaften würden *per se* ihre Mitglieder unterdrücken, einfach, weil sie menschliche Gesellschaften seien. Und genau das ist der Standpunkt der Konfliktanthropologie.

Wer dem folgt, der hat in den Grundlagen seiner Weltsicht schon einen Grundkonflikt verankert, sodass er diesen Konflikt überall dort entdeckt, wohin sein Blick fällt: Auf der einen Seite das Individuum, auf der anderen Seite die Gesellschaft. Zum Individuum scheint der Egoismus zu gehören und zur Seite der Gesellschaft der Altruismus. Ein authentisches, individuelles Leben ist vermeintlich nur als Nonkonformist möglich, als jemand, der gegen den Strom schwimmt. Konformisten wären nach dieser Logik gescheiterte Individuen, die sich aus mangelnder Widerstandskraft oder Mutlosigkeit angepasst haben. Das individuelle Leben, die Geschichte einzelner Gruppen, sozialer Schichten oder ganzer Völker kann auf diese Weise erzählt werden wie ein Drama von Unterdrückung und Befreiung.

Wie schon gesagt: Es gibt tatsächlich solche Kämpfe, und an vielen Orten unseres Planeten dauern sie bis heute an. Aber das Verhältnis des Einzelnen zu seiner Gemeinschaft generell durch dieses Konflikt-Schema zu beschreiben, führt meiner Ansicht nach in die Irre. Wenn die Individuen das Verhältnis zu ihrer Gemeinschaft primär als Kampf auffassen, kann das zu einer Lebenseinstellung führen, die die Freiheit des Individuums selbst untergräbt.

Warum wir immer miteinander leben

Unser Sohn verbrachte die ersten zwanzig Minuten seines Lebens auf dem Bauch seiner Mutter. Er öffnete die Augen, nuckelte am Daumen und suchte mit wippendem Köpfchen nach Mamas Brust. Dann wickelte ihn die Hebamme warm ein und legte ihn mir in die Arme. Wenig später wechselte ich das philosophische Lager.

Seit ich mit der Debatte in Berührung gekommen war, ob uns Menschen bestimmte Vorstellungen angeboren sind oder nicht, war ich auf der Seite Lockes. John Locke, englischer Philosoph der Aufklärung, hatte 1690 in seinem damals bahnbrechenden Werk *Ein Versuch über den menschlichen Verstand* die These vertreten, dass wir bei unserer Geburt ein unbeschriebenes Blatt seien. Alle Vorstellungen, die wir als Erwachsene haben, haben wir demnach erst durch äußere Wahrnehmung erworben. Dieses Argument der *tabula rasa* enthielt damals theoretischen, aber auch politischen Zündstoff: Es bedeutete, dass wir viel größere Freiheiten bei der Entwicklung haben als bis dahin angenommen.

An den damaligen Universitäten wurde der überlieferte «Kreis des Wissens», die *Encyclopaedie*, als ewiges und unumstößliches Bild der göttlichen Ordnung verstanden. Hatte Locke jedoch recht, dann waren die Grundlagen all unseres Wissens, unsere Vorstellungen, erst nach der Geburt erworben – und das würde bedeuten, dass die Wissenssysteme auch verändert werden konnten. Mit Locke konnte man philosophische Tätigkeit als eigenständiges Konstruieren von Ordnungssystemen verstehen.

Unserem modernen Selbstverständnis als aufgeklärte, fortschrittlich denkende Wesen mag diese Auffassung sehr attraktiv erscheinen. Es gibt aber auch andere Standpunkte, die heute von namhaften Wissenschaftlern vertreten werden. Einer der bekanntesten ist der amerikanische Linguist Noam Chomsky. Chomsky beschäftigte sich mit einem Problem der Forschung zum Spracherwerb: Wenn Sprache oder Sprachmuster nicht angeboren sein sollen, sondern sozial erlernt – wie kommt es dann, dass wir mit unserem begrenzten Vokabular und unseren begrenzten Erfahrungen immer neue Sätze bilden und verstehen können? Chomsky meinte das durch eine angeborene Fähigkeit zur Bildung sprachlicher Variationen erklären zu können – der *generativen Transformationsgrammatik*. Bis zur Geburt unseres ersten Sohnes war ich entschiedener Gegner von Theorien nach Chomskys Zuschnitt.

Ich war überglücklich, unseren gesunden Sohn auf dem Arm zu haben. Er war hellwach und schaute mich aufmerksam an. Und weil ich es kaum erwarten konnte, mit meinem Sohn herumzualbern, streckte ich ihm schließlich die Zunge heraus. Und dann noch mal. Er wurde aufmerksamer und schaute gebannt auf meinen Mund. Noch einmal zeigte ich meine Zunge. Und dann, nach einigen Sekunden, öffnete er seinen Mund und schob seine winzige Zunge zwischen den Lippen hervor. Er streckte mir die Zunge heraus.

Es wurde mir erst später klar, aber in diesem Moment vollzog sich meine Konversion. Dieser kleine Kerl schwamm weder in einer «ozeanischen» reinen Sinnlichkeit, wie Freud es von Säuglingen glaubte, noch war sein Wahrnehmungssystem ein unbeschriebenes Blatt. Er sah, was ich tat – und tat dasselbe. Wer eine Vorstellung davon hat, wie kompliziert die weitere Entwicklung eines Säuglings ist, der mag verstehen, *was er schon alles können musste*, um beim Zungeherausstrecken mitzumachen. Das ist im Tierreich nicht ungewöhnlich: Fluchttiere, wie Pferde oder Antilopen, können Minuten nach der Geburt laufen. Delfine können direkt nach der Geburt schwimmen.

Wenn wir direkt nach der Geburt Gesichter erkennen können, dann ist das ein starkes Indiz dafür, dass es unsere Natur ist, miteinander zu leben.

Der gemeinsame Raum, in den Neugeborene hineinkommen, ist unser Lebenselement. Er ist so vielfältig und subtil gewoben, dass sogar das Alleinsein ein Sonderfall des Miteinanders ist, wie der bulgarische Schriftsteller und Crossover-Wissenschaftler Tzvetan Todorov in *Abenteuer des Zusammenlebens* schreibt. Wir mögen alle anderen körperlich verlassen – doch die Gemeinschaftlichkeit macht die Grundstruktur unserer Persönlichkeit aus. Selbst Einsiedler leben in ihrer Kultur: Sie halten innere Zwiegespräche in der Sprache ihrer Gemeinschaft und fühlen im Stil ihrer Kultur. Todorov zufolge brauchen wir diesen gemeinsamen Raum wie die Luft zum Atmen.

Wie ist dieser Raum spezifiziert? Er besteht aus der Art und Weise, wie wir uns zueinander verhalten. Die *zweite Natur*, die jeder von uns herausbildet, zehrt von unserer gemeinsamen menschlichen Lebensform. Im Kapitel über uns Selbsterfinder wurde unsere zweite Natur als ein Arsenal von Gewohnheiten thematisiert. Dazu gehören direkte Blicke – oder die Art, wie unsere Blicke sich umspielen. Berührungen – oder wie wir Berührungen regeln oder vermeiden. Es sind die komplexen Formen von Kooperation der modernen Welt – wie das Börsengeschehen oder Social Media.

Dieses Verlangen nach Gemeinsamkeit versuchen wir schon früh mit allen Mitteln zu stillen. Mit etwa acht Wochen beginnen Säuglinge gezielt den Blick der Mutter zu suchen. Sie wollen angeschaut werden, als ob sie dadurch ihrer eigenen Existenz versichert würden. Das Bedürfnis, in der Zuwendung der anderen ein «Gefühl des Daseins» zu bekommen, haben wir unser ganzes Leben lang.

Dieses Gefühl des Daseins hat der französische Philosoph

Jean-Jacques Rousseau erstmals 1755 im *Diskurs über den Ursprung und die Grundlagen der Ungleichheit unter den Menschen* beschrieben. Zunächst differenzierte er zwischen zwei Arten der Liebe: Einerseits die natürliche Selbstliebe (*amour de soi*), mit der jeder um sein eigenes Wohlergehen besorgt sei. Andererseits die Liebe im Bild der anderen – Ruhm, Ehre oder Erfolg (*amour propre*). In dieser Unterscheidung können wir den modernen Konflikt erkennen zwischen dem Eigeninteresse auf der einen und dem fremdgesteuerten Interesse auf der anderen Seite. Entweder ich denke nur an mich – oder ich lege größeren Wert darauf, was andere von mir denken. Doch dann kommt Rousseau auf eine dritte Form der Liebe zu sprechen, die er mit dem Begriff des *Gefühls des Daseins* belegt (*sentiment de l'existence*). Sie liegt zwischen den beiden anderen und ist weder egoistisch noch fremdgesteuert.

Die entscheidende Einsicht Rousseaus war, dass wir dieses Gefühl *notwendigerweise* durch die Interaktion mit anderen erhalten. Ohne andere sind wir unvollständig und unfertig: Die tiefste, erfüllendste Form der Selbstwerdung besteht im Finden der richtigen Konstellation von Menschen und der richtigen Interaktionsformen. Wir erkennen uns selbst nicht durch Abschottung und Isolation, als hätten wir, in der Einsamkeit unter einem Baum sitzend, plötzlich die Erkenntnis unseres wahren Selbst. Der Weg unserer Selbstfindung liegt darin, *wie* wir mit *wem* sein können – im authentischen Miteinander. Wir bedürfen dafür beständiger «Rückmeldungen» der anderen – wir brauchen ihre *Anerkennung*.

Der Begriff der Anerkennung steht heute im Zentrum der philosophischen Forschung zur individuellen Entwicklung. Er umschreibt gleichzeitig ein sehr vielfältiges und mehrdeutiges Konzept. Todorov unterscheidet zwei grundlegende Formen der Anerkennung, die beide gleichermaßen unverzichtbar sind (unverzichtbar in der Hinsicht, dass ihr Ausbleiben schwere Schäden in der Persönlichkeitsentwicklung mit sich bringt).

Die erste Form ist die Anerkennung der eigenen Existenz durch andere. Das Gegenteil wäre es, übersehen zu werden und in der Welt der anderen schlicht keine Rolle zu spielen.

Die zweite Form der Anerkennung ist die Bestätigung, wichtig zu sein. Dieses drückt sich in Intensität und Art der Aufmerksamkeit aus.

Der deutsche Philosoph Ernst Tugendhat, nach Jürgen Habermas der international meistzitierte lebende deutsche Philosoph, hat in diesem Zusammenhang noch eine dritte Form der Anerkennung beschrieben: die Anerkennung, gut zu sein in dem, was man tut.

Entwicklungspsychologen sind heute der Auffassung, dass diese Formen der Anerkennung eine kaum zu überschätzende Rolle nicht nur für die Kindheit, sondern für das ganze Leben spielen. Kinder brauchen beständige Anerkennung nicht nur, um sich geborgen und sicher zu fühlen. Sie lernen dadurch auch, *dass sie wichtig sind* – nur so können sie später im Leben auch sich selbst oder andere wichtig nehmen. Diese Wende der Interaktionsmuster ist anscheinend auf weitere Bereiche übertragbar: Kinder müssen sich als *liebenswert* erfahren haben, um später sich selbst und andere lieben zu können.

Diese Fähigkeit ist ein fundamentaler Baustein für eine gelingende Lebensgestaltung. Nicht einfach deshalb, weil wir dann warme, freundliche Gefühle uns selbst gegenüber haben können. Sondern vor allem deswegen, weil wir erst dann unsere eigenen Bedürfnisse und Wünsche *wichtig* nehmen können. Sich selbst zu lieben heißt ja nicht nur sich zu mögen, sondern auch sich selbst gegenüber ein Verhältnis liebevoller Fürsorge einzunehmen. Einerseits brauchen wir Selbstkontakt, um uns über unsere Bedürfnisse und Wünsche klarzuwerden. Aber das reicht nicht aus: Wir müssen praktische Konsequenzen daraus ziehen. Wir müssen uns etwas wert sein, damit wir etwas für uns selbst tun. Erst dann *dürfen* wir uns das Leben erlauben, das wir wirklich leben möchten.

Unser Leben wird immer ein Leben in Anerkennungsverhältnissen sein. Teilweise können wir uns Anerkennung selbst geben, indem wir z. B. unser Handeln positiv bewerten. Aber ähnlich wie bei der Frage danach, ob wir etwas wissen können, müssen wir auch in Sachen Anerkennung unsere eigene Perspektive durch die anderen relativieren lassen. Und deshalb findet eine authentische Selbstwerdung immer miteinander statt.

Ich war und bin mehr als willens, meinem Sohn alle Formen der Anerkennung zu geben. Aber ich zog aus der Begebenheit noch eine andere Lehre.

Leben in der Gemeinschaft freier Wesen

Die ganze Zeit der Schwangerschaft waren meine Frau und ich naturgemäß gedanklich intensiv mit dem Baby beschäftigt. Wir freuten uns, Eltern zu werden, ein neuer Kosmos an Wissen und Produkten erschloss sich uns, wir besuchten Kurse und richteten alles für das Baby ein. Doch trotz all dieser Vorbereitung war das Erstaunlichste der einfache Gedanke unmittelbar nach der Geburt: «Er ist da!» Und diese euphorische Anerkennung seiner Existenz fand kurz darauf sein Gegenstück: Als ich meinen Sohn das erste Mal in den Armen hielt, war für mich das Erstaunlichste daran nicht, dass ich einen neuen geliebten Menschen in der Welt anschauen konnte. Viel nachhaltiger beeindruckte mich, dass *er mich anschaute*. Es war das erste Mal, dass mein Blick durch meinen Sohn erwidert wurde. Diese Zuwendung des anderen ist es, die uns in uns selbst in einer neuen Existenzweise bestätigt. Die psychologische Seite der Vaterschaft ist auf diese Form der Anerkennung angewiesen – jemand muss mich als seinen (oder ihren) Vater erkennen und behandeln.

Bei solchen oder ähnlichen Ereignissen geht uns auf, dass wir einen neuen Platz in der Welt haben. Er gibt uns Gelegenheit, uns selbst auf neue Weise zu entdecken. Bei großen Ereignissen des Lebens wird es leichter deutlich – aber eigentlich gibt es in der Interaktion mit anderen ständig solche neuen Möglichkeiten. In anderen Menschen liegen verborgene Potenziale unserer selbst.

Heinrich von Kleist hat 1805/06 in seinem Text *Über die allmähliche Verfertigung der Gedanken beim Reden* die Besonderheit eines solchen Verhältnisses ausgedrückt. Er erzählt darin von den Gesprächen mit seiner Schwester, die für ihn eine tiefe Bedeutung hatten. Ihre besondere Art zuzuhören erlaube ihm, Dinge zu artikulieren, die ihm dadurch überhaupt erst selbst zugänglich würden. Erzählend lernte er sich in diesen Gesprächen selbst kennen. Nur mit ihr fand er diese Art zu sein, die er als einen wesentlichen Teil seiner Person und seiner Existenz ansah. Nur mit ihr konnte er auf diese Art er selbst sein.

Haben Sie selbst solche besonderen Zuhörer? Es gibt Menschen, mit denen wir auf eine wundervolle, ungezwungene und erfüllende Art wir selbst sein können. Häufig tun oder sagen wir mit solchen Menschen Dinge, die uns an uns selbst freudig überraschen. Wir brauchen uns nicht zu verstellen oder sie zu beeindrucken. Natürlich sind wir alle uns bewusst, dass unser Umgang auf unser Verhalten abfärbt. Als soziale Wesen neigen wir dazu, Gewohnheiten und Sichtweisen unserer Kollegen, unseres Freundeskreises oder unserer Familie anzunehmen. Doch wenn wir mit Menschen auf eine natürliche Art wir selbst sein können, dann hat das wenig mit Imitieren zu tun. Denn diese Menschen bereichern nicht nur unser Leben, sondern sie erweitern unsere Existenz. Wenn wir sie vermissen, dann leiden wir daran, dass unsere Existenz ohne sie schrumpft und enger wird.

Der gemeinschaftliche Raum ist der Boden, auf dem wir gedeihen. Das heißt auch, dass wir ohne Anerkennung nicht weiterleben könnten: Wir brauchen sie unser gesamtes Leben, weil wir darin das Gefühl unseres Daseins finden.

Durch die Lebensphasen verändern sich natürlich die sozialen Konstellationen, in denen wir leben. Wenn die Kinder selbständig aus dem Haus gehen, dann leiden Eltern am Schrumpfen ihrer eigenen Existenz. Umgekehrt müssen Kinder irgendwann einsehen, dass sie zwar erwachsen werden, aber es nie einen Ausgleich der Anerkennungsverhältnisse mit ihren Eltern geben wird. Selbst wenn sie später für die Eltern sorgen: Sie können ihnen niemals so fundamental das Gefühl des Daseins schenken, wie sie es selbst einmal von ihnen bekommen haben.

Um solche wertvollen Beziehungen aufbauen zu können, brauchen wir Mut: Wir müssen uns trauen, uns natürlich und aufrichtig zu geben. Häufig schrecken wir davor zurück, weil wir das Urteil der anderen fürchten. Wer sich aufrichtig gibt, der ist durch Kritik direkt betroffen. Wenn wir uns verstellen und uns dann jemand negativ beurteilt, können wir uns darauf zurückziehen, zu sagen: «Sie kennt mich ja nicht wirklich – eigentlich bin ich ganz anders.» Sich aber authentisch zu verhalten macht verletzlich. Doch genau diese Verletzlichkeit ist es, die wir für den Aufbau tieferer Beziehungen brauchen.

Verstellen wir uns, verhalten wir uns so, wie wir glauben, dass es von uns verlangt wird, und versuchen wir, es jedem recht zu machen – dann können wir es uns letztlich selbst nicht recht machen. Wir werden nicht die Beziehungen aufbauen können, in denen Menschen uns um unserer selbst willen schätzen.

Wenn wir um unser selbst willen geschätzt und geliebt werden wollen, müssen wir Mut haben, uns auch *zu zeigen*. Bekommen wir dann negative Rückmeldungen, können wir das fast als Indiz werten, auf dem richtigen Weg zu sein. Nur wenn wir im Offenen leben, wenn wir anderen die Möglichkeiten geben, uns zu beurteilen und zu entscheiden, ob sie uns mögen oder nicht, können wir auch die Menschen finden, die uns schätzen und lieben, so, wie wir sind. Solche tiefen Freundschaften werden immer auf *wenige* Menschen begrenzt sein.

Diese Einstellung kann unseren Umgang miteinander ver-ändern. Sicherlich sollten wir untereinander stets Respekt, Toleranz und Fairness wahren. Aber so wie andere uns nicht zwingend zu mögen brauchen, müssen wir ebenso wenig alle anderen mögen. Daran ist nichts Verwerfliches. Wir dürfen ent-scheiden, mit wem und wie wir unsere kostbare Lebenszeit ver-bringen. Wir dürfen uns abgrenzen und «nein» sagen. Wir soll-ten anderen zwar mit Mitgefühl und Hilfsbereitschaft begegnen, aber wenn wir in unserem Leben erfüllte Beziehungen bilden und erhalten wollen, dann müssen wir oberflächlichen oder gar unerwünschten Umgang in Grenzen halten.

Die Tatsache, andere zu brauchen, um wir selbst sein zu kön-nen, bedeutet im Umkehrschluss nicht, es allen recht machen zu müssen, jeden Preis zu zahlen, um Anerkennung zu erhal-ten. Im Gegenteil, sie impliziert auch, anderen nicht nach dem Mund zu reden und dasselbe auch nicht von ihnen zu erwarten. Welche Folgen es haben kann, wenn Menschen kein soziales Korrektiv mehr haben, kann man häufig an Prominenten oder Machtmenschen beobachten: Sie erleiden einen Realitätsver-lust und können bestimmte Dinge nicht mehr richtig beurteilen, weil ihnen divergierende Meinungen und aufrichtige Kritik vor-enthalten werden. Deshalb sollten wir einander dazu ermutigen, uns aufrichtig zu geben. Darin treffen sich das Ziel einer gelungenen Erziehung und einer Ethik des guten Lebens mit dem Projekt einer umfassenden Aufklärung.

Es war Immanuel Kant, der den Spruch *sapere aude* zum Wahlspruch der Aufklärung erhoben hat: «Habe Mut, dich deines Verstandes ohne Leitung eines anderen zu bedienen.» Dieser Mut betrifft ebenso die Gestaltung des eigenen Lebens. In der *Kritik der Urteilskraft* hat Kant die Rolle eines authentischen Lebens in der Kultur am Beispiel des künstlerischen Genies beschrieben. Dort heißt es, das künstlerische Genie sei vor allem *originell* – habe also individuelle Züge. Zweitens sei es *exemplarisch*. Dieser zweite Punkt ist manchmal missverstanden worden. Der deutsch-amerikanische Philosoph und Soziologe Herbert Marcuse, ein wichtiger Vertreter der kritischen Gesellschaftstheorie, hatte Kant hier so verstanden, dass das originelle Genie lediglich eine Vorbildfunktion für die anderen besitze, ihn zu imitieren – einer bringt das Neue in die Kultur, und die anderen richten sich danach. Marcuse nannte das den *affirmativen Charakter der Kultur*. Doch Kant meinte genau das Gegenteil.

Für ihn war das schöpferische Individuum insofern exemplarisch, als es andere zur Entdeckung der eigenen Individualität aufrufen sollte. Vielleicht drückte Kant damit auch sein Selbstverständnis als Philosoph aus: Indem er eine Philosophie nach selbstgewählten Standards verfasste, wollte er nicht zur Nachahmung aufrufen, sondern andere inspirieren, ebenfalls als schöpferisches Individuum tätig zu werden: Sie sollten zu sich selbst stehen und nach eigenen Standards schöpferisch und erfinderisch sein.

Diese Beschreibung künstlerischer und philosophischer Praxis ist ein Gleichnis für die Lebensgestaltung in einer Gemeinschaft freier Wesen. Je mehr wir uns gegenseitig dazu ermutigen und inspirieren, ganz wir selbst zu sein, desto erfülltere Beziehungen werden wir miteinander finden.

Nun sind wir an dem Punkt angekommen, an dem die Tatsache, dass wir andere brauchen, um wir selbst sein zu können, fast trivial erscheinen mag. Noch zu Beginn des Kapitels habe ich eine andere Sichtweise angerissen, nach der genau das Gegenteil banal erschien – nämlich, dass die anderen vor allem ein Hindernis für die Selbstwerdung darstellen.

Doch jene Sichtweise hintertreibt gerade, was sie erreichen will: In dem Maße, wie ich mein Leben zu einem Konflikt zwischen mir als Individuum einerseits und einer konformistischen Gesellschaft andererseits stilisiere, untergrabe ich wesentliche Bedingungen dafür, ich selbst zu werden.

Der Schlüssel für ein erfülltes Leben liegt nicht im ultimativen Sieg gegen die anderen, sondern in der Besinnung auf die anderen in der Struktur meiner selbst.

Zur weiteren Lektüre

Im Folgenden habe ich einige Lese-Empfehlungen zusammengestellt, die für Leser mit unterschiedlichen Vorlieben gedacht sind. Die einen mögen die Themen anhand von Primärtexten, Einführungen oder aktueller Fachliteratur vertiefen wollen, andere finden ihren Zugang eher durch Essays, literarische Klassiker oder Science-Fiction-Romane. Damit Sie besser nach Ihren persönlichen Interessen auswählen können, habe ich jeden Vorschlag kurz charakterisiert. Aufgrund thematischer Überschneidungen kommen manche der Bücher in mehreren Kapiteln vor.

1 Selbsterfindung 4.0 – Wie will ich eigentlich leben?

Aristoteles 2013: *Nikomachische Ethik.* Übers. und herausg. von Ursula Wolf, Reinbek bei Hamburg: Rowohlt (Orig. 4. Jh. v. Chr.)
Nicht unbedingt in einem Rutsch zu lesen, aber voller guter Definitionen und Gedanken. Ein Klassiker der guten und rationalen Lebensführung, der das europäische Denken seit Jahrhunderten beeinflusst.

Frankl, Viktor, 2013: *... trotzdem Ja zum Leben sagen. Ein Psychologe erlebt das Konzentrationslager,* München: Kösel (Orig. 1946)

Ein Erlebnisbericht, der krasser kaum sein könnte –
dabei aber gut lesbar. Frankl erzählt, wie Menschen auch
in ihrer dunkelsten Stunde Hoffnung schöpfen können.

Mill, John Stuart, 1986: *Über die Freiheit*, Stuttgart: Reclam
(Orig. 1859)
Eigentlich Weltliteratur, bei uns allerdings nur wenig
bekannt. Eine brillante Schrift des 19. Jahrhunderts über
individuelle Rechte (und deren Grenzen) in einer freiheit-
lichen Gesellschaft.

Nadolny, Sten, 2012: *Die Entdeckung der Langsamkeit*, München: Piper (Orig. 1983)
Ein Roman darüber, wie Langsamkeit für einen Seefahrer zu einer Stärke wird, die ihn eine Reihe von
Abenteuern bewältigen lässt.

Nietzsche, Friedrich, 2011: *Also sprach Zarathustra. Ein Buch
für alle und keinen*, Hamburg: Nikol (Orig. 1883–85)
Ziemlich wilde Erzählung über einen Weisen, dessen
Predigten die moderne Welt durcheinanderbringen –
von einem philosophischen Rebellen des 19. Jahrhunderts.

Tomasello, Michael, 2006: *Die kulturelle Entwicklung des
menschlichen Denkens : Zur Evolution der Kognition*, Frank-
furt/M.: Suhrkamp
Ein Fachbuch, aber recht gut zu lesen. Tomasello entfaltet seine Theorien über Menschen, Evolution, Denken
und Sprache auf reicher empirischer Grundlage.

Roger, Marie-Sabine, 2011: *Das Labyrinth der Wörter.* Roman, München: dtv
Eine wunderbare, leichtgängige Geschichte darüber, wie das eintönige Leben sich doch noch einmal verändern kann.

Rosa, Hartmut, 2013: *Beschleunigung und Entfremdung. Entwurf einer Kritischen Theorie der spätmodernen Zeitlichkeit*, Frankfurt/M.: Suhrkamp
Ein zusammenfassendes Fachbuch, in dem der Sozialwissenschaftler und Sozialphilosoph Rosa die Schattenseiten der kulturellen Beschleunigung skizziert.

Rousseau, Jean-Jacques, 2012: *Discours sur les sciences et les arts/Abhandlung über die Wissenschaften und Künste*, Stuttgart: Reclam (Orig. 1750)
Eine schwungvoll geschriebene Provokation, die zur Grundlage moderner Kulturkritik überhaupt wurde.

Sennett, Richard, 2009: *Handwerk*, Berlin: BvT Berliner Taschenbuch Verlag
Dicht am Alltag betrachtet der Soziologe Sennett, was heute zunehmend aus handwerklichem Können wird. Glänzend zeigt er an vielen Beispielen auf, warum es so wichtig für uns ist.

Stross, Charles, 2010: *Accelerando*, München: Heyne
Ein ziemlich technischer Science-Fiction-Roman, in dem der Fortschritt zu einem reißenden Strom wird, durch den die Menschheit sich selbst abzuschaffen droht.

2 Mit dem Navi durchs Leben – Wie viel Religion will ich?

Feuerbach, Ludwig, 2013: *Das Wesen des Christentums*, Stuttgart: Reclam (Orig. 1841)
Ein umfangreiches, epochemachendes Werk mit der These, Gott sei lediglich eine menschliche Erfindung.

Frankfurt, Harry, 2001: «*Willensfreiheit und der Begriff der Person*», in: Betzler, Monika/Guckes, Barbara (Hg.), 2001: *Freiheit und Selbstbestimmung*, Berlin: Akademie, S. 65–83
Ein Fachaufsatz, der ein Klassiker innerhalb der Philosophie der Person geworden ist.

James, William, 1997: *Die Vielfalt religiöser Erfahrung: Eine Studie über die menschliche Natur*, Berlin: Insel (Orig. 1902)
Der große amerikanische Psychologe hat hier schon früh erkannt, wie Religion sich in der Moderne verändert.

Kant, Immanuel, 2013: *Prolegomena zu einer jeden künftigen Metaphysik*, CreateSpace Independent Publishing Platform (Orig. 1783)
Eine «Kurzsammenfassung» der sehr viel umfangreicheren Kritik *der reinen Vernunft*, die Kant selbst schrieb – immer noch anspruchsvoll, aber etwas leichter und kürzer.

Luther, Martin, 2004: *Von der Freiheit eines Christenmenschen: Von weltlicher Obrigkeit – Sermon von den guten Werken*, Gütersloh: Gütersloher Verlagshaus (Orig. 1520)
Unter anderem wegen dieser Schrift stand Luther in

Worms unter Anklage. Etwas schrullig im Ton, aber nicht nur für Theologen geschrieben.

Schneider, Hans Julius, 2008: *Religion (Grundthemen Philosophie)*, Berlin: de Gruyter
Gut lesbar führt Schneider in die philosophischen Grundlagen der Religion ein und zeigt u. a., dass das Christentum heute um buddhistisches Gedankengut erweitert werden kann.

Taylor, Charles, 2001: *Die Formen des Religiösen in der Gegenwart*, Frankfurt/M.: Suhrkamp
Einer der bedeutendsten Philosophen der Gegenwart schreibt hier im Vorlesungsstil über Religion heute.

Tugendhat, Ernst, 2004: *Egozentrizität und Mystik. Eine anthropologische Studie*, München: C. H. Beck
Einer der renommiertesten Philosophen der Gegenwart stellt hier die wichtigsten anthropologischen Themen aus der Perspektive der analytischen Philosophie dar – mit einem Ausblick auf Religion und Mystik.

3 Im Labyrinth der Lebenswelten – Wessen Traum lebe ich?

Adorno, Theodor W./Horkheimer, Max, 1988: *Dialektik der Aufklärung. Philosophische Fragmente*, Frankfurt/M.: Fischer (Orig. 1944)
Ein Kultbuch der 1968er-Studentenbewegung – sprachlich etwas spröde, aber nach wie vor einsichtsreich und provokativ.

Bourdieu, Pierre, 1987: *Die feinen Unterschiede. Kritik der gesellschaftlichen Urteilskraft*, Frankfurt/M.: Suhrkamp (Orig. 1979)
Das soziologisch-philosophische Standardwerk darüber, wie der persönliche Geschmack gesellschaftlich geprägt wird. Ein dicker Wälzer, aber erfreulicherweise meist dicht am Alltag.

Flaubert, Gustave, 2005: *Madame Bovary: Sitten der Provinz*, Zürich: Diogenes (Orig. 1856)
Ein Meisterwerk des literarischen Naturalismus – eine Frau ruiniert die Existenz ihrer Familie, indem sie sich in Kunstgenuss, Luxussucht und Affären hineinsteigert.

Gibson, William, 2014: *Neuromancer*, München: Heyne (Orig. 1984)
Ein schneller, actionreicher Science-Fiction-Roman aus dem Subgenre «Cyberpunk» – bevor dies durch den Film *Die Matrix* bekannt wurde.

Hoffmann, E. T. A., 2003: *Der Sandmann*, Frankfurt/M.: Suhrkamp (Orig. 1816)
Auch wenn man es früher vielleicht im Deutschunterricht weniger mochte, lohnt sich die erneute Lektüre. Wenn man es nicht lesen *muss*, sondern darf, kann man sich von den psychologischen Wirren der Erzählung mitreißen lassen.

Keller, Gottfried, 2003: *Der grüne Heinrich*, Berlin: Insel (Orig. 1854/55)
Keller führt in seinem großen Entwicklungsroman vor, wie der Held durch überhöhte Träume zu einem unste-

ten Leben kommt. Während er trotz zunehmenden Alters seinem Leben keine klare Richtung geben kann, werden seine weniger begabten Freunde erfolgreich.

Taylor, Charles, 2012: *Ein säkulares Zeitalter*, Frankfurt/M.: Suhrkamp
Das jüngste Hauptwerk Taylors: Ein wirklich dicker Wälzer über das Zurückweichen des religiösen Weltbildes – allerdings schreibt Taylor unkompliziert und einfühlsam. Aber Zeit braucht man schon.

4 Im Strudel des Zweifels – Was weiß ich wirklich?

Craig, Edward, 1993: *Was wir wissen können. Pragmatische Untersuchungen zum Wissensbegriff*, Frankfurt/M.: Suhrkamp
Ein kurzes Buch mit erkenntnistheoretischen Vorlesungen, klar und einleuchtend geschrieben.

Descartes, René, 2009: *Meditationen über die erste Philosophie*, Hamburg: Felix Meiner (Orig. 1641)
Wer die immense geistesgeschichtliche Bedeutung dieses Textes vor Augen hat, der ist vielleicht von seiner Kürze (und Würze) überrascht.

Hume, David, 2007: *Eine Untersuchung über den menschlichen Verstand*, Frankfurt/M.: Suhrkamp (Orig. 1748)
Ein recht anschaulicher Text, den Hume als Zusammenfassung seines viel umfangreicheren vorherigen Werkes geschrieben hat. Ein Klassiker der analytischen Philosophie und des positivistischen Wissenschaftsbildes.

Montaigne, Michel de, 1986: *Essais*, Stuttgart: Reclam (Orig. 1580–88)
Eine gut lesbare Auswahl aus den vielen kurzen Essays – humorvoll, pointiert, aufrichtig. Vollständige Ausgaben sind sehr umfangreich, deshalb empfehle ich zum Einstieg diese (wenn sie auch etwas klein gedruckt ist).

Platon 2004a: *Apologie des Sokrates*, in: Platon. Sämtliche Werke, Bd. 1: Apologie des Sokrates, Kriton, Ion, Hipias II, Theages, Alkibiades I, Laches, Charmides, Euthyphron, Protagoras, Gorias, Menon, Hipias I, Euthydemos, Menexenos. Übers. v. Friedrich Schleiermacher, Reinbek bei Hamburg: Rowohlt (Orig. 4. Jh. v. Chr.)
Die Verteidigungsrede des Sokrates gegen die fadenscheinigen Argumente seiner Ankläger – ein Bonbon der philosophischen Literatur. Wie auch die anderen Werke Platons viel besser lesbar, als man bei einem so großen Denker erwarten könnte.

Platon 2004b: *Theaitetos*, in: Platon. Sämtliche Werke, Bd. 3: Kratylos, Parmenides, Theaitetos, Sophistes, Politikos, Philebos, Briefe. Übers. v. Friedrich Schleiermacher, Reinbek bei Hamburg: Rowohlt (Orig. 4. Jh. v. Chr.)
In diesem Dialog werden drei einflussreiche Wissenskonzepte erläutert – wie immer bei Platon im angeregten Gespräch unter Freunden.

Wittgenstein, Ludwig, 1970: *Über Gewissheit*, Frankfurt/M.: Suhrkamp (Orig. 1947–51)
Aus dem Nachlass zusammengestellte Bemerkungen zu den Themen Wissen, Glauben etc. Diese Sammlung wird von vielen Wittgenstein-Lesern dafür geschätzt, dass

sie sein Denken so anschaulich bündelt wie kaum ein anderer seiner Texte.

5 Im Rausch der Ratschläge – Wie höre ich auf mich selbst?

Augustinus 1997: *Bekenntnisse*, München: dtv (Orig. 394–401 n. Chr.)
Autobiographische Erzählung eines der vier Kirchenväter, deren Denken und moralischer Ton prägend waren für das mittelalterliche Lebensverständnis.

Fromm, Erich, 2011: *Authentisch leben*, Freiburg i. Br.: Herder (Orig. 1930er/40er Jahre)
Leicht zu lesende Essays des bekannten Sozialpsychologen und Philosophen rund um das Thema aufrichtiger Lebensführung.

Montaigne, Michel de, 1986: *Essais*, Stuttgart: Reclam (Orig. 1580–88)
Eine gut lesbare Auswahl aus den vielen kurzen Essays – humorvoll, pointiert, aufrichtig. Vollständige Ausgaben sind sehr umfangreich, deshalb empfehle ich zum Einstieg diese (wenn sie auch etwas klein gedruckt ist).

Petrarca, Francesco, 2014: *Die Besteigung des Mont Ventoux (Was bedeutet das alles?)*, Stuttgart: Reclam (Orig. 1336)
Kurze Erzählung in Briefform, eine der ersten ästhetischen Betrachtungen einer Berglandschaft – aber mit moralischer Kehre zum Schluss.

Rousseau, Jean-Jacques, 1998: *Abhandlung über den Ursprung und die Grundlagen der Ungleichheit unter den Menschen*, Stuttgart: Reclam (Orig. 1755)
Im 18. Jahrhundert eher an gehobene Leser gerichtet, aber trotzdem mit Verve geschrieben. Ein Gründungsdokument moderner Gesellschaftskritik.

Taylor, Charles, 1996: *Quellen des Selbst. Die Entstehung der neuzeitlichen Identität*, Frankfurt/M.: Suhrkamp
Eine reichhaltige Darstellung und Deutung der westlichen Kulturgeschichte mit dem Fokus auf der Frage, was es zu verschiedenen Zeiten hieß, ein Individuum zu sein.

Tolstoi, Lew, 2008: *Der Tod des Iwan Iljitsch*, Köln: Anaconda (Orig. 1886)
Knapp und pointiert geschrieben. Ein Beispiel dafür, dass große Bücher manchmal schmale Bändchen sind.

6 Die Wirren des Wandels – Wie bleibe ich dieselbe Person?

Hume, David, 2007: *Eine Untersuchung über den menschlichen Verstand*, Frankfurt/M.: Suhrkamp (Orig. 1748)
Ein recht anschaulicher Text, den Hume als Zusammenfassung seines viel umfangreicheren Werkes davor geschrieben hat. Ein Klassiker der analytischen Philosophie und des positivistischen Wissenschaftsbildes.

Kant, Immanuel, 2013: *Prolegomena zu einer jeden künftigen Metaphysik*, CreateSpace Independent Publishing Platform (Orig. 1783)
Eine «Kurzzusammenfassung» *der Kritik der reinen Vernunft*, die Kant selbst schrieb – immer noch anspruchsvoll, aber leichter und kürzer.

Nietzsche, Friedrich, 1995: *Der Wille zur Macht*, Berlin: Insel (Orig. 1906)
Aus dem Nachlass zusammengestellt – wobei die Edition in der Nietzsche-Forschung umstritten ist; ein verbreitetes Dokument einer der provokantesten und gleichzeitig einflussreichsten Denker des 19. Jahrhunderts.

Piaget, Jean, 1993: *Die Psychologie des Kindes*, München: dtv
Ein Standardwerk der Entwicklungsforschung. Für Leser, die eine umfassende, systematische Darstellung mögen – vielleicht auch als Nachschlagewerk.

Scharlau, Ingrid, 2013: *Piaget zur Einführung*, Hamburg: Junius
Eine fundierte, aber gut lesbare Einführung in Piagets Ansatz.

Tugendhat, Ernst, 1997: *Selbstbewußtsein und Selbstbestimmung: Sprachanalytische Interpretationen*, Frankfurt/M.: Suhrkamp
Ein Klassiker der analytischen Philosophie des Selbstbewusstseins. Viel Denkstoff für genaue und kritische Leser.

Wittgenstein, Ludwig, 1984: *Werkausgabe, Bd. 5: Das Blaue Buch. Eine Philosophische Betrachtung (Das Braune Buch)*, Frankfurt/M.: Suhrkamp (Orig. 1934)
Einer der wenigen zusammenhängenden Texte Wittgensteins, der ihn ursprünglich für einen kleinen Kreis von Studierenden diktierte.

7 Die Oase der Illusion – Wie aufrichtig will ich zu mir sein?

Kierkegaard, Søren, 2005: *Die Krankheit zum Tode – Furcht und Zittern – Die Wiederholung – Der Begriff der Angst*, München: dtv (Orig. 1843–48)
Ein Vorläufer des Existenzialismus – sehr tiefschürfende und scharfsinnige Erkundungen der menschlichen Psyche.

Mann, Thomas, 1992: *Der Tod in Venedig*, Frankfurt/M.: Fischer (Orig. 1911)
Diese Novelle ist ein Meisterwerk der Literatur und thematisiert gleichzeitig Grundfragen von Kunst und Leben.

Murdoch, Iris, 2001: *The Sovereignty of Good*, London: Routledge (englisch) (Orig. 1970)
Einige wunderbare moralphilosophische Vorlesungen, die bisher leider nicht ins Deutsche übersetzt wurden.

Nietzsche, Friedrich, 2000: *Über Wahrheit und Lüge: Ein Essay, Aphorismen, Notate und Briefe*, Berlin: Insel (Orig. 1872)
Zu Lebzeiten nicht veröffentlicht, behandelt Nietzsche

in dieser Schrift Themen wie Wahrheit und Moral in der ihm eigenen, bildhaften Sprache.

Platon 2004c: *Politeia (Der Staat)*, in: Sämtliche Werke, Bd. 2: Lysis, Symposion, Phaidon, Kleitophon, Politeia, Phaidros. Übers. v. Friedrich Schleiermacher, Reinbek bei Hamburg: Rowohlt (Orig. 4. Jh. v. Chr.)
Ein umfangreiches Hauptwerk Platons über Erziehung, Lebensführung und Staatswesen.

Tolstoi, Lew, 2010: *Meine Beichte*, Berlin: Insel (Orig. 1882)
Schonungslos geht der späte Tolstoi in diesen kurzen Bekenntnissen mit sich ins Gericht – und rückt so seine Bestseller *Anna Karenina* und *Krieg und Frieden* noch mal in ein anderes Licht.

Wallace, David Foster, 2011: *Unendlicher Spaß*, Reinbek bei Hamburg: Rowohlt
Ein sehr dicker und sprachgewaltiger Kult-Roman, der anhand der Parabel eines tödlichen Films beißende Gesellschaftskritik übt.

Wittgenstein, Ludwig, 2003: *Philosophische Untersuchungen*, Frankfurt/M.: Suhrkamp (Orig. 1951)
Das eigentliche Hauptwerk Wittgensteins und nach wie vor eines der einflussreichsten Bücher des 20. Jahrhunderts. Äußerlich aphoristisch, doch dabei ungeheuer dicht komponiert und voller Einsichten in die Details unserer Sprache.

8   Weckruf zur Weisheit – Wie will ich gelebt haben?

Becker, Ernest, 1997: *The Denial of Death*, Free Press (englisch) (Orig. 1973)
Eine mutige psychoanalytische Deutung der Kulturgeschichte im Anschluss an Otto Rank (nicht Freud!).

Borges, Jorge Luis, 1992: «*Der Unsterbliche*», in: ders. 1992: *Das Aleph: Erzählungen 1944–1952*, Frankfurt: Fischer, S. 2 ff.
Eine kurze, phantastische Erzählung, die die Sinnlosigkeit eines Lebens in Unsterblichkeit vorführt.

Montaigne, Michel de, 1986: *Essais*, Stuttgart: Reclam (Orig. 1580–88)
Eine gut lesbare Auswahl aus den vielen kurzen Essays – humorvoll, pointiert, aufrichtig. Vollständige Ausgaben sind sehr umfangreich, deshalb empfehle ich zum Einstieg diese (wenn sie auch etwas klein gedruckt ist).

Nagel, Thomas, 1992: *Der Blick von nirgendwo*, Frankfurt/M.: Suhrkamp
Das philosophische Hauptwerk Nagels, in welchem er ein weites Spektrum philosophischer Fragen fachlich versiert behandelt.

Platon 2004a: *Apologie des Sokrates*, in: Platon. Sämtliche Werke, Bd. 1: Apologie des Sokrates, Kriton, Ion, Hipias II, Theages, Alkibiades I, Laches, Charmides, Euthyphron, Protagoras, Gorias, Menon, Hipias I, Euthydemos, Menexenos. Übers. v. Friedrich Schleiermacher, Reinbek bei Hamburg: Rowohlt (Orig. 4. Jh. v. Chr.)
Die Verteidigungsrede des Sokrates gegen die faden-

scheinigen Argumente seiner Ankläger – ein Bonbon der philosophischen Literatur. Wie auch die anderen Werke Platons viel besser lesbar, als man bei einem so großen Denker erwarten könnte.

Platon 2004c: *Phaidon,* in: Sämtliche Werke, Bd. 2: Lysis, Symposion, Phaidon, Kleitophon, Politeia, Phaidros. Übers. v. Friedrich Schleiermacher, Reinbek bei Hamburg: Rowohlt (Orig. 4. Jh. v. Chr.)
Platon lässt in diesem Dialog einen Schüler des Sokrates von dessen Gerichtsprozess und Hinrichtung erzählen.

Schlingensief, Christoph, 2009: *So schön wie hier kanns im Himmel gar nicht sein! Tagebuch einer Krebserkrankung,* Köln: Kiepenheuer & Witsch
Eine Sammlung von teilweise erschütternden Eintragungen ins Tagebuch während der fortschreitenden Krebserkrankung – rückhaltlos und überschäumend, wie auch Schlingensiefs Projekte waren.

Yalom, Irvin D., 2008: *In die Sonne schauen. Wie man die Angst vor dem Tod überwindet,* München: btb
Sensibel und mit vielen anschaulichen Beispielen erkundet Yalom hier die Facetten unserer Angst vor dem Tod – um über die Bewusstmachung letztlich einen gesunden Umgang damit aufzuzeigen.

9 Warum brauchen wir andere, um wir selbst zu sein?

Foucault, Michel, 1993: *Überwachen und Strafen. Die Geburt des Gefängnisses,* Frankfurt/M.: Suhrkamp (Orig. 1975)

Ein sehr einflussreiches Buch, das bei seinem Erscheinen Furore machte. Stilistisch gekonnt weitet Foucault seine Untersuchung der Entstehung des modernen Strafsystems zu einer machttheoretischen Analyse der modernen Gesellschaft aus.

Freud, Sigmund, 2009: *Das Unbehagen in der Kultur. Und andere kulturtheoretische Schriften*, Frankfurt/M.: Fischer (Orig. 1930)
Ein klassischer Text der Kulturphilosophie, in dem der Begründer der Psychoanalyse den Kampf beschreibt, den Menschen aus seiner Sicht beim Aufwachsen in ihrer Kultur ausfechten müssen.

Kleist, Heinrich von, 2010: *Über die allmähige Verfertigung der Gedanken beim Reden: Eine zwiespältige Ausgabe*, Frankfurt/M.: Axel Dielmann (Orig. 1805/06)
Ein kurzer Text, der erst posthum veröffentlicht wurde – aber so schön wie selten auf den Punkt bringt, was gute Zuhörer uns bedeuten können. Der Text ist online verfügbar – wer lieber auf Papier liest, dem bereitet vielleicht diese interessant gestaltete Version Freude.

Locke, John, 2013: *Versuch über den menschlichen Verstand*, CreateSpace Independent Publishing Platform (Orig. 1690)
Ein Grundtext des philosophischen Empirismus, in dem Locke die berühmte Tabula-rasa-These formuliert, wonach der menschliche Verstand erst nach der Geburt durch Erfahrungen ausgebildet wird.

Rousseau, Jean-Jacques, 1998: *Abhandlung über den Ursprung und die Grundlagen der Ungleichheit unter den Menschen,* Stuttgart: Reclam (Orig. 1755)
Im 18. Jahrhundert eher an gehobene Leser gerichtet, aber trotzdem mit Verve geschrieben. Ein Gründungsdokument moderner Gesellschaftskritik.

Taylor, Charles, 1995: *Das Unbehagen der Moderne,* Frankfurt/M.: Suhrkamp
Ein überschaubares Bändchen, in dem Taylor seine Deutung der modernen Lebensverhältnisse für Leser darstellt, die keine Zeit für dicke Bücher haben.

Todorov, Tzvetan, 1998: *Abenteuer des Zusammenlebens: Versuch einer allgemeinen Anthropologie,* Frankfurt/M.: Suhrkamp
Ein überraschendes Buch über Menschen als Gemeinschaftswesen, das viele verschiedene Themen zusammenführt – für gebildete Querdenker.

Eine Einführung in die moderne Philosophie

Kann man ohne Gefühle leben? Gibt es Gott? Sind wir frei in unseren Entscheidungen? Wie erhalten unsere Worte ihre Bedeutung? Kann man Bewusstsein wissenschaftlich erklären? Haben Träume eine Funktion? Wie erleben wir unseren Körper? Warum ist uns Schönheit so wichtig? Hat der Tod einen Sinn? Wer dem weißen Kaninchen in die Welt der Philosophie folgt, sieht das Wunderland der Wirklichkeit mit anderen Augen. Es ist eine Jagd mit reicher Beute, hin und her, querweltein, durchs ganze Leben und zurück.

Sb 038/1 · Rowohlt online: www.rowohlt.de · www.facebook.com/rowohlt

rororo 62479